Vipassanā, ein Wort aus der altindischen Pāli-Sprache, bedeutet, »die Dinge zu sehen, wie sie sind«. Es ist die Essenz der Lehre des Buddha. Vipassana ist die Wissenschaft vom Geist und der Materie und der Art, wie beide miteinander verknüpft sind. Als Vipassana-Schüler oder Schülerin lernt man, die eigene Natur zu beobachten. Dazu muß man sich selbst erforschen und die eigenen geistigen und körperlichen Prozesse erkennen und verstehen lernen. Diese direkte Erfahrung der eigenen Realität, diese Technik der Selbstbeobachtung ist die Vipassana-Meditation. Im Laufe dieser tiefgreifenden Schulung des Geistes lernen die Meditierenden, sich nach und nach von ihren geistigen Verspannungen, Konditionierungen und Illusionen zu befreien.

Man lernt eine »Kunst zu leben«, mit der man beginnt, die natürlichen Qualitäten des Geistes zu entwickeln: Liebe, Mitgefühl, Freude, Gleichmut.

William Hart studiert und praktiziert Vipassana seit über 20 Jahren. Seit 1982 leitet er als Assistent S.N. Goenkas regelmäßig Vipassana-Kurse in aller Welt.

William Hart

Die Kunst des Lebens

Vipassana-Meditation nach S.N. Goenka

Aus dem Amerikanischen von
Heinz Bartsch

Fischer
Taschenbuch
Verlag

Spirit
Herausgegeben von Micheline Rampe
und Stephan Schuhmacher

Deutsche Erstausgabe
Veröffentlicht im Fischer Taschenbuch Verlag GmbH,
Frankfurt am Main, Juni 1996

Titel der amerikanischen Originalausgabe:
›The Art of Living. Vipassana Meditation as taught by S. N. Goenka.‹

Satz: Fotosatz Otto Gutfreund GmbH, Darmstadt
Druck und Bindung: Clausen & Bosse, Leck
Printed in Germany
ISBN 3-596-12991-5

Gedruckt auf chlor- und säurefreiem Papier

Inhalt

Weisheit ist das Wichtigste;
deshalb bemühe dich um Weisheit:
und mit all deinen Bemühungen
laß dein Verständnis wachsen.

Spruchweisheiten, IV. 7. (King James-Bibel)

Vorwort von S.N. Goenka

Ich werde für immer voll Dankbarkeit sein für die Veränderungen, die die Vipassana-Meditation in mein Leben gebracht hat. Als ich diese Technik gelernt hatte und meine ersten Schritte auf dem Weg machte, hatte ich das Gefühl, nach einem Gewirr von Sackgassen endlich den richtigen Weg, den Königsweg, gefunden zu haben. In all den folgenden Jahren bin ich diesem Weg weiter gefolgt, und mit jedem Schritt ist das Ziel klarer geworden: Befreiung von allem Leiden, vollkommene Erleuchtung. Ich kann nicht für mich in Anspruch nehmen, das letzte Ziel erreicht zu haben, aber ich habe keinen Zweifel daran, daß dieser Weg dorthin führt.

Daß mir dieser Weg aufgezeigt wurde, dafür werde ich für immer meinem Lehrer Sayagyi U Ba Khin zu Dank verpflichtet sein - und der langen Folge von Lehrern, die diese Technik von der Zeit Buddhas über Jahrtausende hinweg bis heute lebendig gehalten haben. In ihrer aller Namen möchte ich andere Menschen ermutigen, sich diesem Weg anzuvertrauen, damit auch sie aus dem Leiden herausfinden.

Obwohl bereits viele tausend Menschen aus westlichen Ländern diese Technik gelernt haben, ist bisher noch kein Buch erschienen, das diese Form von Vipassana präzise und in aller Ausführlichkeit beschreibt. Ich freue mich sehr, daß ein ernsthafter Meditierer es schließlich unternommen hat, diese Lücke zu schließen.

Möge dieses Buch das Verständnis derjenigen vertiefen, die Vipassana-Meditation praktizieren, und möge es andere dazu ermutigen, diese Technik auszuprobieren, damit auch sie das Glück der Befreiung erfahren. Mögen alle Leser die Kunst zu leben lernen, um inneren Frieden und innere Harmonie zu finden und Frieden und Harmonie auch in das Leben anderer zu bringen.

Mögen alle Wesen glücklich sein!

Bombay, April 1986 S.N. Goenka

Vorwort zur deutschen Ausgabe

Vipassana ist eine uralte Meditationstechnik Indiens. Aufgrund ihres ausgesprochen wissenschaftlichen und praktischen Charakters ist sie von großer Relevanz für die moderne Welt, sowohl im Osten wie im Westen. Viele englischsprachige Leser haben in *The Art of Living*, der amerikanischen Originalausgabe dieses Buches, eine interessante und wertvolle Lektüre gefunden. Es freut mich sehr, daß das Buch jetzt durch Übersetzungen in andere Sprachen, u. a. ins Deutsche, immer weitere Verbreitung findet.

Mögen die deutschsprachigen Leser durch die Lektüre inspiriert zu eigenen Erfahrungen mit Vipassana kommen und die segensreichen Auswirkungen erleben, die diese Technik im täglichen Leben nach sich ziehen wird.

Mögen alle Wesen glücklich sein!

November 1995 S. N. Goenka

Vorwort des Autors

Unter den vielen Arten von Meditation, die es heute in der Welt gibt, nimmt die Vipassana-Methode, die von S.N. Goenka gelehrt wird, eine besondere Stellung ein. Diese Technik ist ein einfacher, logischer Weg, um Frieden des Geistes zu erlangen und ein glückliches, nützliches Leben zu führen. Vipassana ist innerhalb der buddhistischen Gemeinde Burmas über Jahrhunderte hinweg bewahrt und lebendig gehalten worden. Es enthält nichts, was als konfessionsgebunden angesehen werden könnte oder was nur Menschen bestimmter Religionszugehörigkeit ansprechen würde. Vipassana kann von Menschen jeglicher Herkunft geübt werden.

S.N. Goenka stammt aus einer konservativen Hindu-Familie. Er war ein sehr erfolgreicher Unternehmer und Leiter der indischen Gemeinde in Burma. Jetzt lebt er im Ruhestand. Seit seiner Jugend litt er an starker Migräne. Die Suche nach Heilung brachte ihn 1955 zu Sayagyi U Ba Khin, einem hohen Staatsbeamten und Meditationslehrer. In Vipassana, gelehrt von Sayagyi U Ba Khin, fand S.N. Goenka eine Methode, die weit über die Linderung der Symptome körperlicher Erkrankungen hinausging und sowohl kulturelle wie religiöse Grenzen überschritt. In den darauffolgenden Jahren der Praxis und des Studiums unter der Anleitung seines Lehrers verwandelte Vipassana sein Leben.

1969 wurde S.N. Goenka von Sayagyi U Ba Khin zum Vipassana-Lehrer ernannt. Im gleichen Jahr reiste S.N. Goenka nach Indien und begann dort diese Technik in ihrem Ursprungsland wieder bekanntzumachen und von neuem zu verbreiten. In einem Land, das noch immer streng in Kasten und Religionen gespalten ist, haben die Kurse von S.N. Goenka Tausende von Menschen aller Schichten und Bekenntnisse angezogen. Ebenso haben auch Tausende aus westlichen Ländern, die sich von dem praktischen Charakter der Technik angesprochen fühlten, an Vipassana-Kursen teilgenommen.

Das beste Beispiel, die positiven Aspekte Vipassanas zu veranschaulichen, ist S.N. Goenka selbst. Er ist ein pragmatischer Mensch, mit den Realitäten des Lebens vertraut und der Fähigkeit, klar und bestimmt die richtigen Entscheidungen zu treffen, ohne seine außergewöhnliche Gelassenheit zu verlieren. Diese Ruhe geht einher mit einem tiefen Mitgefühl für andere, seiner Fähigkeit, sich in Menschen einzufühlen. Trotz allem ist nichts Formelles, Strenges oder feierlich Ernstes an ihm. Er besitzt einen mitreißenden Humor, der in seinen Lehrvorträgen immer wieder zum Vorschein kommt. An sein Lächeln und sein herzerfrischendes Lachen wird sich jeder Kursteilnehmer noch lange erinnern, ebenso wie an seinen oft wiederholten Leitspruch: »Be happy!« Es ist offensichtlich, daß Vipassana ihm Glück gebracht hat und daß er aus seinem tiefsten Inneren heraus wünscht, dieses Glück mit anderen zu teilen.

Trotz seiner fesselnden Erscheinung und seines Charismas hat S.N. Goenka nicht das geringste Interesse daran, ein Guru zu sein, der seine Schüler in Abhängige verwandelt. Er lehrt statt dessen Selbstverantwortlichheit. Wirklich testen, so sagt er, läßt sich Vipassana erst dadurch, daß man die Technik anwendet. Er ermutigt die Meditierenden, anstatt ihm zu Füßen zu sitzen, hinaus in die Welt zu gehen und dort glücklich zu leben. Jeder Form der Verehrung seiner Person weicht er aus. Wichtig ist ihm, daß seine Schüler und Schülerinnen ihre Hingabe und ihr Vertrauen in die Technik legen und mit Vipassana zu der Wahrheit in sich selbst finden.

Es war in Burma früher das Vorrecht der Mönche, Meditation zu lehren. S.N. Goenka ist zwar wie sein Lehrer Laie und Oberhaupt einer großen Familie, doch die Klarheit seiner Lehre und die Wirksamkeit der Technik wird von vielen angesehenen Mönchen und einflußreichen Ordensälteren in Burma, Indien und Sri Lanka hochgeschätzt.

S.N. Goenka besteht nachdrücklich darauf, daß Meditation, wenn sie ihre Reinheit bewahren soll, niemals zum Geschäft werden darf. Kurse und Zentren, die unter seiner Leitung geführt werden, arbeiten vollständig ohne Profitorientierung. Er selbst erhält keinerlei Vergütung für seine Arbeit, weder direkt noch indirekt, ebensowenig wie die Assistenzlehrer. Er verbreitet die Vipassana-Technik ausschließlich, um der Menschheit zu dienen und um jenen zu helfen, die Hilfe brauchen.

S.N. Goenka ist einer der wenigen spirituellen Lehrer Indiens, die gleichermaßen in Indien wie im Westen großes Ansehen genießen.

Ohne Wirbel um seine Person zu veranstalten, hat er darauf gebaut, daß sich das Interesse an Vipassana durch Empfehlung verbreitet. Dazu betont er immer wieder die Wichtigkeit der Praxis gegenüber dem bloßen Schreiben und Studieren von Büchern und Artikeln über Meditation.

Dieses Buch ist die erste vollständige Studie über seine Lehre, entstanden unter seiner Anleitung und mit seiner Zustimmung. Als Quellenmaterial dienten im wesentlichen die Vorträge, die S.N. Goenka während eines zehntägigen Vipassana-Kurses hält, zu einem geringeren Teil wurden auch seine in Englisch geschriebenen Artikel hinzugezogen. Ich habe sehr freizügig von diesem Material Gebrauch gemacht und dabei nicht nur Argumentationslinien und die Art und Weise der Darlegung bestimmter Punkte übernommen, sondern auch Beispiele verwendet, die in den Vorträgen gegeben wurden, und hin und wieder wortgetreue Wiedergaben, stellenweise sogar ganze Sätze daraus entnommen. Für diejenigen, die schon einmal an einem von ihm oder einem seiner Assistenten geleiteten Kurs teilgenommen haben, wird vieles in diesem Buch sehr vertraut klingen, und es mag sein, daß sie sogar bestimmte Vorträge oder Artikel wiedererkennen.

Während eines Kurses werden die Erklärungen des Lehrers Schritt für Schritt begleitet von den Erfahrungen der Teilnehmer in der Meditation. Hier soll das Material jedoch in einer etwas veränderten Ordnung präsentiert werden. Mit Blick auf den Leser wurde der Versuch unternommen, die Lehre so vorzustellen, wie sie tatsächlich erfahren wird: als ein logisches, ununterbrochenes Fortschreiten vom ersten Schritt bis zum letzten Ziel. Diese organische Ganzheit ist für den Meditierenden offenkundig und leicht erkennbar, die vorliegende Arbeit versucht jedoch, auch Nichtmeditierenden eine Idee dessen zu geben, was sich demjenigen enthüllt, der Vipassana übt.

In einigen Abschnitten wurde bewußt versucht, den Klang des gesprochenen Wortes zu erhalten, um einen lebendigen Eindruck von der Art und Weise zu vermitteln, wie S.N. Goenka lehrt. Dazu gehören die Geschichten zwischen den Kapiteln sowie die Fragen und Antworten am Schluß jedes Kapitels, die aus Diskussionen mit Schülern während eines Kurses oder bei privaten Interviews stammen. Einige der Geschichten gehen auf Begebenheiten aus dem Leben Buddhas zurück, andere entstammen dem reichen Erbe volkstümlicher indischer Erzählungen, wieder andere beruhen auf seinen persönlichen Erfahrungen. S.N. Goenka erzählt in seinen eigenen Worten, nicht in der Absicht, das Original aufzubessern, sondern um die Erzählungen lebendig zu präsentieren und dabei ihre Bedeutung für die Meditationspraxis hervorzuheben. Diese Geschichten lockern die ernsthafte Atmosphäre eines Vipassana-Kurses auf und laden dazu ein, sich inspirieren zu lassen, indem sie die zentralen Punkte in einer Weise illustrieren, die leicht im Gedächtnis haften bleibt. Aus der großen Palette der Geschichten, die in einem Zehn-Tage-Kurs erzählt werden, wurde hier nur eine kleine Auswahl zusammengestellt.

Die Zitate im Text sind der ältesten und am weitesten akzeptierten Aufzeichnung der Worte des Buddha entnommen, der *Sammlung der Lehrreden (Sutta Piṭaka)*, so wie sie in der alten Pāli-Sprache in den Ländern des Theravada-Buddhismus erhalten geblieben ist. Um einen einheitlichen Stil im Gesamttext zu bewahren, habe ich den Versuch unternommen, alle zitierten Passagen noch einmal neu zu übersetzen. Ich habe mich dabei an den Arbeiten führender zeitgenössischer Übersetzer orientiert. Da dies jedoch keine wissenschaftliche Arbeit ist, habe ich keine genaue Wort-für-Wort-Übersetzung des Pāli-Textes angestrebt. Statt dessen habe ich mich bemüht, in einfacher und direkter Sprache den Sinn jeder Passage zu vermitteln, so wie er sich Vipassana-Schülern im Licht ihrer Meditationserfahrung erschließt. Vielleicht erscheint die Übertragung bestimmter Worte oder Textpassagen darum manchem Leser unorthodox, doch ich hoffe, daß die Übersetzung, was die Essenz, den inhaltlichen Kern angeht, der Aussage der Originaltexte in ihrer tatsächlichen, wortgetreuesten Bedeutung gerecht wird.

Aus Gründen der Übereinstimmung und der Genauigkeit sind die buddhistischen Begriffe, die im Text benutzt werden, in ihrer Pāli-Form wiedergegeben, obwohl in einigen Fällen dem Leser die Sanskrit-Form geläufiger sein mag. So wird zum Beispiel der Pāli-Begriff *Dhamma* anstelle der Sanskrit-Form *Dharma, Kamma* anstelle von *Karma, Nibbāna* anstelle von *Nirvāṇa, Saṅkhāra* anstelle von *Samskāra* verwendet. Um den Text leichter verständlich zu machen, ist der Plural von Pāli-Wörten (wie im Englischen und teilweise auch im Deutschen) durch das Anhängen eines *s* gekennzeichnet. Im allgemeinen ist die Verwendung von Pāli-Ausdrücken im Text jedoch auf ein

Minimum beschränkt, um unnötige Verwirrung und Unklarheiten zu vermeiden. Oft bieten sie jedoch eine bequeme Kurzform zur Bezeichnung von Konzepten, die dem westlichen Denken nicht vertraut sind und sehr schwer durch einen einzelnen Begriff in unserer Sprache ausgedrückt werden können. Daher schien es sinnvoll, an einigen Stellen auf das Pāli-Wort anstatt auf eine längere deutsche Erklärung zurückzugreifen. Alle im Text *kursiv* gedruckten Pāli-Begriffe sind im Glossar am Ende des Buches erläutert.

Die Vipassana-Technik führt bei allen Übenden, unabhängig von ethnischer Zugehörigkeit, Gesellschaftsschicht oder Geschlecht, zu den gleichen positiven Ergebnissen. Um diesem Anspruch auch formal gerecht zu werden, habe ich versucht, eine einseitig geschlechtsspezifische Sprache im Text zu vermeiden. An bestimmten Stellen habe ich jedoch das männliche Fürwort *er* benutzt, wenn ich mich, unabhängig vom Geschlecht, allgemein auf einen Menschen beziehen wollte, der Meditation praktiziert. Ich bitte den Leser, diese Verwendung als geschlechtlich unbestimmt zu betrachten; Frauen auszuschließen oder Männer ungerechtfertigterweise herauszustellen, wurde nicht beabsichtigt, denn solche Voreingenommenheit würde der grundlegenden Lehre und dem Geist Vipassanas widersprechen.

Ich danke den vielen Menschen, die mir bei dieser Arbeit geholfen haben. Im besonderen möchte ich S. N. Goenka meine tiefe Dankbarkeit dafür ausdrücken, daß er sich trotz seines vollen Terminkalenders die Zeit nahm, die Arbeit im Verlauf ihres Entstehungsprozesses immer wieder durchzusehen; und mehr noch möchte ich ihm dafür danken, daß er mich dahin führte, ein paar anfängliche Schritte auf dem hier beschriebenen Weg zu gehen.

In einem tieferen Sinne ist S. N. Goenka der eigentliche Autor dieser Arbeit, denn meine Absicht ist lediglich, seine Übermittlung der Lehre des Buddha vorzustellen. Das Verdienst an dieser Arbeit gebührt ihm. Für alle Mängel oder Fehler trage ich allein die Verantwortung.

Einleitung

Nehmen Sie einmal an, Sie hätten die Möglichkeit, sich für zehn Tage von allen Verantwortungen des täglichen Lebens freizumachen, und es gäbe einen ruhigen, abgeschiedenen Ort, abgeschirmt von störenden Einflüssen der Außenwelt, an den Sie sich zurückziehen könnten. An diesem Ort wäre für die grundlegenden Erfordernisse an Unterkunft und Verpflegung gesorgt, und Helfer stünden bereit, damit es Ihnen an nichts Wesentlichem mangelt. Als Gegenleistung würde von Ihnen lediglich erwartet, daß Sie für eine bestimmte Zeit den Kontakt mit anderen meiden und daß Sie, abgesehen von den unerläßlichen täglichen Verrichtungen, die wachen Stunden des Tages mit geschlossenen Augen verbringen und dabei Ihren Geist auf ein bestimmtes Objekt der Aufmerksamkeit richten. Würden Sie das Angebot annehmen?

Nehmen Sie an, Sie hätten von einer solchen Möglichkeit gehört und davon, daß Menschen wie Sie selbst größte Anstrengungen unternehmen, um ihre freie Zeit auf diese Weise verbringen zu können. Wie würden Sie diese Beschäftigung beschreiben? Nabelschau, würden Sie vielleicht sagen, oder Kontemplation; Wirklichkeitsflucht oder geistige Einkehr; Selbstberauschung oder Selbstsuche; introvertierte Innenschau oder Selbstbeobachtung. Ob die Assoziationen nun negativ oder positiv sind, die allgemeine Vorstellung von Meditation ist, daß es sich dabei um einen Rückzug aus der Welt handelt. Natürlich gibt es Techniken, die so arbeiten. Aber Meditation muß nicht Flucht sein. Sie kann auch ein Mittel sein, der Welt zu begegnen und sich mit ihr auseinanderzusetzen, um sie und sich selbst verstehen zu lernen.

Jedes menschliche Wesen ist darauf konditioniert anzunehmen, daß die wirkliche Welt außen ist, daß Kontakt mit einer äußeren Realität, also die Suche nach körperlichen oder geisten Impulsen von außen, die angemessene Art zu leben ist. Die meisten von uns haben es nie in Betracht gezogen, sich einmal von äußeren Kontakten abzuschneiden, um zu sehen, was in ihrem Innern vor sich geht. Schon diese Idee klingt für manche wahrscheinlich so, als würde man sich dazu entschließen, Stunden damit zu verbringen, das Testbild des Fernsehapparates anzustarren. Wir neigen dazu, eher die dunkle Seite des Mondes oder den Grund des Ozeans zu erforschen als die verborgenen Tiefen in uns selbst.

Aber tatsächlich existiert das Universum nur, wenn wir es mit Körper und Geist erfahren. Es ist niemals irgendwo anders, es ist stets hier und jetzt. Durch das Erforschen des »hier und jetzt« in uns können wir die Welt erforschen. Ohne die Welt im Innern zu untersuchen, werden wir niemals die Realität kennenlernen – nur unsere Ansichten und Meinungen über ihre Beschaffenheit. Erst durch die Beobachtung von uns selbst können wir die Realität direkt erfahren und lernen, mit ihr auf eine positive, kreative Weise umzugehen.

Eine Methode, die innere Welt zu erforschen, ist die Vipassana-Meditation, wie sie von S.N. Goenka gelehrt wird. Es ist ein praktischer Weg, die Wirklichkeit seines eigenen Körpers und Geistes zu untersuchen, die dort verborgen liegenden Probleme, gleich welcher Art, aufzudecken und zu lösen, ungenutzte Potentiale zu entwickeln und diese für sein eigenes Wohl und das Wohl anderer nutzbar zu machen.

Vipassanā bedeutet im altindischen Pāli »Einsicht«. Es ist die Essenz der Lehre des Buddha, die tatsächliche Erfahrung der Wahrheiten, von denen er sprach. Der Buddha selbst erlangte diese Erfahrung durch Meditation, und deshalb ist die Meditationspraxis das Hauptanliegen seiner Lehre. Seine Worte sind gleichermaßen Zeugnisse seiner Erfahrungen in der Meditation wie detaillierte Anweisungen darüber, wie praktiziert werden sollte, um das Ziel zu erreichen, das er erlangt hatte: die Erfahrung der Wahrheit.

Insoweit ist man sich weitgehend einig. Das Problem ist jedoch, wie man die Anweisungen des Buddha zu verstehen hat und wie man ihnen folgen soll. Während seine Worte in allgemeinen als authentisch anerkannte Texte erhalten geblieben sind, ist die Interpretation seiner Meditationsanweisungen ohne den Kontext einer lebendigen Praxis schwierig. Aber wenn eine Technik existiert, die über unzählige Generationen hinweg aufrechterhalten worden ist und genau die vom Buddha beschriebenen Ergebnisse zeigt, und wenn sie darüber hinaus genau mit seinen Anweisungen übereinstimmt und Punkte in ihnen erhellt, die lange Zeit unklar oder schwer verständlich schienen, dann ist diese Technik sicherlich wert, näher untersucht zu werden. Vipassana ist eine solche Methode. Es ist eine in ihrer Einfachheit, dem Fehlen jeglichen Dogmas und vor allem hinsichtlich der Ergebnisse außergewöhnliche Technik.

Vipassana-Meditation wird in zehntägigen Kursen gelehrt, die jedem offenstehen, der den ernsthaften Wunsch hat, die Technik zu lernen und körperlich und geistig dazu in der Lage ist. Während der zehn Tage halten sich die Teilnehmer ausschließlich innerhalb des Kursgeländes auf und haben keinen Kontakt mit der Außenwelt. Sie verzichten auf Lesen und Schreiben, vermeiden jegliche religiösen oder sonstigen Praktiken und arbeiten genau so, wie es die erteilten Anleitungen vorgeben. Während der gesamten Dauer des Kurses gelten einige grundlegende ethische Verhaltensregeln, wozu auch der Verzicht auf alle sexuellen Aktivitäten und die Einnahme von berauschenden oder aufputschenden Mitteln zählt. Darüber hinaus befolgen sie während der ersten neun Tage des Kurses das Schweigegebot untereinander. Davon ausgenommen ist die Möglichkeit, Probleme, die die Meditation betreffen, mit dem Lehrer zu besprechen oder sich bei praktischen Problemen an die Kursorganisatoren zu wenden.

Während der ersten dreieinhalb Tage praktizieren die Teilnehmer eine Übung zur Konzentration des Geistes. Das ist die Vorbereitung auf die eigentliche Vipassana-Technik, die am vierten Tag des Kurses vorgestellt wird. An den folgenden Tagen werden jeweils weitere Schritte innerhalb der Praxis eingeführt, so daß schließlich am Ende des Kurses die gesamte Technik im Umriß vermittelt worden ist. Am zehnten Tag endet das Schweigen, und die Meditierenden wechseln wieder über zu einem mehr nach außen orientierten Leben. Der Kurs endet am Morgen des elften Tages.

Während der zehn Tage macht der Meditierende mit großer Wahrscheinlichkeit eine Reihe von überraschenden Erfahrungen. Die erste ist, daß Meditation harte Arbeit bedeutet. Man findet sehr bald heraus, daß die allgemein verbreitete Ansicht, es handele sich dabei um eine Art von Untätigkeit oder Erholung, falsch ist. Kontinuierliches Praktizieren ist notwendig, um den geistigen Prozessen bewußt eine bestimmte Richtung zu geben. In den Anleitungen wird gesagt, man solle mit ganzem Eifer, jedoch ohne jegliche Anspannung arbeiten. Doch bis man das gelernt hat, kann die Übung sowohl frustrierend wie anstrengend sein.

Eine andere Überraschung ist, daß im Anfangsstadium die durch die Selbstbeobachtung gewonnenen Einsichten aller Wahrscheinlichkeit nach nicht nur angenehm und erhebend sind. Normalerweise sind wir selektiv, was unsere Sichtweise von uns selbst betrifft. Wenn wir in einen Spiegel schauen, achten wir darauf, die vorteilhafteste Haltung anzunehmen und den gefälligsten Gesichtsausdruck aufzusetzen. In gleicher Weise hat jeder von uns auch ein geistiges Bild von sich, das die bewunderungswürdigen Eigenschaften betont, nachteiligere in den Hintergrund schiebt und einige Seiten unseres Charakters völlig außer acht läßt. Wir sehen das Bild, das wir gern sehen möchten, nicht die Wirklichkeit. Vipassana-Meditation ist jedoch eine Technik zur Beobachtung der Realität aus allen Blickwinkeln. Anstatt ein sorgfältig entworfenes Selbstbild zu betrachten, steht der Meditierende der unzensierten Wahrheit gegenüber, die mit Sicherheit oft schwer zu akzeptieren ist.

Zu manchen Zeiten mag es scheinen, als ob man in der Meditation statt des erhofften inneren Friedens nichts als Unruhe und Aufgewühltheit findet. Alles, was den Kurs betrifft, kann in solchen Momenten als unakzeptabel oder als Überforderung erscheinen: der anstrengende Zeitplan, die äußeren Bedingungen, die Regeln, die Anweisungen und Ratschläge des Lehrers, die Technik selbst.

Eine andere Überraschung jedoch ist, daß die Schwierigkeiten vorübergehen. An einem bestimmten Punkt lernen die Meditierenden, sich ohne große Anstrengungen zu bemühen und eine entspannte Aufmerksamkeit, ein losgelöstes, unverhaftetes Beteiligtsein aufrechtzuerhalten. Anstatt zu kämpfen, gehen sie vollkommen in der Praxis auf. Jetzt erscheinen alle Unzulänglichkeiten bezüglich der äußeren Bedingungen unwichtig, die Regeln werden zu einer hilfreichen Unterstützung, die Stunden vergehen schnell und unbemerkt. Der Geist wird ruhig wie ein Bergsee in der Morgendämmerung, der seine Umgebung perfekt widerspiegelt und gleichzeitig jenen, die näher hinsehen, seine Tiefen offenbart. Wenn diese Klarheit kommt, ist jeder Augenblick voller Bejahung, Schönheit und Frieden.

Jetzt entdeckt der Meditierende, daß die Technik tatsächlich funktioniert. Jeder neue Schritt kann wie ein gewaltiger Sprung erscheinen, und doch macht man die Erfahrung, daß man ihn schaffen kann. Am Ende der zehn Tage wird deutlich, was für eine lange Reise es seit

Beginn des Kurses war. Der Meditierende hat sich einem Prozeß unterzogen, der einer chirurgischen Operation vergleichbar ist, dem Öffnen einer eitergefüllten Wunde. Die Wunde aufzuschneiden und auszudrücken, um den Eiter zu entfernen, ist schmerzhaft, aber solange das nicht getan ist, kann die Wunde nicht heilen. Sobald der Eiter entfernt ist, ist man von ihm und dem Leiden, das er verursacht hat, befreit und kann wieder gesund werden. In gleicher Weise befreit der Meditierende beim Durchlaufen eines Zehn-Tage-Kurses den Geist von einigen seiner Verspannungen und kann sich einer größeren geistigen Gesundheit erfreuen. Vipassana bewirkt tiefe Veränderungen im Innern, die nach dem Ende des Kurses fortdauern. Der Meditierende erfährt, daß alles, was er an geistiger Stärke während des Kurses gewonnen hat, was immer er gelernt hat, im täglichen Leber anwendbar ist – für das eigene Wohlergehen und zum Wohle anderer. Das Leben wird harmonischer, fruchtbarer und glücklicher.

Die Technik, die S. N. Goenka lehrt, lernte er von seinem Lehrer Sayagyi U Ba Khin aus Burma, der wiederum Schüler von Saya U Thet war, einem bekannten burmesischen Meditationslehrer der ersten Hälfte dieses Jahrhunderts. Saya U Thet war ein Schüler von Ledi Sayadaw, einem berühmten burmesischen Mönch und Gelehrten des späten neunzehnten und frühen zwanzigsten Jahrhunderts. Weiter lassen sich die Namen der Lehrer dieser Technik nicht zurückverfolgen, da entsprechende Aufzeichnungen fehlen. Doch diejenigen, die sie praktizieren, sind überzeugt, daß Ledi Sayadaws Lehrer die Technik über Generationen hinweg – seit die Lehre des Buddha nach Burma kam – in der traditionellen Überlieferung bewahrt haben.

Ohne Zweifel stimmt die Technik mit den Anweisungen des Buddha zur Meditation überein, mit der einfachsten, wörtlichsten (und direktesten) Bedeutung seiner Worte. Und, was das Wichtigste ist, sie liefert greifbare Ergebnisse, die gut, persönlich, handfest und unmittelbar erfahrbar sind.

Dieses Buch ist kein ›Do-it-yourself‹-Handbuch für die Praxis der Vipassana-Meditation, und diejenigen, die es in der Weise anwenden, tun dies ganz und gar auf eigene Gefahr. Die Technik sollte nur im Rahmen eines Kurses gelernt werden, wo entsprechend geschulte Lehrer für eine geeignete Umgebung und angemessene Bedingungen sorgen. Meditation ist eine ernsthafte Angelegenheit, ganz besonders die

Vipassana-Technik, die sich mit den Tiefen des Geistes befaßt. Man sollte nie unbesonnen oder leichtfertig an sie herangehen. Wenn das Lesen dieses Buches Sie inspirieren sollte, Vipassana auszuprobieren, können Sie sich an die am Ende des Buches aufgeführten Adressen wenden.

Der vorliegende Text hat lediglich die Absicht, einen Überblick über die Vipassana-Methode zu geben, wie sie von S.N. Goenka gelehrt wird, in der Hoffnung, daß dadurch das Verständnis der Lehren des Buddha und das Verständnis der Meditationstechnik, die die Essenz dieser Lehren ist, erweitert und vertieft wird.

Schwimmologie

Ein junger Professor unternahm eine Seereise. Er war ein hochgebildeter Mann mit einer langen Reihe von Titeln, aber mit nur wenig Lebenserfahrung. Zu der Mannschaft des Schiffes, auf dem er reiste, gehörte ein ungebildeter älterer Seemann, der nie Lesen und Schreiben gelernt hatte. Der machte es sich zur Gewohnheit, jeden Abend den jungen Professor in seiner Kabine aufzusuchen, um seinen Vorträgen zu lauschen, in denen er sich über viele verschiedene Fachgebiete ausließ. Er war beeindruckt von der Gelehrtheit des jungen Mannes.

Eines Abends, als der Seemann nach mehreren Stunden die Kabine verlassen wollte, fragte ihn der Professor:

»Alter Mann, hast du Geologie studiert?«

»Was ist das, Sir?«

»Die Wissenschaft, die sich mit der Erde befaßt.«

»Nein, Sir, ich bin nie auf irgendeiner Schule oder gar Universität gewesen. Ich habe nie irgend etwas Besonderes gelernt und schon gar nicht studiert.«

»Alter Mann, du hast ein Viertel deines Lebens verschwendet.«

Mit einem langen Gesicht ging der Seemann davon. »Wenn ein solch gebildeter Mann das sagt, dann muß es zweifellos wahr sein«, dachte er. »Ich habe ein Viertel meines Lebens vertan!«

Am nächsten Abend, als der Seemann wieder die Kabine verlassen wollte, befragte ihn der Professor wiederum: »Alter Mann, hast du Ozeanographie studiert?«

»Was ist das, Sir?«

»Die Wissenschaft, die sich mit dem Meer befaßt.«

»Nein, Sir, ich habe nie irgend etwas studiert.«

»Alter Mann, du hast dein halbes Leben vergeudet.«

Mit einem noch längeren Gesicht als am Vorabend ging der Seemann davon: »Ich habe mein halbes Leben verschwendet; dieser gelehrte Mann sagt es.«

Am darauffolgenden Abend befragte der junge Professor den alten Seemann wieder: »Alter Mann, hast du Meteorologie studiert?«

»Was ist das, Sir? Ich habe bis jetzt noch nicht einmal dieses Wort gehört.«

»Es ist die Wissenschaft, die sich mit dem Wind, dem Regen, dem Wetter befaßt.«

»Nein, Sir. Wie ich Ihnen bereits sagte, ich war nie auf irgendeiner Schule. Ich habe noch nie irgend etwas gelernt oder studiert.«

»Du hast dich nicht mit der Wissenschaft von der Erde befaßt, auf der du lebst! Du weißt nichts über die Wissenschaft, die sich mit dem Meer beschäftigt, auf dem du deinen Lebensunterhalt verdienst! Und nun sagst du, du hast auch nicht die Wissenschaft vom Wetter studiert, mit dem du tagtäglich zu tun hast? Alter Mann, du hast drei Viertel deines Lebens vergeudet.«

Der alte Seemann war sehr unglücklich: »Dieser gelehrte Mann sagt, daß ich drei Viertel meines Lebens vergeudet habe! Ohne Zweifel, ich muß drei Viertel meines Lebens vertan haben.«

Am nächsten Tag kam die Reihe an den alten Seemann. Er kam zu der Kabine des jungen Mannes gerannt und rief: »Herr Professor, haben Sie Schwimmologie studiert?«

»Schwimmologie? Was soll das sein?«

»Können Sie schwimmen, Sir?«

»Nein, Schwimmen habe ich nie gelernt.«

»Herr Professor, Sie haben Ihr g a n z e s Leben vergeudet! Das Schiff ist auf einen Felsen gelaufen und sinkt. Diejenigen, die schwimmen können, haben die Chance, das naheliegende Ufer zu erreichen, aber diejenigen, die nicht schwimmen können, werden ertrinken. Es tut mir so leid, Herr Professor, Sie haben Ihr Leben vertan.«

Sie können alle »logien« der Welt studieren, aber wenn Sie nichts von Schwimmologie verstehen, sind all Ihre Studien nutzlos. Sie können Abhandlungen übers Schwimmen lesen oder Bücher übers Schwimmen schreiben, Sie können über die subtilen theoretischen Aspekte der Schwimmkunst mit anderen debattieren, aber wie kann Ihnen das weiterhelfen, wenn Sie es ablehnen, selbst ins Wasser zu steigen? Sie müssen die Kunst des Schwimmens in der Praxis lernen.

1. Die Suche

Jeder von uns sucht Frieden und Harmonie, denn das ist es, woran es in unserem Leben mangelt. Wir möchten alle glücklich sein; wir betrachten das als unser Recht. Doch Glück ist ein Ziel, das wir öfter anstreben, als wir es erreichen. Hin und wieder machen wir alle die Erfahrung des Leidens – wir fühlen uns ruhelos, gereizt, unausgeglichen und unzufrieden. Auch wenn wir in diesem Moment vielleicht frei sind von derartigen leidvollen Zuständen, so können wir uns doch alle an Phasen erinnern, in denen wir von ihnen geplagt wurden, und wir können schon jetzt voraussehen, daß es ganz sicher Zeiten geben wird, wo sie wiederkehren werden. Schließlich müssen wir alle einmal dem Tod ins Auge sehen.

Dazu kommt, daß unser persönliches Leiden keineswegs auf uns selbst begrenzt bleibt, wir streuen es vielmehr aus. Die Atmosphäre um einen unglücklichen Menschen wird aufgeladen mit Unruhe und Anspannung, so daß alle, die in diesen Umkreis geraten, ebenfalls ruhelos, bedrückt und unglücklich werden. Auf diese Weise verbinden sich individuelle Spannungen miteinander und erzeugen die Spannungen innerhalb der Gesellschaft.

Dies ist das grundlegende Problem des Lebens: seine unbefriedigende Natur. Es geschehen Dinge, die wir nicht wollen, und andere, die wir uns wünschen, geschehen nicht. Und wir wissen nicht, wie oder warum dieser Prozeß abläuft, genauso wie wir nichts über unseren eigenen Anfang und unser Ende wissen.

Vor 2500 Jahren machte sich in Nordindien ein Mann daran, dieses Problem des menschlichen Leidens zu erforschen. Nach Jahren der Suche und des Ausprobierens unterschiedlichster Methoden entdeckte er einen Weg, Einsicht in die Wirklichkeit seines eigenen Wesens zu gewinnen und wirkliche Freiheit vom Leiden zu erfahren. Nachdem er so das höchste Ziel, die Befreiung von Leiden und Spannungen, erreicht hatte, widmete er den Rest seines Lebens seinen Mitmenschen: Er zeigte ihnen den Weg, auf dem sich jeder selbst befreien kann.

Dieser Mann – *Siddhattha Gotama*, bekannt als der Buddha, »der Erleuchtete« – behauptete niemals, irgend etwas anderes zu sein als ein Mensch. Wie alle großen Lehrer wurde er zum Gegenstand von Legenden. Aber was auch immer an phantastischen Geschichten über seine früheren Existenzen oder seine wundersamen Kräfte erzählt worden ist, alle Berichte sind sich darin einig, daß er niemals behauptet hat, göttlich zu sein oder nach göttlichen Eingebungen zu handeln. Welche besonderen Qualitäten er auch immer besaß, es waren in erster Linie menschliche Qualitäten, die er zur Vollkommenheit gebracht hat. Deshalb ist alles, was er erreichte, für jedes menschliche Wesen erreichbar.

Der Buddha lehrte nicht irgendeine Religion, Philosophie oder ein Glaubenssystem. Er nannte seine Lehre *Dhamma*, das »Gesetz« oder das Gesetz der Natur. Dogmen oder Spekulationen interessierten ihn nicht. Statt dessen bot er eine universelle, praktische Lösung für ein universelles Problem an. »Ich lehre und lehrte stets nur über das Leiden und die Auflösung des Leidens.«[1] Er lehnte es ab, über irgend etwas anderes zu diskutieren.

Er betonte immer wieder, daß diese Lehre nicht von ihm erfunden wurde und ihm auch nicht von göttlichen Wesen offenbart worden war. Es war ganz einfach die Wahrheit, die Wirklichkeit, die er durch seine eigenen Bemühungen erkannt hatte, so wie viele Menschen vor ihm und viele nach ihm. Er beanspruchte kein alleiniges Recht auf die Wahrheit.

Darüber hinaus machte er keine besondere Autorität für seine Lehre geltend – weder das Vertrauen, das die Menschen in ihn setzten, noch die offensichtliche logische Natur dessen, was er lehrte, könnten eine solche Autorität begründen. Im Gegenteil, er erklärte, daß es richtig sei, zu zweifeln und alles, was jenseits der eigenen Erfahrung liegt, einer Prüfung zu unterziehen:

»Glaube nicht einfach, was dir gesagt wird oder was immer von früheren Generationen überliefert worden ist oder was der allgemeinen Meinung entspricht oder was die Schriften behaupten. Akzeptiere eine Sache nicht allein aufgrund logischer Schlußfolgerungen als wahr noch aufgrund der Bewertung ihrer äußeren Erscheinung oder weil du Vorlieben für eine bestimmte Ansicht hegst oder aufgrund ihrer Plausibilität oder weil dein Lehrer dir sagt, daß es so ist. Aber wenn du selbst aufgrund direkter Erfahrung sicher weißt, ›diese Grundsätze sind unheilsam, tadelnswert und werden von den Weisen verurteilt, nimmt man sie für sich an und führt sie aus, richten sie nur Schaden an und erzeugen Leiden‹, dann solltest du sie aufgeben. Und wenn du selbst aus direkter Erfahrung weißt, ›diese Grundsätze sind heilsam, untadelig und werden von den Weisen gepriesen; nimmt man sie für sich an und führt sie aus, führen sie zu Wohlergehen und Glück‹, dann solltest du sie akzeptieren und in die Praxis umsetzen.«[2]

Die höchste Autorität ist die eigene Erfahrung der Wahrheit. Nichts sollte nur auf der Basis von Vertrauen oder Glauben akzeptiert werden. Wir müssen alles zunächst untersuchen, um zu sehen, ob es auch logisch, praktisch und nutzbringend ist. Es reicht aber nicht aus, eine Lehre, die man mit den Mitteln des Verstandes überprüft hat, nur auf der intellektuellen Ebene zu akzeptieren. Wenn uns die Wahrheit von Nutzen sein soll, müssen wir sie direkt erfahren. Nur dann können wir wissen, daß sie wirklich wahr ist. Der Buddha betonte immer wieder, daß er nur das lehre, was er durch direktes Erkennen erfahren habe, und er ermutigte andere, selbst solches Wissen zu entwickeln, damit jeder zur Autorität für sich werde: »Mache ein jeder von euch sich selbst zu einer Insel, macht euch selbst zu eurer Zuflucht; es gibt keine andere Zuflucht. Macht die Wahrheit zu eurer Insel, macht die Wahrheit zu eurer Zuflucht; es gibt keine andere Zuflucht.«[3]

Die einzige wirkliche Zuflucht im Leben, der einzige feste Boden, auf dem man stehen kann, die einzige Autorität, die uns wirklich leiten und Schutz gewähren kann, ist die Wahrheit: Dhamma, das Gesetz der Natur, von uns selbst erfahren und bewiesen. Deshalb legte der Buddha in seiner Lehre immer das größte Gewicht auf die direkte Erfahrung der Wahrheit. Was er erfahren hatte, erläuterte er so klar wie irgend möglich, um anderen eine Richtschnur an die Hand zu geben, mit deren Hilfe sie auf ihre eigene Realisierung der Wahrheit hinarbeiten konnten. Er erklärte: »Die Lehre, die ich dargelegt habe, kennt keine Trennung von innen und außen. Nichts bleibt in der Faust des Lehrers versteckt.«[4] Es ist keine esoterische Lehre für wenige Auserwählte. Im Gegenteil, er wollte das Gesetz der Natur so einfach und klar und so umfassend wie möglich bekanntmachen, weil es so vielen Menschen wie möglich helfen sollte.

Der Buddha wollte keine Sekte oder einen Persönlichkeitskult mit sich selbst als Zentrum etablieren. Er vertrat stets die Meinung, daß die Persönlichkeit dessen, der lehrt, im Vergleich zur Lehre von untergeordneter Bedeutung sei, und er wollte anderen zeigen, wie sie sich selbst befreien können, nicht, wie sie zu einer blinden Gefolgschaft werden. Zu einem seiner Anhänger, der eine übertriebene Verehrung für ihn an den Tag legte, sagte er einmal: »Was nützt es dir, diesen Körper zu sehen, der dem Verfall ausgeliefert ist? Derjenige, der das Dhamma sieht, sieht mich; derjenige, der mich sieht, sieht das Dhamma.«[5]

Ehrfurcht und Ergebenheit einem anderen Menschen gegenüber, egal wie verehrungswürdig oder heilig er sein mag, ist nicht ausreichend, um irgend jemanden zu befreien; es kann keine Befreiung oder Erlösung ohne die direkte Erfahrung der Wirklichkeit geben. Deshalb hat die Wahrheit Vorrang, nicht derjenige, der sie spricht. Demjenigen, der die Wahrheit lehrt, gebührt all unser Respekt. Der beste Weg, diesen Respekt zu zeigen, ist jedoch, daran zu arbeiten, die Wahrheit selbst zu erfahren. Als dem Buddha gegen Ende seines Lebens übertriebene Ehrbezeigungen entgegengebracht wurden, bemerkte er dazu: »Dies ist nicht die Art, wie ein Erleuchteter auf rechte Weise geehrt wird oder ihm Respekt gezeigt oder Ehrerbietung entgegengebracht oder Achtung erwiesen oder Anerkennung gezollt wird. Vielmehr sind es der Mönch oder die Nonne, der Laienanhänger oder die Laienanhängerin, die unerschütterlich auf dem Pfad Dhammas gehen, von den ersten Schritten bis hin zum letztendlichen Ziel, die Dhamma praktizieren und auf rechte Weise arbeiten, welche dem Erleuchteten die größte Ehre erweisen und mit der größten Hochschätzung Respekt zeigen, Ehrerbietung entgegenbringen, Achtung erweisen und Anerkennung zollen.«[6]

Was der Buddha lehrte, war ein Weg, dem jeder Mensch folgen kann. Er nannte diesen Weg, der das Praktizieren von acht miteinander zusammenhängenden Teilbereichen umfaßt, den Edlen Achtfachen Pfad. Der Pfad ist edel in dem Sinn, daß jeder, der diesen Weg beschreitet, dazu bestimmt ist, ein edler, ja, heiliger Mensch zu werden, der sich vom Leiden befreit hat.

Es ist ein Weg der Einsicht in die Natur der Wirklichkeit, ein Pfad der Wahrheitserkenntnis. Um unsere Probleme zu lösen, müssen wir unsere Situation so sehen, wie sie wirklich ist. Wir müssen lernen, oberflächliche, scheinbare Wirklichkeiten zu erkennen, und die Fähigkeit entwickeln, über diese äußeren Erscheinungen hinauszugehen und tiefer vorzudringen, um über immer subtilere Wahrheiten die letztendliche Wahrheit zu ergründen und schließlich die Wahrheit der Freiheit vom Leiden zu erfahren. Welchen Namen wir dieser Wahrheit von der Befreiung auch immer geben wollen, sei es nun *Nibbāna*, »Himmel« oder irgendein anderes Wort, ist unwichtig. Wichtig ist nur die Erfahrung.

Der einzige Weg, Wahrheit direkt zu erfahren, ist die Innenschau, die Selbstbeobachtung. Unser ganzes Leben lang haben wir nach außen geschaut. Wir waren immer daran interessiert, was außen geschieht, was andere tun. Falls überhaupt, haben wir nur sehr selten versucht, uns selbst zu untersuchen, unsere eigene geistige und körperliche Struktur, unsere Handlungen, unsere Wirklichkeit. Deshalb kennen wir uns selbst nicht. Wir erkennen nicht, wie sehr diese Unwissenheit uns schadet, in welchem Ausmaß wir die Sklaven von Kräften in unserem Innern bleiben, derer wir uns nicht bewußt sind.

Diese innere Finsternis muß vertrieben werden, damit die Wahrheit deutlich wird. Wir müssen Einsicht in unsere eigene Natur gewinnen, um die Natur des Daseins zu verstehen. Daher ist der Weg, den der Buddha aufzeigte, ein Weg des Nach-Innen-Schauens, der Selbstbeobachtung. Er erklärte: »Innerhalb dieses nur sechs Fuß langen Körpers, der den Geist mit seinen Wahrnehmungen enthält, ergründe ich das Universum, seinen Ursprung, sein Ende und den Weg, der zu seinem Ende führt.«[7] Das gesamte Universum und die Gesetze der Natur, die es regieren, müssen in uns selbst erfahren werden. Sie können *nur* in uns selbst erfahren werden.

Dieser Weg ist auch ein Weg der Reinigung. Wir untersuchen die Wahrheit über uns selbst nicht aus müßiger intellektueller Neugier, sondern mit einer bestimmten Absicht. Indem wir uns selbst beobachten, werden wir uns zum erstenmal der konditionierten Reaktionen* bewußt, der Vorurteile, die unsere geistige Wahrnehmung trüben, die die Realität vor uns verbergen und Leiden verursachen. Wir entdecken

* Der Begriff *Konditionierung* meint hier und im weiteren Textverlauf eine in der Vergangenheit verursachte, durch unendliches Wiederholen tief in den Geist eingeprägte Verhaltensweise, die in entsprechenden Situationen reflexartig bestimmte festgelegte Reaktionen auslöst. Auf dieses Verhalten ist man damit *konditioniert*. Das Verb *konditionieren* bezeichnet diesen Prozeß der Konditionierung.

die angehäuften inneren Spannungen, die uns ständig in einem Zustand der Unruhe, des Leidens halten, und wir erkennen, daß sie beseitigt werden können. Nach und nach lernen wir, wie wir ihnen die Möglichkeit geben können, sich aufzulösen. So wird unser Geist allmählich rein, friedvoll und glücklich.

Der Weg ist ein Prozeß, der kontinuierliches Üben erfordert. Es kann dabei plötzliche Durchbrüche geben, diese sind jedoch stets das Ergebnis beständiger Bemühungen. Es ist notwendig, Schritt für Schritt vorzugehen: Mit jedem Schritt stellen sich positive Wirkungen ein. Wir verfolgen den Weg nicht in der Hoffnung, Gutes anzusammeln, das nur in der Zukunft genossen werden kann, nicht mit dem Ziel, nach dem Tod in einen Himmel zu gelangen, den man hier nur über Mutmaßungen kennt. Die positiven Ergebnisse müssen konkret, lebendig, greifbar und persönlich sein, und sie müssen hier und jetzt erfahren werden.

Vor allen Dingen ist es eine Lehre, die praktiziert werden muß. Nur einfach Vertrauen in den Buddha oder seine Lehren zu haben, wird uns nicht helfen, uns vom Leiden zu befreien, ebensowenig wie ein ausschließlich intellektuelles Verstehen des Weges. Beides hat nur dann Wert, wenn es uns dazu inspiriert, die Lehren in die Praxis umzusetzen. Allein die tatsächliche Anwendung dessen, was der Buddha lehrte, wird konkrete Ergebnisse bringen und unser Leben zum Besseren wenden. Der Buddha sagte:

> »Man mag noch so große Teile der Schriften rezitieren, wenn man sie nicht anwendet, so ist ein solch achtloser Mensch wie ein Hirte, der nur die Kühe anderer zählt: Er genießt nicht die Belohnungen eines Lebens als Wahrheitssucher.
>
> Ein anderer mag lediglich in der Lage sein, einige wenige Worte aus den Texten zu rezitieren, wenn er jedoch ein Leben im Dhamma führt und Schritte auf dem Pfad unternimmt, von seinem Beginn bis zum Ziel, dann genießt er die Belohnungen eines Lebens als Wahrheitssucher.«[8]

Der Weg muß verfolgt werden, die Lehre muß in die Praxis umgesetzt werden, ansonsten ist sie sinnlos.

Es ist nicht notwendig, sich Buddhist zu nennen, um diese Lehre zu praktizieren. Namen und Etiketten sind unwichtig. Das Leiden macht keine Unterschiede, es ist allen Menschen gemeinsam; deshalb muß auch das Heilmittel für alle anwendbar sein. Ebensowenig ist die Praxis nur Einsiedlern und Mönchen vorbehalten, die vom alltäglichen Leben abgeschnitten sind. Selbstverständlich ist es notwendig, sich Zeit zu nehmen und sich für eine bestimmte Dauer ausschließlich dem Erlernen der Technik zu widmen. Doch danach muß man die Lehre im täglichen Leben anwenden. Jemand, der sein Zuhause und seine weltlichen Verantwortungen aufgibt, um dem Weg zu folgen, hat die Möglichkeit, intensiver zu arbeiten, die Lehre tiefer in sich aufzunehmen und daher schneller Fortschritte zu machen. Demgegenüber kann jemand, der im weltlichen Leben steht und mit den Anforderungen vieler verschiedener Verantwortlichkeiten fertig werden muß, der Praxis nur begrenzte Zeit widmen. Aber ganz gleich, ob man nun im häuslichen Leben Verantwortung trägt oder ihm ganz entsagt hat, man muß Dhamma anwenden.

Es ist nur das angewandte Dhamma, das Ergebnisse bringt. Wenn dies wirklich ein Weg ist, der vom Leiden zum inneren Frieden führt, dann sollte in dem Maße, in dem wir Fortschritte machen, unser Leben glücklicher und harmonischer werden. Gleichzeitig sollten unsere Beziehungen zu anderen friedvoller und harmonischer werden. Anstatt zu den Spannungen in der Gesellschaft beizutragen, sollten wir in der Lage sein, einen positiven Beitrag zu leisten, der das Glück und Wohlsein aller vermehrt. Dem Weg folgen, heißt ein Leben im Dhamma, ein Leben der Wahrheit, der Reinheit zu führen. So wird die Lehre in die Praxis umgesetzt. Dhamma, richtig praktiziert, ist die wirkliche Kunst zu leben.

Fragen und Antworten

Sie beziehen sich ständig auf den Buddha. Lehren Sie Buddhismus?
S.N. Goenka: Ich befasse mich nicht mit »ismen«. Ich lehre Dhamma, das heißt das, was der Buddha lehrte. Er lehrte nie irgendeinen »ismus« oder eine Doktrin, die sich nur an bestimmte Gruppen oder Glaubensgemeinschaften richtete. Er lehrte etwas, aus dem Menschen jeder Herkunft Nutzen ziehen können: eine Kunst zu leben. In Unwissenheit zu sein schadet jedem; Weisheit zu entwickeln ist gut für jeden. Somit kann jeder diese Technik anwenden und Nutzen daraus ziehen. Ein

Christ wird ein guter Christ werden, ein Mensch jüdischen Glaubens wird ein guter Mensch innerhalb seines Glaubens werden, ein Moslem wird ein guter Moslem werden, ein Hindu wird ein guter Hindu werden, ein Buddhist wird ein guter Buddhist werden. Man muß ein guter Mensch werden, sonst wird man niemals ein guter Christ, ein guter Jude, ein guter Moslem, ein guter Hindu oder ein guter Buddhist sein. Wie man ein guter Mensch wird – das ist das Wichtigste.

Sie sprechen von Konditionierung. Ist dieses Training nicht auch eine Art Konditionierung des Geistes, und sei es auch eine positive?
Im Gegenteil, es ist ein Prozeß der Dekonditionierung. Anstatt dem Geist etwas aufzuzwingen, entfernt er automatisch unheilsame Eigenschaften, so daß nur heilsame, gute zurückbleiben. Durch das Beseitigen der »Negativitäten«, der festgefahrenen, unheilsamen und somit negativen Geisteshaltungen und geistigen Reaktionen, enthüllt er das Positive, Gute und Heilsame, das die eigentliche Natur eines reinen Geistes ist.

Aber über einen längeren Zeitraum in einer vorgeschriebenen Haltung zu sitzen und die Aufmerksamkeit auf eine bestimmte Weise auszurichten ist doch eine Form von Konditionierung.
Wenn Sie das als eine Art Spiel betreiben oder ein mechanisches Ritual daraus machen, dann mag das stimmen – Sie konditionieren den Geist. Aber das ist eine Zweckentfremdung, eine falsche Anwendung von Vipassana. Wenn sie richtig praktiziert wird, befähigt die Technik Sie, die Wahrheit direkt zu erfahren, selbst zu erfahren. Und aus dieser Erfahrung heraus entwickeln sich ganz natürlich Einsicht und Verstehen, was alle alten Konditionierungen zerstört.

Ist es nicht egoistisch, die Welt zu vergessen und den ganzen Tag nur zu sitzen und zu meditieren?
Das würde es sein, wenn Meditation das eigentliche Ziel wäre. Sie ist jedoch nur ein Mittel zu einem Zweck, der ganz und gar nicht egoistisch ist: dem Zweck, einen gesunden Geist zu erlangen. Wenn Ihr Körper krank ist, gehen Sie in ein Krankenhaus, um wieder gesund zu werden. Sie bleiben nicht Ihr ganzes Leben dort, sondern lediglich so lange, bis Sie wieder gesund sind und ins normale Leben zurückkeh-

ren können. In gleicher Weise kommen Sie zu einem Meditationskurs, um dort Ihre geistige Gesundheit zu pflegen, die Sie dann im normalen täglichen Leben nutzen werden, für Ihr eigenes Wohl und für das Wohl anderer.

Glücklich und zufrieden zu bleiben, selbst wenn man mit dem Leiden anderer konfrontiert wird - ist das nicht bloße Gefühllosigkeit?
Sensibel für das Leiden anderer zu sein bedeutet nicht, selbst traurig werden zu müssen. Statt dessen sollten Sie ruhig und ausgeglichen bleiben, damit Sie in der Lage sind zu handeln, etwas zu unternehmen, das das Leiden dieser Menschen lindern kann. Wenn Sie bedrückt sind, vermehren Sie die Traurigkeit. Sie helfen weder anderen noch sich selbst.

Warum leben wir nicht in einem Zustand des Glücks?
Weil die Weisheit fehlt. Ein Leben ohne Weisheit ist ein Leben voller Illusionen, was einen Zustand der Unruhe, des Leidens bedeutet. Unsere erste Pflicht ist, ein gesundes, harmonisches Leben zu leben, das gut für uns und für alle anderen ist. Dafür müssen wir lernen, unsere Fähigkeit der Selbstbeobachtung, der Beobachtung der Wahrheit zu nutzen.

Warum ist es notwendig, an einem Zehn-Tage-Kurs teilzunehmen, um die Technik zu erlernen?
Nun, wenn Sie für einen längeren Zeitraum kommen können, wäre das noch besser! Zehn Tage sind jedoch das Minimum, um die Technik in ihren Umrissen zu erfassen.

Warum müssen wir während der zehn Tage innerhalb des Kursgeländes bleiben?
Weil Sie hier sind, um eine Operation an Ihrem Geist vorzunehmen. Eine Operation muß in einem Krankenhaus durchgeführt werden, in einem Operationssaal, geschützt gegen Verunreinigungen. Hier, innerhalb der Abgrenzungen des Kursgeländes, können Sie die Operation durchführen, ohne durch äußere Einflüsse gestört zu werden. Wenn der Kurs vorüber ist, ist die Operation beendet, und Sie sind in der Lage, sich wieder mit der Welt zu konfrontieren.

Heilt diese Technik den physischen Körper?
Ja, als ein Nebenprodukt. Viele psychosomatische Krankheiten verschwinden, wenn geistige Spannungen aufgelöst worden sind. Wenn der Geist unruhig und friedlos ist, werden sich mit Sicherheit körperliche Krankheiten entwickeln. Wird der Geist ruhig und rein, werden sie ganz von selbst wieder vergehen. Wenn Sie jedoch das Heilen einer körperlichen Krankheit zu Ihrem Ziel gemacht haben, statt die Reinigung Ihres Geistes anzustreben, werden Sie weder das eine noch das andere erreichen. Ich habe festgestellt, daß diejenigen, die einen Kurs mit dem Ziel besuchen, eine körperliche Krankheit zu heilen, ihre Aufmerksamkeit den ganzen Kurs hindurch nur auf ihre Krankheit gerichtet halten: »Ist es heute besser geworden? Nein, nicht besser... Wird es heute besser? Nein, es wird nicht besser!« Auf diese Weise verschwenden sie die zehn Tage. Wenn die Intention dagegen nur ist, den Geist zu reinigen, dann vergehen viele Krankheiten und Beschwerden ganz von selbst als Resultat der Meditation.

Was ist Ihrer Meinung nach der Sinn des Lebens?
Das Leiden hinter sich zu lassen. Ein menschliches Wesen hat die wundervolle Fähigkeit, tief in sich einzudringen, die Wirklichkeit zu beobachten und das Leiden zu überwinden. Diese Fähigkeit nicht zu nutzen hieße, sein Leben zu verschwenden. Nutzen Sie sie, um ein gesundes, glückliches Leben zu leben!

Sie sprechen davon, daß man von Negativität überwältigt wird. Was nun, wenn man von Positivität überwältigt wird, zum Beispiel von Liebe?
Was Sie »Positivität« nennen, ist die wahre Natur des Geistes. Wenn der Geist frei von Konditionierungen ist, ist er immer voller Liebe – reiner Liebe –, und Sie fühlen sich friedvoll und glücklich. Wenn Sie das Negative entfernen, dann bleibt Positives zurück, bleibt nur Reinheit übrig. Möge die gesamte Welt von Positivem überwältigt sein!

Den Weg selbst gehen

In der Stadt Sāvatthi in Nordindien hatte der Buddha ein großes Zentrum, in das viele Menschen kamen, um zu meditieren und seinen Vorträgen über Dhamma zuzuhören. Unter den Besuchern gab es einen jungen Mann, der jahrelang jeden Abend kam, um dem Buddha zu lauschen, aber er setzte nie irgendeine seiner Lehren in die Praxis um.

Nach vielen Jahren kam er einmal ein wenig früher als sonst und fand den Buddha allein vor. Er trat auf ihn zu und sagte: »Ehrwürdiger Herr, ich habe eine Frage, die ständig in meinem Geist auftaucht und Zweifel in mir aufkommen läßt.«

»Oh, wirklich? Auf dem Pfad Dhammas sollte es keine Zweifel geben; sieh zu, daß sie geklärt und aufgelöst werden. Was ist deine Frage?«

»Ehrwürdiger Herr, viele Jahre lang bin ich nun zu Euch gekommen, und ich habe festgestellt, daß es eine große Anzahl von Menschen um Euch herum gibt, die dem weltlichen Leben entsagt haben, Mönche und Nonnen, und eine noch größere Anzahl von Laienanhängern, sowohl Männer als auch Frauen. Viele davon kommen schon seit vielen Jahren. Bei einigen sehe ich ganz deutlich, daß sie zweifellos die letzte Stufe erreicht haben; es ist ganz offensichtlich, daß sie vollkommen befreit sind. Ich kann ebenfalls sehen, daß andere einige Veränderungen in ihrem Leben erfahren haben. Sie haben sich zu ihrem Besseren entwickelt, obwohl ich nicht sagen kann, daß sie vollkommen befreit sind. Aber ich bemerke ebenso, daß es eine große Anzahl von Leuten gibt, mich eingeschlossen, die geblieben sind, wie sie waren, oder manchmal sogar schlimmer geworden sind. Sie haben sich entweder gar nicht verändert oder jedenfalls nicht zum Besseren.

Was für einen Grund sollte es dafür geben, Herr? Die Menschen kommen zu Ihnen, einem bedeutenden Mann, voll erleuchtet, einer derart machtvollen Persönlichkeit voller Mitgefühl. Warum gebrauchen Sie nicht Ihre Macht und Ihr Mitgefühl, um sie alle zu befreien?«

Der Buddha lächelte und erwiderte: »Junger Mann, wo lebst du? Was ist dein Heimatort?«

»Ich lebe hier in Sāvatthi, Herr, der Hauptstadt des Staates Kosala.«

»Ja, aber deine Gesichtszüge verraten, daß du nicht aus diesem Teil des Landes stammst. Woher kommst du ursprünglich?«

»Ich komme aus der Stadt Rājagaha, der Hauptstadt des Staates Magadha. Ich kam vor einigen Jahren nach Sāvatthi und ließ mich hier nieder.«

»Und hast du alle Verbindungen mit Rājagaha abgebrochen?«

»Nein, Herr, ich habe noch Verwandte dort und Freunde, und ich habe auch noch geschäftlich dort zu tun.«

»Dann wirst du sicher recht oft von Sāvatthi nach Rājagaha gehen?«

»Ja, Herr, ich besuche Rājagaha viele Male in jedem Jahr und kehre danach nach Sāvatthi zurück.«

»Wenn du so oft den Weg von hier nach Rājagaha hin und wieder zurück gegangen bist, dann mußt du den Weg zweifellos sehr gut kennen?«

»O ja, Herr, ich kenne ihn ganz genau. Ich könnte fast behaupten, daß ich den Weg nach Rājagaha sogar noch mit verbundenen Augen finden würde, so viele Male bin ich ihn schon gegangen.«

»Und deine Freunde, diejenigen, die dich gut kennen, sie werden sicherlich wissen, daß du aus Rājagaha kommst und dich dann hier niedergelassen hast? Sie werden bestimmt wissen, daß du oft nach Rājagaha und zurück reist und daß du den Weg von hier nach Rājagaha in allen seinen Einzelheiten kennst?«

»O ja, Herr. Alle, die mir nahestehen, wissen, daß ich oft nach Rājagaha reise und daß ich den Weg dorthin genau kenne.«

»Dann wird es wohl auch manchmal vorkommen, daß einige von ihnen auf dich zukommen und dich bitten, ihnen den Weg von hier nach Rājagaha zu beschreiben? Verheimlichst du dann irgend etwas vor ihnen, oder erklärst du ihnen den Weg in aller Klarheit und Deutlichkeit?«

»Was gibt es da zu verheimlichen, Herr? Ich beschreibe ihnen den Weg so klar und anschaulich ich kann: Man geht anfangs nach Osten und geht dann in Richtung Banaras weiter, von wo man den Weg in östlicher Richtung fortsetzt, bis man zuerst Gaya und dann Rājagaha erreicht. Ich erläutere ihnen das in aller Offenheit und Detailliertheit, Herr.«

»Und diese Leute, denen du so klare Beschreibungen gibst, erreichen sie alle Rājagaha, kommen sie alle dort an?«

»Wie soll das möglich sein, Herr? Nur diejenigen, die selbst den gesamten Weg bis zum Ende gehen, nur die werden Rājagaha erreichen.«

»Genau das ist es, was ich dir erklären will, junger Mann. Die Leute kommen zu mir, weil sie wissen, daß ich jemand bin, der den Weg von hier bis zum *Nibbāna* gegangen ist und ihn daher in allen Einzelheiten kennt. Sie kommen zu mir und fragen: ›Was ist der Weg zum *Nibbāna*, zur Befreiung?‹ Und was gibt es da zu verheimlichen? Ich erkläre es ihnen in aller Klarheit und Detailliertheit: ›Dies ist der Weg.‹ Wenn jemand lediglich mit dem Kopf nickt und sagt, ›sehr gut, was für ein erhebender Vortrag, ein sehr guter Weg, aber ich werde keinen Schritt auf ihm machen; ein wundervoller Weg, aber ich werde mir nicht die Mühe machen, ihn zu gehen‹, wie soll ein solcher Mensch dann das letztendliche Ziel erreichen?

Ich nehme niemanden auf meine Schultern, um ihn zum letztendlichen Ziel zu tragen. Niemand kann irgend jemand anderen auf seinen Schultern zum letztendlichen Ziel tragen. Man kann nicht mehr tun, als mit Liebe und Mitgefühl zu sagen: ›Schau, dies ist der Weg, und auf diese Weise habe ich ihn beschritten. Arbeite in gleicher Weise, und gehe diesen Weg, und du wirst das letztendliche Ziel erreichen.‹ Aber jeder muß selbst gehen, muß jeden Schritt auf dem Weg selber machen. Wenn man einen Schritt auf dem Weg gemacht hat, ist man einen Schritt näher an das Ziel herangekommen. Wenn man hundert Schritte gemacht hat, ist man dem Ziel hundert Schritte nähergekommen. Wenn man alle Schritte auf dem Weg zurückgelegt hat, hat man das letzte Ziel erreicht. Du mußt selbst den Weg gehen.«[9]

2. Der Ausgangspunkt

Der Ursprung des Leidens liegt in uns, im Innern eines jeden von uns. Wenn wir unsere eigene Wirklichkeit verstehen, werden wir die Lösung zu dem Problem des Leidens erkennen. »Erkenne dich selbst« – diesen Rat haben alle weisen Menschen gegeben. Wir müssen mit dem Erkennen unserer eigenen Natur beginnen; anderenfalls werden wir weder unsere eigenen Probleme noch die Probleme der Welt lösen können.

Was wissen wir aber tatsächlich über uns? Wir sind alle überzeugt von der Wichtigkeit unserer eigenen Person, von unserer Einmaligkeit, aber das Wissen über uns ist nur oberflächlich. Auf tieferen Ebenen kennen wir uns nicht.

Der Buddha untersuchte das Phänomen des menschlichen Wesens, indem er die Natur seines eigenen Wesens unter die Lupe nahm. Er legte alle alten Anschauungen und vorgefaßten Meinungen beiseite und begann, die Realität in sich selbst zu erforschen. Dabei erkannte er, daß jedes Wesen eine Zusammensetzung aus fünf Prozessen ist, vier mentalen und einem körperlichen.

Materie

Wir wollen mit dem körperlichen Aspekt beginnen. Dies ist der augenfälligste, der offensichtlichste Teil von uns, der leicht von allen Sinnen wahrgenommen werden kann. Aber wie wenig wir trotzdem über ihn wissen! Wenn wir nur die Oberfläche betrachten, besitzen wir Kontrolle über den Körper: Er handelt und bewegt sich unseren bewußten Wünschen entsprechend. Aber auf einer anderen Ebene arbeiten z. B. alle inneren Organe außerhalb unserer Kontrolle. Auf einer subtileren Ebene wissen wir nichts über die unaufhörlichen biochemischen Reaktionen, die innerhalb jeder Zelle des Körpers ablaufen. Dies ist jedoch immer noch nicht die letztendliche Realität der Materie.

Letztendlich ist der scheinbar feste Körper zusammengesetzt aus subatomaren Teilchen und leerem Raum. Und wenn man noch weiter geht, haben selbst diese subatomaren Teilchen keine wirkliche Festigkeit und Stabilität; die Lebensdauer eines dieser winzigen Partikel beträgt weit weniger als den billionsten Teil einer Sekunde. Teilchen entstehen und vergehen in ununterbrochenem Fluß, treten ein in den Kreislauf der Existenz und verlassen ihn wieder, wie ein Strom von Schwingungen. Dies ist die letztendliche Wirklichkeit des Körpers, ja, aller Materie, eine Realität, die vor 2500 Jahren vom Buddha entdeckt wurde.

Moderne Wissenschaftler haben durch Untersuchungen diese letztliche Realität des materiellen Universums erkannt und akzeptiert. Diese Wissenschaftler sind jedoch keine befreiten, erleuchteten Menschen geworden. Sie haben die Natur des Universums aus Neugier und Wissensdrang erforscht, mit Hilfe ihres Intellekts, und sich auf Instrumente verlassen, um die Richtigkeit ihrer Theorien zu beweisen. Im Gegensatz dazu war die Motivation des Buddha nicht Neugier, sondern der Wunsch, einen Weg aus dem Leiden zu finden. Bei seiner Untersuchung benutzte er nur seinen Geist. Die Wahrheit, die er entdeckte, war nicht das Ergebnis der Arbeit des Intellekts, sondern das Resultat seiner direkten Erfahrung. Und aus diesem Grund konnte sie ihn befreien.

Er fand heraus, daß das gesamte materielle Universum aus Teilchen zusammengesetzt ist, die in der Pāli-Sprache als *Kalāpas* bezeichnet werden oder »unteilbare Einheiten«. Diese Einheiten weisen in endlosen Variationen die grundlegenden Eigenschaften von Materie auf: Masse, Kohäsion, Temperatur und Bewegung. Sie verbinden sich miteinander und formen Strukturen, die eine gewisse Beständigkeit und Kontinuität zu haben scheinen. Aber tatsächlich sind sie alle zusammengesetzt aus winzigen *Kalāpas*, die sich in einem Zustand des ständigen Entstehens und Vergehens befinden. Dies ist die letztendliche Wirklichkeit von Materie: ein ständiger Strom von Wellen oder Teilchen. Dies ist der Körper, den jeder von uns »ich« nennt und als sein »Selbst« empfindet.

Einhergehend mit dem körperlichen Prozeß gibt es den immateriellen, mentalen Prozeß, den Geist. Obwohl man ihn nicht anfassen oder sehen kann, scheint er sogar noch inniger mit uns verbunden zu sein als unser Körper: Wir können uns vielleicht eine zukünftige Existenz ohne den Körper ausmalen, aber wir können uns unmöglich irgendeine Existenz ohne den Geist vorstellen. Und doch wissen wir so wenig über den Geist und sind so wenig in der Lage, ihn zu beherrschen. Wie oft weigert er sich, das zu tun, was wir wollen, und macht, was wir nicht wollen. Unsere Beherrschung des bewußten Geistes ist schon dürftig genug, aber das Unbewußte scheint vollkommen außerhalb unserer Macht oder unseres Verständnisses zu sein, angefüllt mit Kräften, die wir vielleicht nicht gutheißen oder derer wir uns nicht bewußt sind.

So wie er den Körper untersuchte, so untersuchte der Buddha auch den Geist und fand heraus, daß er, grob betrachtet und in relativ weit gefaßten Begriffen erklärt, aus vier Prozessen besteht: Bewußtsein *(Viññāṇa)*, Wahrnehmung *(Saññā)*, Empfindung *(Vedanā)* und Reaktion *(Saṅkhāra)*.

Der erste Prozeß, Bewußtsein, ist der empfangende Teil des Geistes, der Vorgang undifferenzierter Aufmerksamkeit oder geistiger Aufnahme. Er macht nichts anderes, als lediglich das Auftreten von Phänomenen zu registrieren, den Empfang von Impulsen körperlicher oder geistiger Art. Er nimmt nur die rohen Daten einer Erfahrung auf, ohne sie zu etikettieren oder Werturteile abzugeben.

Der zweite Prozeß ist die Wahrnehmung, der Vorgang des Erkennens bzw. Wiedererkennens. Dieser Teil des Geistes identifiziert, was immer vom Bewußtsein aufgenommen wurde. Er unterscheidet, bezeichnet und kategorisiert das ankommende Rohmaterial und gibt Werturteile ab, positive oder negative.

Der nächste Prozeß ist die Empfindung. Tatsächlich ist es so, daß, sobald ein Impuls aufgenommen wird, im gleichen Moment eine Empfindung auftaucht, ein Signal, daß etwas geschieht. Solange die Eingabe keine Wertung erfahren hat, bleibt die Empfindung neutral. Aber sobald das hereinkommende Datenmaterial mit einer Wertung versehen ist, wird die Empfindung angenehm oder unangenehm, je nach Bewertung.

Ist die Empfindung angenehm, entwickelt sich ein Wunsch, diese Erfahrung zu verlängern und zu intensivieren. Ist es eine unangenehme Empfindung, geht der Wunsch dahin, sie zu stoppen, sie wegzuschieben. Der Geist reagiert mit Mögen oder Nichtmögen.[1] Ein Beispiel: Wenn das Ohr normal arbeitet, und man hört ein Geräusch, beginnt die Funktion des empfangenden Teils des Geistes. Wenn die Geräusche als Worte mit negativen oder positiven Assoziationen erkannt werden, hat der Wahrnehmungsprozeß sich eingeschaltet. Daraufhin kommt die Empfindung ins Spiel. Wenn die Worte lobenden Charakter haben, entsteht eine angenehme Empfindung. Sind sie verletzend, entsteht eine unangenehme Empfindung. Sofort findet eine Reaktion statt. Ist die Empfindung angenehm, beginnt man, sie zu mögen, und will mehr schöne Worte. Ist die Empfindung unangenehm, beginnt man, Abneigung gegen sie zu entwickeln, und will die Kränkungen abstellen.

Auch wenn einer der anderen Sinne einen Impuls empfängt, kommt es zu der gleichen Abfolge: Bewußtsein, Wahrnehmung, Empfindung, Reaktion. Diese vier Prozesse sind noch flüchtiger als die kurzlebigen Teilchen, die die materielle Wirklichkeit ausmachen. In jedem Augenblick, in dem die Sinne in Kontakt mit einem Objekt kommen, laufen alle vier mit blitzartiger Geschwindigkeit ab und wiederholen sich mit jedem aufeinanderfolgenden Moment des Kontakts. Dies passiert so schnell, daß man sich des Ablaufs nicht bewußt wird. Erst wenn eine bestimmte Reaktion über einen längeren Zeitraum ständig wiederholt worden ist und eine eindringliche, intensivierte Form angenommen hat, werden wir auf der bewußten Ebene darauf aufmerksam.

Der auffallendste Aspekt dieser Beschreibung eines menschlichen Wesens ist nicht, was sie beinhaltet, sondern was sie wegläßt. Ob wir nun aus dem Westen oder dem Osten stammen, ob wir christlichen oder jüdischen Glaubens, Moslems, Hindus, Buddhisten, Atheisten oder irgend etwas anderes sind, jeder von uns hat die uns allen in die Wiege gelegte Zuversicht, daß es irgendwo in uns ein »ich« gibt, eine fortdauernde Identität. Wir agieren in der Annahme, daß die Person, die vor zehn Jahren existierte, im wesentlichen die gleiche ist, die heute existiert, und die gleiche, die in zehn Jahren existieren wird und vielleicht noch in einem zukünftigen Leben nach dem Tode weiterleben wird. Was für Philosophien oder Theorien oder Glaubenssätze wir auch immer für wahr halten, tatsächlich lebt jeder von uns sein Leben in der tiefverwurzelten Überzeugung: »Ich war, ich bin, ich werde sein.«

Der Buddha stellte diese instinktive Annahme einer Identität in Frage, doch er lehrte keine neue spekulative Ansicht, um die Theorien anderer zu bekämpfen: Er betonte immer wieder, daß das, was er zu sagen hatte, nicht lediglich eine Meinung sei, sondern einzig die Beschreibung der Wahrheit, die er erfahren hatte und die jeder Mensch erfahren kann. »Der Erleuchtete hat alle Theorien beiseite gelegt«, so erklärte er, »denn er hat die Wirklichkeit der Materie, der Empfindung, der Wahrnehmung, der Reaktion und des Bewußtseins gesehen sowie ihr Entstehen und Vergehen.«[2] Ungeachtet allen äußeren Scheins entdeckte er, daß jedes menschliche Wesen eine Folge von getrennten, aber miteinander verbundenen Ereignissen ist. Jedes Ereignis ist das Resultat des vorangegangenen und folgt ihm unmittelbar, ohne einen zeitlichen Zwischenraum. Die ununterbrochene Folge von eng miteinander verbundenen Ereignissen erzeugt den Anschein von Kontinuität und Beständigkeit, der Existenz einer Identität. Dies ist jedoch nur eine scheinbare Realität, nicht die letztendliche Wahrheit.

Wir können einem Fluß einen Namen geben, aber in Wirklichkeit ist er ein pausenloses Strömen von Wasser, das sich in seinem ganzen Verlauf ohne Unterbrechung fortsetzt. Wir können das Licht einer Kerze als etwas Konstantes betrachten, wenn wir jedoch genau hinsehen, erkennen wir, daß es eine aus einem Docht hervorkommende Flamme ist, die einen Moment lang brennt, um dann sofort durch eine neue Flamme ersetzt zu werden: Augenblick für Augenblick. Wir sprechen vom Licht einer elektrischen Lampe und denken nicht einen Augenblick daran, daß es in Wirklichkeit, wie der dahinströmende Fluß, ein ständiges Fließen ist, in diesem Fall ein Fließen von Energie, erzeugt durch Schwingungen hoher Frequenz, die in dem Heizfaden der Glühbirne entstehen. In jedem Moment entsteht etwas Neues als Produkt der Vergangenheit, um im folgenden Moment wieder von etwas Neuem ersetzt zu werden. Die Aufeinanderfolge von Ereignissen ist so schnell und kontinuierlich, daß es schwierig ist, sie wahrzunehmen. Man kann nicht an einem bestimmten Punkt dieses Prozesses sagen, daß das, was im Moment geschieht, das gleiche sei, was diesem Moment voranging, noch kann man sagen, daß es nicht das gleiche sei. Doch der Prozeß findet statt.

In gleicher Weise, so erkannte der Buddha, ist auch ein Mensch keine fertige, unveränderliche Einheit, sondern ein von Augenblick zu Augenblick fließender Prozeß. Es gibt keine wirkliche »Person«, nichts, was beständig »ist«, sondern lediglich ein fortlaufendes Fließen, einen kontinuierlichen Prozeß des Werdens. Natürlich müssen wir im täglichen Leben miteinander als Personen von mehr oder weniger definierter, gleichbleibender Natur umgehen; wir müssen die äußere, scheinbare Realität akzeptieren, anders könnten wir überhaupt nicht leben. Die äußere Realität ist eine Realität, aber nur eine oberflächliche. Auf einer tieferen Ebene ist Realität, daß sich das gesamte Universum, das belebte und das unbelebte, in einem ständigen Prozeß des Werdens befindet – des Entstehens und Vergehens. Jeder von uns ist in Wirklichkeit ein Strom sich ständig verändernder subatomarer Teilchen, wobei sich die gleichzeitig ablaufenden Prozesse des Bewußtseins, der Wahrnehmung, der Empfindung und der Reaktion noch schneller verändern als der körperliche Prozeß.

Dies ist die letztendliche Realität des Selbst, um das jeder von uns so besorgt ist. Dies ist der Verlauf der Ereignisse, in die wir verwickelt sind. Wenn wir das durch direkte eigene Erfahrung verstehen, werden wir den Schlüssel finden, der uns aus dem Leiden herausführen kann.

Fragen und Antworten

Wenn Sie von »Geist« reden, bin ich nicht sicher, was Sie meinen. Ich kann den Geist nicht finden.

S. N. Goenka: Er ist überall, in jedem Atom. Wo immer Sie etwas fühlen, ist der Geist da. Der Geist fühlt.

Dann meinen Sie mit dem Geist nicht das Gehirn?

Oh, nein, nein, nein. Hier im Westen denken Sie, der Geist ist nur im Kopf. Das ist eine falsche Vorstellung.

Geist ist im ganzen Körper?

Ja, der ganze Körper enthält den Geist, der ganze Körper!

Sie sprechen von der Erfahrung des »ich« nur in negativen Ausdrücken. Hat sie nicht auch eine positive Seite? Gibt es nicht eine Erfahrung des »ich«, die einen Menschen mit Freude, Frieden und Verzückung erfüllt?
Durch die Meditation werden Sie entdecken, daß alle derartigen sinnlichen Genüsse unbeständig sind; sie kommen und vergehen. Wenn dieses »ich« sich tatsächlich an ihnen erfreut, wenn sie »meine« Freuden sind, dann muß »ich« eine gewisse Herrschaft über sie besitzen. Aber sie entstehen und vergehen, ohne daß ich Einfluß darauf habe. Welches »ich« gibt es da?

Ich spreche nicht von sinnlichem Vergnügen, sondern von einer sehr tiefen Ebene der Freude.
Auf dieser Ebene hat »ich« überhaupt keine Bedeutung. Wenn Sie diese Stufe erreichen, ist das Ego aufgelöst. Es ist nur noch Freude da. Die Frage eines »ich« taucht dann nicht mehr auf.

Nun gut, dann lassen Sie uns anstelle von »ich« sagen: die Erfahrung einer Person.
Das Gefühl fühlt; es gibt niemanden, der es fühlt. Die Dinge geschehen einfach, das ist alles. Jetzt scheint es Ihnen, als müßte es ein »ich« geben, das fühlt, wenn Sie jedoch weiter Vipassana praktizieren, werden Sie das Stadium erreichen, wo sich das Ego auflöst. Dann wird Ihre Frage verschwinden!

Ich kam hierher, weil ich das Gefühl hatte, »ich« hätte es sehr nötig, hierherzukommen.
Ja! Sehr richtig. Was die gesellschaftlichen Konventionen, unser soziales Leben angeht, so können wir nicht von »ich« und »mein« davonlaufen. Aber sich an ihnen festzuhalten, sie als wirklich in einem letztendlichen Sinne zu betrachten, wird nur Leiden bringen.

Ich habe mich gefragt, ob andere Menschen Ursache unseres Leidens sein können?
Niemand verursacht Leiden für Sie. Sie verursachen Ihr Leiden selbst, indem Sie Spannungen im Geist erzeugen. Wenn Sie wissen, wie man das vermeidet, wird es leicht, in jeder Situation ausgeglichen und glücklich zu bleiben.

Was aber, wenn jemand anderes uns Unrecht tut?
Sie dürfen anderen nicht erlauben, Ihnen Unrecht zu tun. Immer wenn jemand etwas Schlechtes tut, schadet er anderen und gleichzeitig auch sich selbst. Wenn Sie es zulassen, daß er Unrecht tut, ermutigen Sie ihn, Unrecht zu tun. Sie müssen mit Ihrer ganzen Macht versuchen, ihn aufzuhalten, aber Sie müssen dabei von Wohlwollen, Mitgefühl und Sympathie für diesen Menschen erfüllt sein. Wenn Sie mit Gefühlen wie Haß oder Zorn handeln, dann verschlimmern Sie die Situation. Sie können jedoch kein Wohlwollen für solch einen Menschen empfinden, wenn Ihr Geist nicht ruhig und friedvoll ist. Deshalb meditieren Sie, lernen Sie, Frieden in sich selbst zu entwickeln. Dann können Sie das Problem lösen.

Was für einen Sinn kann es haben, inneren Frieden zu suchen, wenn es keinen Frieden in der Welt gibt?
Die Welt wird nur friedvoll sein, wenn die Menschen in der Welt friedvoll und glücklich sind. Die Veränderung muß bei jedem einzelnen beginnen. Wenn der Wald ausgedörrt ist, und Sie möchten ihn zum Leben zurückbringen, müssen Sie jedem Baum dieses Waldes Wasser geben. Wenn Sie den Weltfrieden wollen, sollten Sie lernen, wie Sie selbst friedvoll sein können. Nur dann können Sie der Welt Frieden bringen.

Ich kann verstehen, wie Meditation gestörten, unglücklichen Menschen helfen kann, aber wie steht es bei jemandem, der sich zufrieden mit seinem Leben fühlt, der schon glücklich ist?
Jemand, der in Anbetracht der oberflächlichen Freuden des Lebens in Zufriedenheit dahinlebt, weiß nichts von der tief im Innern des Geistes sitzenden Unruhe und Anspannung. Er unterliegt der Illusion, ein glücklicher Mensch zu sein, aber seine Freuden sind nicht von Dauer. Die im Unbewußten erzeugten Spannungen vermehren sich und werden früher oder später auf der bewußten Ebene des Geistes erscheinen. Wenn das geschieht, wird sich dieser sogenannte glückliche Mensch sehr elend und unglücklich fühlen. Warum also nicht hier und jetzt damit beginnen, solch eine Situation abzuwenden?

Ist Ihre Lehre Mahāyāna oder Hīnayāna?
Weder noch. Das Wort *Yāna* meint eigentlich ein Fahrzeug, das einen Menschen zum letzten Ziel trägt, heute wird es jedoch fälschlicherweise mit bestimmten religiösen Gruppen und Glaubensrichtungen assoziiert. Der Buddha lehrte nie etwas, das nur auf bestimmte Menschen zu beziehen war oder nur spezielle religiöse Gruppierungen betraf. Er lehrte Dhamma, das universell, allgemeingültig ist. Es ist diese Universalität, die mich zu den Lehren des Buddha hinzog, die mir soviel Gutes bescherte, und deshalb biete ich dieses universelle Dhamma mit all meiner Liebe und all meinem Mitgefühl allen und jedem dar. Für mich ist Dhamma weder *Mahāyāna* noch *Hīnayāna,* noch irgendeine Glaubensrichtung oder konfessionelle Gruppierung.

Der Buddha und der Wissenschaftler

Die physische Realität verändert sich fortwährend, in jedem Moment. Dies erkannte der Buddha, indem er sich selbst erforschte. Mit extrem konzentriertem Geist drang er tief in seine eigene Natur ein und entdeckte, daß die gesamte materielle Struktur aus winzigen subatomaren Teilchen aufgebaut ist, die fortwährend entstehen und vergehen. Während eines Schnippens mit dem Finger oder der Dauer eines Augenzwinkerns, so erklärte er, entstehen und vergehen diese Teilchen viele billionenmal.

»Unglaublich«, wird jeder denken, der lediglich die augenscheinliche Realität des Körpers beobachtet, die so fest, so beständig erscheint. Ich ging früher immer davon aus, daß der Ausdruck »viele billionenmal« nur ein Bild sei, das nicht wörtlich zu nehmen ist, doch die moderne Wissenschaft hat diese Erkenntnisse inzwischen bestätigt.

Vor einer Reihe von Jahren erhielt ein amerikanischer Naturwissenschaftler den Nobelpreis für Physik. Über einen langen Zeitraum hinweg hatte er sich mit der Erforschung der subatomaren Teilchen beschäftigt, aus denen das Universum aufgebaut ist, und Experimente durchgeführt, um mehr darüber zu erfahren. Es war bereits bekannt, daß diese Teilchen mit großer Geschwindigkeit entstehen und vergehen, immer und immer wieder. Dieser Wissenschaftler entschloß sich nun, ein Instrument zu entwickeln, das in der Lage sein würde zu messen, wie viele Male ein Teilchen in einer Sekunde entsteht und wieder vergeht. Er nannte das

Gerät, das er erfand, sehr zu Recht eine Blasenkammer, und er fand damit heraus, daß subatomare Teilchen in einer Sekunde 10^{22}mal entstehen und wieder vergehen.

Die Wahrheit, die dieser Naturwissenschaftler herausfand, ist die gleiche, die der Buddha entdeckt hatte, aber was für ein großer Unterschied bestand zwischen diesen beiden Menschen! Einige meiner amerikanischen Schüler, die Kurse in Indien besucht hatten, kehrten später in ihr Land zurück und suchten diesen Wissenschaftler auf. Sie berichteten mir, daß er trotz seines Wissens um die Wirklichkeit immer noch ein ganz gewöhnlicher Mensch war, mit der üblichen Anhäufung von Elend und Leiden, wie sie überall zu beobachten ist!

Nein, dieser Wissenschaftler ist nicht zu einem erleuchteten Wesen geworden, nicht befreit von allem Leiden, denn er hat die Wahrheit nicht direkt erfahren. Was er gelernt hat, ist nur intellektuelle Einsicht. Er glaubt an diese Wahrheit, weil er großes Vertrauen in sein Gerät setzt, aber er hat die Wahrheit nicht selbst e r f a h r e n.

Ich habe nichts gegen diesen Mann und ebensowenig gegen die moderne Wissenschaft. Man darf jedoch nicht nur ein Erforscher der äußeren Welt bleiben. So wie der Buddha sollte man auch ein Wissenschaftler und Erforscher der Welt im Innern sein, um die Wahrheit direkt zu erfahren. Erst die persönliche Erfahrung der Wahrheit wird ganz von selbst die Gewohnheitsmuster des Geistes verändern, so daß man beginnen kann, im Einklang mit der Wahrheit zu leben. Jede Handlung wird dann auf das eigene Wohl und das Wohl anderer ausgerichtet sein. Wenn diese innere Erfahrung fehlt, kann es leicht geschehen, daß Wissenschaft zu zerstörerischen Zielen mißbraucht wird. Wenn wir jedoch zu Erforschern der Wirklichkeit im Innern werden, werden wir zum Wohl aller Menschen Gebrauch von der Wissenschaft machen.

3. Die unmittelbare Ursache

Die wirkliche Welt ist nicht vergleichbar mit der Welt der Märchen, wo jeder glücklich bis ans Ende seiner Tage lebt. Wir können der Wahrheit nicht aus dem Wege gehen, daß das Leben unvollkommen, unzureichend und unbefriedigend ist – der Wahrheit von der Existenz des Leidens.

Nimmt man diese Realität als gegeben zur Kenntnis, wird es für uns von großer Bedeutung, ob das Leiden eine Ursache hat und, falls das der Fall ist, ob es möglich ist, diese Ursache zu entfernen, damit das Leiden beseitigt werden kann. Wenn die Ereignisse, die unser Leiden verursachen, nur willkürliche Begebenheiten sind, die wir nicht kontrollieren können und auf die wir keinen Einfluß haben, dann sind wir machtlos und können den Versuch, einen Weg aus dem Leiden zu finden, genausogut aufgeben. Sollten unsere Leiden von einem allmächtigen Wesen diktiert werden, das in willkürlicher und unergründlicher Weise handelt, so wäre es in diesem Fall sicher das beste, herauszufinden, wie man dieses Wesen versöhnlich stimmt, damit es uns nicht länger leiden läßt.

Der Buddha erkannte, daß unser Leiden nicht nur ein Produkt des Zufalls ist. Es gibt Ursachen dafür, so wie es Ursachen für alle Phänomene gibt. Das Gesetz von Ursache und Wirkung – *Kamma* – ist von universaler Gültigkeit und von grundlegender Bedeutung für alles Existierende. Und diese Ursachen sind für uns weder unkontrollierbar noch außerhalb unserer Einflußmöglichkeiten.

Kamma

Das Wort *Kamma* (oder *Karma*, wie es in seiner besser bekannten Sanskrit-Form heißt) wird gewöhnlich als »Schicksal« verstanden. Leider ist das, was der Buddha mit *Kamma* ausdrücken wollte, genau das Gegenteil dessen, was mit diesem Wort meist assoziiert wird: Schicksal als etwas, auf das wir keine Einflußmöglichkeit haben, etwas, das jedem einzelnen von uns vorherbestimmt ist. In der genauen Übersetzung bedeutet *Kamma* jedoch: »Handlung«, »Tat«. Unsere Handlungen sind die Ursachen dessen, was wir erfahren, was immer es auch sei: »Alle Wesen sind Eigentümer ihrer Taten, erben ihre Taten, entstammen ihren Taten, sind gefesselt an ihre Taten; ihre Taten sind ihre Zuflucht. So wie ihre Taten sind, verwerflich oder edel, genauso wird auch ihr Leben sein.«[1]

Alles, was uns im Leben widerfährt, ist das Resultat unserer Handlungen. Folglich können wir alle Herr über unser Schicksal werden, indem wir Herr über unsere Taten werden. Jeder von uns ist verantwortlich für die Handlungen, die sein Leiden erzeugen, und jeder kann das Leiden, das in unseren Handlungen steckt, durch seine Taten beenden. Der Buddha erklärte:

»Du bist dein eigener Herr,
Du machst deine eigene Zukunft.«[2]

So wie die Dinge stehen, ist jeder von uns vergleichbar mit einem Autofahrer, der nie Fahren gelernt hat, aber hinter einem Steuer sitzt und mit verbundenen Augen auf einer verkehrsreichen Autobahn dahinrast. Es ist sehr unwahrscheinlich, daß er sein Ziel ohne ein Mißgeschick erreichen wird. Mag sein, daß er davon überzeugt ist, daß er das Auto in der Hand hat, tatsächlich jedoch fährt das Auto ihn. Wenn er einen Unfall vermeiden will, geschweige denn sein Ziel erreichen möchte, sollte er seine Augenbinde abnehmen und lernen, wie man fährt, und dann schnellstmöglich aus der Gefahr heraussteuern. In gleicher Weise müssen wir uns unserer Handlungsweise bewußt werden und lernen, sie so zu verändern, daß sie uns dahin bringt, wo wir wirklich hin wollen.

Drei Arten von Handlungen

Es gibt drei Arten von Handlungen: körperliche, verbale und geistige. In der Regel sprechen wir den körperlichen Handlungen die größte Bedeutung zu, den Worten geben wir weniger Wichtigkeit, und am wenigsten Bedeutung messen wir dem Geistigen bei. Einen Menschen zu schlagen, erscheint uns schwerwiegender, als ihn verbal zu beleidigen, und beides erscheint uns schlimmer, als dieser Person unausgesprochen etwas Schlechtes zu wünschen. Dies entspricht den Gesetzen jedes Staates. Aber was Dhamma angeht, das Gesetz der Natur, so ist die geistige Handlung am wichtigsten. Eine körperliche oder verbale Handlung erhält eine völlig andere Bedeutung, je nachdem mit welcher Absicht sie ausgeführt wird.

Ein Chirurg benutzt sein Skalpell für eine Notoperation, um damit das Leben eines Menschen zu retten, aber der Eingriff ist nicht erfolgreich und führt zum Tode des Patienten; ein Mörder benutzt sein Messer, um sein Opfer damit umzubringen. Was die rein physische Seite betrifft, so sind ihre Handlungen ähnlich und führen zum gleichen Ergebnis, aber was den Geist betrifft, liegen Welten dazwischen. Der Chirurg handelt aus Mitgefühl, der Mörder aus Haß. Das Resultat ihrer Handlungen wird für beide vollkommen verschieden sein, je nach dem Charakter der entsprechenden geistigen Handlung, der zugrundeliegenden Motivation.

In gleicher Weise ist auch bei verbalen Äußerungen die dahinterliegende Absicht das Wichtigste. Ein Mann streitet sich mit einem Kollegen und nennt ihn einen Schafskopf. Er spricht voller Zorn. Der gleiche Mann sieht, wie sein Kind im Matsch spielt, und sagt zärtlich Schafskopf zu ihm. In beiden Fällen werden zwar die gleichen Worte ausgesprochen, doch die Geisteszustände sind entgegengesetzt. Die Absicht, mit der wir unsere Worte sprechen, bestimmt, welches Resultat sie hervorbringen.

Worte und Taten sowie ihre Auswirkungen sind Folgen einer geistigen Handlung. Richtig beurteilen kann man sie nur, wenn die ursprüngliche Absicht klar wird. Die geistige Tat ist das wirkliche *Kamma*, die Ursache, die Resultate in der Zukunft zeigen wird. Mit dem Wissen um diese Wahrheit verkündete der Buddha:

»Der Geist ist vor allen Erscheinungen da,
der Geist ist das Wichtigste, alles ist vom Geist gemacht.
Wenn du mit einem unreinen Geist
sprichst oder handelst,
dann folgt dir das Leiden,
wie das Rad eines Karrens dem Huf des Zugtieres folgt.

* Karma ist wollen, nicht können.

Wenn du mit einem reinen Geist
sprichst oder handelst,
dann folgt dir das Glück
wie ein Schatten, der dich nie verläßt.«[3]

Die Ursache des Leidens

Doch welche geistigen Handlungen bestimmen unser Schicksal? Wenn der Geist aus nichts anderem besteht als aus Bewußtsein, Wahrnehmung, Empfindung und Reaktion, welcher dieser vier Teile verursacht dann das Leiden? Jeder Aspekt des Geistes ist bis zu einem gewissen Grad in den Prozeß des Leidens verwickelt. Die ersten drei sind jedoch hauptsächlich passiver Natur. Das Bewußtsein empfängt das reine Datenmaterial, die Wahrnehmung ordnet das Material einer bestimmten Kategorie zu, die Empfindung signalisiert, daß sich die beschriebenen Schritte gerade ereignen. Die Aufgabe dieser drei ist es, hereinströmende Informationen weiterzuverarbeiten. Aber wenn der Geist zu reagieren beginnt, macht die Passivität dem Angezogen- oder Abgestoßensein, dem Mögen oder Nichtmögen Platz. Diese Reaktion setzt eine neue Kette von Ereignissen in Gang. Am Anfang der Kette steht die Reaktion: *Saṅkhāra*. Deshalb erklärte der Buddha:

»Welches Leiden auch immer entsteht,
es hat eine Reaktion zur Ursache.
Wenn alle Reaktionen ein Ende finden,
dann gibt es kein Leiden mehr.«[4]

Das wirkliche *Kamma*, die wahre Ursache des Leidens, ist die Reaktion des Geistes. Ein flüchtiges Reagieren mit Mögen oder Nichtmögen mag nicht sehr stark und ohne große Auswirkungen sein, aber es kann einen sich verstärkenden und eskalierenden Effekt haben. Die Reaktion wird von Augenblick zu Augenblick wiederholt und intensiviert sich mit jeder Wiederholung, wobei sie sich zu Verlangen oder Aversion steigert. Das ist es, was der Buddha in seiner ersten Lehrrede *Taṇhā*, wörtlich übersetzt »Durst«, nannte: die geistige Gewohnheit des unersättlichen Begehrens nach Dingen, die nicht da sind, was ein ebenso großes und hoffnungsloses Unbefriedigtsein mit dem, was da ist, einschließt.[5] Und je mächtiger Begehren und Unbefriedigtsein werden, um so stärker wird ihr Einfluß auf unser Denken, unser Reden und unsere Handlungen – und um so mehr Leiden werden sie verursachen.

Einige Reaktionen, so erläuterte der Buddha, sind wie Linien, die man auf der Wasseroberfläche eines Teiches zieht: Sobald man sie gezogen hat, sind sie schon wieder verschwunden. Andere sind wie Linien, die man im Sand zieht: Am Morgen gezogen, sind sie bis zum Abend wieder verschwunden, weggewischt von der Flut oder dem Wind. Wieder andere sind wie mit Hammer und Meißel tief in einen Felsen hineingeschlagene Linien. Auch sie werden mit der allmählichen Erosion des Felsens eines Tages nicht mehr auszumachen sein, aber es wird unendlich lange dauern, bis sie ganz verschwunden sind.[6]

Jeden einzelnen Tag unseres Lebens erzeugt der Geist ununterbrochen Reaktionen, aber wenn wir am Ende eines Tages versuchen, uns an sie zu erinnern, werden wir uns nur an die eine oder die zwei erinnern können, die einen tiefen Eindruck hinterlassen haben. Und wenn wir uns am Ende eines Monats an alle unsere Reaktionen zu erinnern versuchen, werden wir uns wiederum nur an eine oder zwei entsinnen können, die in diesem Monat den tiefsten Eindruck hinterließen. Und am Ende eines Jahres schließlich werden wir uns ebenfalls nur an eine oder zwei Reaktionen erinnern können, die im Verlauf dieses Jahres den tiefsten Eindruck zurückließen. Solche tiefen Reaktionen wie diese letzteren sind sehr gefährlich und führen zu großem Leiden.

Der erste Schritt, um aus solchem Leiden herauszukommen, ist, die Existenz des Leidens zu akzeptieren, nicht als eine philosophische Konzeption oder eine Sache des Glaubens, sondern als eine Realität, die sich im Leben eines jeden von uns auswirkt und jeden betrifft. Mit diesem Akzeptieren und dem Verstehen, was Leiden ist und warum wir leiden, können wir dem passiven »gefahren werden« ein Ende setzen und beginnen, aktiv das Steuer in die Hand zu nehmen und selbst zu fahren. Wenn wir lernen, unsere Natur direkt zu erfahren, finden wir den Weg, der aus dem Leiden herausführt.

Ist das Leiden nicht ein natürlicher Bestandteil des Lebens? Warum sollten wir versuchen, ihm zu entkommen?
S.N. Goenka: Wir sind schon soweit im Leiden gefangen, daß es uns unnatürlich erscheint, davon frei zu sein. Wenn Sie jedoch das wirkliche Glück erleben, das ein reiner Geist mit sich bringt, werden Sie wissen, daß dies der natürliche Zustand des Geistes ist.

Kann die Erfahrung des Leidens Menschen erheben und ihnen helfen, charakterlich zu wachsen?
Ja. Es ist in der Tat so, daß diese Technik Leiden bewußt als ein Instrument nutzt, uns zu edlen, guten Menschen zu machen. Aber das wird nur funktionieren, wenn Sie lernen, wie man Leiden objektiv beobachtet. Wenn Sie in Ihrem Leid verhaftet sind und sich mit ihm identifizieren, dann wird diese Erfahrung Sie nicht erheben; Sie werden unglücklich bleiben.

Ist das nicht eine Art des Unterdrückens, wenn wir ständig darauf bedacht sind, unsere Handlungen unter Kontrolle zu haben?
Nein. Sie lernen das reine, objektive Beobachten dessen, was passiert, was immer es sei. Wenn jemand verärgert ist und versucht, seinen Zorn zu verbergen, ihn hinunterzuschlucken, dann ist es in der Tat ein Unterdrücken. Aber durch das Beobachten des Zorns werden Sie feststellen, daß er ganz von selbst vergeht. Sie werden vom Zorn befreit, wenn Sie lernen, ihn objektiv zu beobachten.

Wenn wir uns ständig selbst beobachten, wie können wir uns dann noch natürlich verhalten? Wir werden so beschäftigt sein mit unserer Selbstbeobachtung, daß wir nicht mehr frei oder spontan handeln können.
Das ist nicht die Erfahrung derjenigen, die einen Meditationskurs abgeschlossen haben. Hier lernen Sie eine geistige Praxis, die Sie befähigen wird, sich selbst im täglichen Leben zu beobachten, wann immer es notwendig für Sie sein wird. Es ist nicht so, daß Sie Ihr ganzes Leben lang ständig mit geschlossenen Augen meditieren sollen, aber genauso wie Ihnen die Stärke, die Sie durch körperliches Training gewinnen, im täglichen Leben hilft, so wird auch dieses geistige Training

Sie stärken. Was Sie »freies spontanes Handeln« nennen, ist in Wirklichkeit blindes Reagieren, was immer schädliche Auswirkungen hat. Indem Sie lernen, sich selbst zu beobachten, werden Sie feststellen, daß Sie, wann immer schwierige Situationen im Leben auftauchen, das Gleichgewicht Ihres Geistes bewahren können. Auf der Basis dieser Ausgeglichenheit können Sie sich frei entscheiden, wie Sie agieren wollen. Dann werden Sie wirklich handeln, und diese Handlungen werden immer positiv sein, gut für Sie und für alle anderen sein.

Gibt es denn überhaupt keine zufälligen Geschehnisse, keine willkürlichen Begebenheiten ohne irgendeine Ursache?
Nichts geschieht ohne eine Ursache. Es ist nicht möglich. Manchmal können unser Intellekt und unsere begrenzten Sinne sie nicht klar erkennen, aber das heißt nicht, daß es keine Ursache gibt.

Wollen Sie damit sagen, daß alles im Leben vorherbestimmt ist?
Nun, mit Sicherheit werden unsere früheren Handlungen Früchte tragen, gute oder schlechte. Sie werden den Charakter unseres Lebens bestimmen, die allgemeine Lage, in der wir uns wiederfinden. Das heißt jedoch nicht, daß alles, was mit uns passiert, vorherbestimmt ist, bedingt durch unsere früheren Handlungen, und daß nichts anderes geschehen kann. Das ist nicht der Fall. Unsere früheren Taten beeinflussen den Fluß unseres Lebens, indem sie es zu angenehmen oder unangenehmen Erfahrungen hinlenken. Die gegenwärtigen Handlungen sind jedoch gleichermaßen wichtig. Die Natur hat uns die Fähigkeit verliehen, Herr über unsere gegenwärtigen Handlungen zu werden. Mit dieser Herrschaft können wir unsere Zukunft verändern.

Aber die Handlungen anderer beeinflussen uns doch sicherlich ebenfalls?
Natürlich. Wir werden von den Menschen um uns herum und von unserer Umgebung beeinflußt, und wir selbst wirken gleichermaßen ständig auf sie ein. Wenn sich z. B. eine Mehrheit von Menschen für Gewalt ausspricht, dann gibt es Krieg und Zerstörung, was dazu führt, daß viele leiden müssen. Wenn die Menschen jedoch beginnen, ihren Geist zu reinigen, dann kann es nicht zu Gewalt kommen. Die Wurzel des Problems liegt im Geist jedes einzelnen menschlichen

Wesens, weil die Gesellschaft aus Einzelwesen zusammengesetzt ist. Wenn jedes Individuum beginnt, sich zu ändern, dann wird sich die Gesellschaft ändern. Krieg und Zerstörung werden immer seltener werden.

Wie können wir uns gegenseitig helfen, wenn jeder Mensch sich mit den Resultaten seiner eigenen Handlungen auseinandersetzen muß?
Unsere geistigen Handlungen haben einen Einfluß auf andere. Wenn wir nichts als Negativität in unserem Geist erzeugen, dann wirken sich diese negativen Qualitäten schädlich auf diejenigen aus, die mit uns in Kontakt kommen. Wenn wir den Geist mit Positivem, mit Wohlwollen für andere anfüllen, dann wird dies einen hilfreichen Effekt auf die Menschen um uns herum haben. Sie können nicht über die Handlungen, das *Kamma* anderer gebieten, aber Sie können Herr über sich selbst werden, um einen positiven Einfluß auf die Menschen um Sie herum auszuüben.

Warum ist es gutes Kamma, wenn man wohlhabend ist? Wenn das so ist, bedeutet dies, daß die Menschen im Westen gutes Kamma haben und die meisten Menschen in der Dritten Welt schlechtes?
Reichtum allein ist kein gutes *Kamma*. Wenn Sie wohlhabend sind, aber dabei freudlos und unglücklich bleiben, was nützt Ihnen dann dieser Wohlstand? Wohlhabend und gleichzeitig glücklich zu sein, wirkliches Glück zu genießen - das ist gutes *Kamma*. Das Wichtigste ist, glücklich zu sein, ob Sie nun wohlhabend sind oder nicht.

Ist es nicht unnatürlich, nie zu reagieren?
Es erscheint so, wenn Sie nur das falsche Gewohnheitsmuster eines unreinen Geistes kennengelernt haben. Für einen reinen Geist ist es jedoch natürlich, immer Abstand zu haben, unvoreingenommen zu sein, voller Liebe, Mitgefühl, Wohlwollen, Freude, Gleichmut. Lernen Sie, das zu erfahren.

Wie können wir am Leben beteiligt sein, wenn wir nicht reagieren?
Anstatt zu reagieren, lernen Sie, zu agieren, mit einem ausgeglichenen Geist zu handeln. Vipassana-Meditierende werden nicht inaktiv, teilnahmslos wie Gemüse im Garten. Sie lernen, wie man positiv han-

delt. Wenn Sie Ihr Lebensmuster von Reaktion auf Aktion umstellen, haben Sie etwas sehr Wertvolles erreicht. Und dies ist möglich durch das Praktizieren von Vipassana.

Saat und Ernte

Wie die Ursache, so die Wirkung. Wie die Saat, so die Frucht. Wie die Handlung, so das Resultat.

Ein Bauer sät zwei Samen in dieselbe Erde: einen Zuckerrohrsamen, einen Samen des *Neem*-Baumes, eines tropischen Baumes, dessen Fasern sehr bitter schmecken. Zwei Samen in derselben Erde, die das gleiche Wasser, den gleichen Sonnenschein, die gleiche Luft erhalten; die Natur versorgt beide auf die gleiche Weise mit dem Lebensnotwendigen. Zwei winzige Pflänzchen kommen hervor und beginnen zu wachsen. Und was ist mit dem *Neem*-Baum geschehen? Er hat während seiner Entwicklung in allen seinen Fasern Bitterstoffe angereichert, während im Entwicklungsprozeß des Zuckerrohrs jede seiner Fasern süß geworden ist. Warum ist die Natur, oder, wenn Sie vorziehen, es anders auszudrücken, warum ist Gott so barmherzig zum einen und so grausam zum anderen?

Doch so ist es nicht. Die Natur ist weder barmherzig noch grausam. Sie arbeitet nach festgelegten Gesetzen. Die Natur hilft lediglich dabei, daß sich die Qualität des Samens manifestieren kann. Alles, was zur Versorgung und Förderung des Wachstums getan wird, hilft dem Samen nur, seine Eigenschaften zu offenbaren, die latent in ihm vorhanden sind. Der Samen des Zuckerrohrs hat die Qualität von Süße als Anlage in sich; deshalb wird die ausgewachsene Pflanze ebenfalls nichts als Süße in sich entwickeln. Der Samen des *Neem*-Baums hat die Qualität von Bitterkeit als Anlage in sich; der Baum, der sich später aus ihm entwickelt, wird ebenfalls nichts als Bitterkeit offenbaren. Wie der Samen ist, so wird auch die Frucht sein.

Der Bauer geht zum *Neem*-Baum, verbeugt sich dreimal vor ihm, schreitet 108mal um ihn herum und bringt ihm dann Blumenopfer, Räucherstäbchen, Kerzen, Früchte und Süßigkeiten und beginnt zu beten: »Oh, *Neem*-Gott, bitte gib mir süße Mangos, ich wünsche mir süße Mangos!« Armer *Neem*-Gott, er kann sie nicht geben, es steht nicht in seiner Macht, das zu tun. Wenn jemand süße Mangos möchte, muß er den Samen eines Mangobaums aussäen. Dann bräuchte er bei niemandem um Hilfe zu betteln. Er würde nichts als süße Mangofrüchte ernten. Wie der Samen ist, so wird auch die Frucht sein.

Unsere Schwierigkeit, unsere Unwissenheit besteht darin, daß wir achtlos und unüberlegt sind, wenn wir den Samen ausbringen. Wir säen ständig bitteren *Neem*, wenn jedoch die Zeit der Ernte kommt, werden wir plötzlich hellwach, denn wir wollen süße Mangos. Und wir flehen und beten und hoffen ständig, Mangos zu bekommen. So kommen wir nicht zu unserem Ziel.[7]

4. Die Wurzel des Problems

»Die Wahrheit des Leidens«, sagte der Buddha, »muß bis zu ihrem Ende erkundet werden.«[1] In der Nacht, in der er die Erleuchtung erlangen sollte, setzte Siddhattha Gotama sich mit der festen Absicht nieder, nicht eher wieder aufzustehen, bis er verstanden hätte, wie das Leiden entsteht und wie es beendet werden kann.

Leiden

Es ist ganz klar, und der zukünftige Buddha sah es: Leiden existiert. Dies ist eine unausweichliche Tatsache, egal wie unangenehm und schwer zu ertragen sie sein mag. Das Leiden beginnt mit der Geburt. Wir haben keine bewußte Erinnerung an das Dasein im Mutterleib, aber es ist die allgemeine Erfahrung, daß wir weinend aus dem Mutterschoß herauskommen. Die Geburt ist ein großes Trauma.

Einmal ins Leben eingetreten, sind wir alle dazu bestimmt, die Leiden von Krankheit und Alter zu erfahren. Aber wie krank wir auch sein mögen, wie morsch und gebrechlich, keiner von uns möchte gern sterben, weil der Tod ebenfalls großes Leiden bedeutet.

Jedes lebende Wesen muß all diesen Leiden ins Auge sehen. Und im Verlauf unseres Lebens müssen wir viel Leiden erdulden, verschiedenste Arten körperlicher und geistiger Schmerzen. Wir werden in Unangenehmes hineingeworfen und werden von Angenehmem getrennt. Wir bekommen nicht, was wir wollen; statt dessen erhalten wir, was wir nicht wollen. All diese Situationen bedeuten Leiden.

Diese Beispiele von Leiden sind für jeden klar, der darüber nachdenkt. Aber Siddhattha Gotama war nicht mit den begrenzten Erklärungen des Intellekts zufrieden. Er forschte weiter in seinem Innern nach, um die wirkliche Natur des Leidens zu erfahren, und er fand heraus, daß »die Anhaftung an die fünf Aggregate* Leiden ist«.[2]

* Eine Definition der Aggregate oder kennzeichnenden Merkmale eines menschlichen Wesens finden Sie unter dem Pāli-Begriff *Khandha* im Glossar.

Auf einer sehr tiefen Ebene, so entdeckte er, ist Leiden das unmäßige Anklammern, das jeder von uns entwickelt hat, Anklammern an diesen Körper und diesen Geist mit seinem Bewußtsein, seinen Wahrnehmungen, Empfindungen und Reaktionen. Die Menschen klammern sich mit ganzer Kraft an ihre Identität – ihr geistiges und körperliches Sein –, während es doch tatsächlich nur sich entwickelnde Prozesse gibt. Dieses Anhaften an eine nichtreale Vorstellung, die man von sich selbst hat, an etwas, das sich in Wirklichkeit fortwährend verändert, ist Leiden.

Anhaftung

Es gibt viele verschiedene Arten von Anhaftung. Zunächst ist da das Anhaften an die Gewohnheit, sinnliche Befriedigung zu suchen. Ein Süchtiger nimmt eine Droge, weil er immer wieder die angenehme Empfindung sucht, die diese Droge in ihm hervorruft, auch wenn er weiß, daß er durch die Einnahme des Rauschmittels seine Abhängigkeit weiter verstärkt. Auf gleiche Weise sind wir süchtig nach dem Zustand des Verlangens und abhängig von ihm. Sobald ein Verlangen gestillt ist, erzeugen wir ein neues. Das Objekt ist zweitrangig. Tatsache ist, daß wir danach streben, den Zustand des Begehrens ununterbrochen aufrechtzuerhalten, da genau dieses Begehren eine angenehme Empfindung in uns hervorruft, die wir gern festhalten möchten. Das Begehren wird zu einer Gewohnheit, die wir nicht mehr durchbrechen können, einer Sucht. Und genau wie ein Süchtiger nach und nach eine Toleranz gegenüber der Droge, die er gewählt hat, entwickelt und immer höhere Dosen benötigt, um in den Rauschzustand zu gelangen, so wird auch unser Verlangen ständig stärker, je mehr wir darauf bedacht sind, es zu befriedigen. Auf diese Weise können wir niemals das Ende des Begehrens erreichen. Und solange wir begehren, können wir nicht glücklich sein.

Eine andere große Anhaftung ist die an das »ich«, das Ego, das Bild, das wir von uns selbst haben. Für jeden von uns ist das »ich« die allerwichtigste Person auf der Welt. Wir verhalten uns wie ein Magnet, der von Eisenspänen umgeben ist: Er wird die Eisenspäne ganz automatisch in einem Muster anordnen, das auf ihn selbst als Zentrum ausgerichtet ist. Und wenn wir nur ein klein wenig darüber nachdenken, so versuchen wir alle instinktiv, die Welt nach unseren Wünschen auszurichten, indem wir danach trachten, das Erfreuliche und Angenehme an uns zu ziehen und das Unerfreuliche und Unangenehme abzuwehren. Aber keiner von uns lebt allein auf dieser Welt; das eine »ich« wird zwangsläufig mit einem anderen »ich« in Konflikt geraten. Das Muster, das jeder einzelne für sich herzustellen sucht, wird von den magnetischen Feldern anderer gestört, und wir selbst werden zum Objekt von Anziehung und Abstoßung. Das Ergebnis kann nur Unglück und Leid sein.

Darüber hinaus beschränken wir die Anhaftung nicht auf das »ich«: Wir erweitern sie auf »mein«, auf alles, was uns gehört. Jeder von uns entwickelt große Anhaftung an das, was er besitzt, weil es eng mit ihm verknüpft ist. Es unterstützt das Image des »ich«. Dieses Anklammern würde keine Probleme verursachen, wenn das, was wir als »mein« bezeichnen, für alle Zeiten Bestand hätte und das »ich« fortleben würde, um sich ewig daran erfreuen zu können. Tatsache ist jedoch, daß das »ich« früher oder später vom »mein« getrennt wird. Die Zeit des Scheidens wird unausweichlich kommen. Wenn sie da ist, wird das Leiden um so größer sein, je größer das Festhalten am »mein« ist.

Und das Anhaften reicht noch weiter – es erstreckt sich auch auf unsere Ansichten und unsere Überzeugungen. Einerlei, was ihr tatsächlicher Inhalt sein mag, egal, ob sie richtig oder falsch sind, wenn wir an ihnen hängen und uns mit ihnen identifizieren, werden sie uns mit Sicherheit unglücklich machen. Wir sind davon überzeugt, daß unsere eigenen Anschauungen und Traditionen die besten sind, und können es nicht ertragen, wenn sie kritisiert werden. Wenn wir versuchen, anderen unsere Auffassungen zu erklären, und sie akzeptieren sie nicht, sind wir verstimmt. Wir sind unfähig zu erkennen, daß jeder Mensch seine ureigenen Überzeugungen hat. Streit über die »richtige« Anschauung ist sinnlos. Es wäre nützlicher, alle vorgefaßten Meinungen beiseite zu lassen und zu versuchen, die Realität zu sehen. Aber unser Anhaften an Ansichten, Meinungen und Überzeugungen hindert uns daran und läßt uns weiter unglücklich sein.

Schließlich gibt es noch das Hängen an religiösen Bräuchen und Zeremonien. Wir neigen dazu, die äußeren Ausdrucksformen der Religion wichtiger zu nehmen als ihre Essenz, und wir meinen, daß jeder,

der solche Zeremonien nicht praktiziert, kein wirklich religiöser Mensch sein kann. Doch der formale Aspekt der Religion ist ohne seinen tieferen Sinngehalt nur eine leere Hülle. Frömmigkeit, die sich in Gebeten und Ritualen erschöpft, ist wertlos, wenn der Geist angefüllt bleibt mit Zorn, Leidenschaft und Böswilligkeit. Um wahrhaft religiös zu sein, müssen wir eine religiöse Geisteshaltung entwickeln: Reinheit des Herzens, Liebe und Mitgefühl für alle. Unser Anhaften an den äußeren Formen der Religion verleitet uns jedoch dazu, dem Buchstaben der Lehre mehr Gewicht zu geben als ihrem Geist. Wir verlieren die Essenz, das Wesen der Religion und bleiben deshalb weiter im Leiden gefangen.

All unsere Leiden, wie immer sie auch aussehen mögen, sind mit der einen oder anderen dieser Formen der Anhaftung verknüpft. Anhaftung und Leiden treten immer zusammen auf.

Bedingtes Entstehen: Die Kette von Ursache und Wirkung, in der das Leiden seinen Ursprung hat

Was ist die Ursache des Anhaftens? Wie entsteht es? Indem er seine eigene Natur analysierte, fand der zukünftige Buddha heraus, daß es sich aufgrund der momenthaften *Geistesreaktionen* des Mögens und Nichtmögens entwickelt. Die kurzen, unbewußten Reaktionen des Geistes werden in schnellem Ablauf wiederholt und verstärkt und wachsen dadurch zu mächtigem Hingezogenwerden und extremem Abgestoßensein an – so entwickeln sich aus ihnen allmählich all unsere Anhaftungen. Das Anhaften ist lediglich die entwickelte Form der flüchtigen Reaktion. Dies ist die unmittelbare Ursache des Leidens.

Was verursacht Reaktionen des Mögens und Nichtmögens? Tiefer blickend, sah Siddhattha Gotama, daß der Grund für diese Reaktionen die *Empfindungen* sind. Wir spüren eine angenehme Empfindung und beginnen, sie zu mögen; wir spüren eine unangenehme Empfindung und beginnen, sie abzulehnen.

Aber woher kommen diese Empfindungen? Was verursacht sie? Noch weiter in seinem Innern forschend, sah er, daß sie aufgrund eines *Kontaktes* entstehen: Kontakt des Auges mit etwas Sichtbarem, Kontakt des Ohres mit einem Geräusch, Kontakt der Nase mit einem

Geruch, Kontakt der Zunge mit einem Geschmack, Kontakt des Körpers mit einem äußeren Objekt, Kontakt des Geistes mit einem Gedanken, einer Emotion, einer Vorstellung oder Erinnerung. Durch die fünf körperlichen Sinne und den Geist erfahren wir die Welt. Immer wenn ein Objekt oder ein anderes Phänomen mit einem dieser sechs Erfahrungsorgane in Kontakt kommt, wird eine Empfindung erzeugt, eine angenehme oder eine unangenehme.

Und warum kommt es zu einem Kontakt? Siddhattha Gotama erkannte, daß es aufgrund der Existenz der *sechs Sinne* – der fünf körperlichen Sinne und des Geistes – zwangsläufig zum Kontakt kommen muß. Die Welt ist voll von unzähligen Phänomenen: Bildern, Lauten, Gerüchen, Geschmäckern, stofflichen Strukturen, verschiedensten Gedanken und Emotionen. Solange unsere Empfangsstationen funktionieren, ist Kontakt unausweichlich.

Warum gibt es denn dann diese sechs Sinnesorgane? Weil sie wesentliche Aspekte des *Geist-Materie-Flusses* sind. Und warum dieser Fluß von Geist und Materie? Was ist die Ursache für sein Entstehen? Der zukünftige Buddha verstand, daß der Prozeß durch das *Bewußtsein* entsteht, durch den Akt des Erkennens, der die Welt trennt in den, der weiß, und das, was es zu wissen gibt, in Subjekt und Objekt, »ich« und »anderes«. Aus dieser Trennung resultiert die Identität, die »Geburt«. In jedem Moment entsteht Bewußtsein und nimmt eine spezifische geistige und körperliche Form an. Im nächsten Moment nimmt das Bewußtsein wiederum eine bestimmte, nun leicht veränderte Form an. Unsere gesamte Existenz hindurch fließt das Bewußtsein und ändert sich dabei fortwährend. Schließlich kommt der Tod, aber das Bewußtsein hört nicht auf: Ohne den geringsten Zeitzwischenraum nimmt es im nächsten Moment eine neue Form an. Von einem Dasein zum nächsten, Leben auf Leben, setzt sich der Fluß des Bewußtseins fort.

Was verursacht diesen Bewußtseinsfluß? Siddhattha Gotama sah, daß er aufgrund von *Reaktionen* entsteht. Der Geist reagiert ständig, und jede Reaktion gibt dem Bewußtseinsfluß einen neuen Impuls, einen Schub, der dafür sorgt, daß er weiterströmt und sich zum nächsten Moment fortsetzt. Je stärker die Reaktion, desto stärker ist der Impuls, den sie gibt. Die flüchtige Reaktion eines Moments gibt dem Bewußtseinsfluß nur für einen Augenblick Nahrung. Wenn diese momentane Reaktion des Mögens und Nichtmögens sich jedoch zu Verlangen oder Aversion steigert, gewinnt sie an Stärke und nährt den Bewußtseinsfluß für viele Augenblicke, für Minuten, für Stunden. Und so intensiviert sich die Reaktion des Verlangens und der Aversion weiter, hält sie den Fluß tagelang, monatelang, unter Umständen über Jahre am Leben. Und wenn man sein ganzes Leben hindurch immer wieder bestimmte Reaktionen wiederholt und intensiviert, entwickeln sie eine Stärke, die nicht nur ausreicht, den Fluß des Bewußtseins von einem Moment zum nächsten, von einem Tag zum nächsten, von einem Jahr zum nächsten aufrechtzuerhalten, sondern auch von einem Leben zum nächsten.

Und was verursacht diese Reaktionen? Seine Beobachtungen auf der tiefsten Ebene der Realität ließen den Siddhattha Gotama erkennen, daß Reaktionen aufgrund von *Unwissenheit* erfolgen. Wir sind uns der Tatsache nicht bewußt, daß wir reagieren, und ebensowenig sind wir uns der wirklichen Natur dessen bewußt, worauf wir reagieren. Wir wissen nichts von der unbeständigen, unpersönlichen Natur unserer Existenz und wissen ebensowenig, daß das Hängen an ihr nur Leiden bringt. Da wir unsere wirkliche Natur nicht kennen, reagieren wir wie mit Blindheit geschlagen, unbesonnen und ohne Verstand. Da wir uns noch nicht einmal bewußt sind, daß wir reagiert haben, fahren wir unbeirrt in unserem blinden Reagieren fort und lassen es zu, daß sich die Reaktionen intensivieren. Durch unsere Unwissenheit werden wir zum Gefangenen der Gewohnheit des Reagierens.

»Bedingt durch Unwissenheit entstehen Reaktionen;
bedingt durch Reaktionen entsteht Bewußtsein;
bedingt durch Bewußtsein entsteht der Fluß von Geist und Materie;
bedingt durch den Fluß von Geist und Materie entstehen die sechs Sinne;
bedingt durch die sechs Sinne entsteht Kontakt;
bedingt durch Kontakt entstehen Empfindungen;
bedingt durch Empfindungen entstehen Verlangen und Aversion;
bedingt durch Verlangen und Aversion entsteht Anhaftung;
bedingt durch Anhaftung entsteht der Prozeß des Werdens;
bedingt durch den Prozeß des Werdens erfolgt Geburt;
bedingt durch Geburt kommt es zum Altern und zum Tod,
verbunden mit Kummer, Wehklagen,
körperlichen und geistigen Leiden und schweren Prüfungen.
Auf diese Weise entsteht diese ganze Anhäufung des Leidens.«[3]

Durch diese Kette von Ursache und Wirkung – die Kette des bedingten Entstehens – sind wir in unser gegenwärtiges Stadium des Daseins geführt worden und sehen uns einer Zukunft voller Leiden gegenüber.

Schließlich sah Siddhattha Gotama die Wahrheit klar vor seinen Augen: Das Leiden beginnt mit der Unwissenheit über die Wirklichkeit unserer wahren Natur, über das Phänomen, das mit dem Etikett »ich« versehen wird. Und die nächste Ursache des Leidens ist *Saṅkhāra,* die geistige Gewohnheit des Reagierens. Verblendet durch Unwissenheit, erzeugen wir Reaktionen des Verlangens und der Aversion, die sich zu Anhaftung weiterentwickeln, und diese Anhaftung hat alle Arten von Unglück und Leiden zur Folge. Die Gewohnheit des Reagierens ist das *Kamma,* das unsere Zukunft formt. Und die Reaktion entsteht allein aufgrund von Unwissenheit über unsere wirkliche Natur. Unwissenheit, Verlangen und Aversion sind die drei Wurzeln, aus denen all unsere Leiden erwachsen.

Der Weg aus dem Leiden

Nachdem er das Leiden und seinen Ursprung verstanden hatte, stellte sich dem künftigen Buddha die nächste Frage: Wie kann man dem Leiden ein Ende setzen? Dadurch, daß man sich das Gesetz des *Kamma,* das Gesetz von Ursache und Wirkung, in Erinnerung ruft: »Wenn dies vorhanden ist, geschieht jenes; jenes entsteht als Folge der Tatsache, daß dies entstanden ist. Wenn dies nicht vorhanden ist, geschieht jenes nicht, jenes hört auf als Folge der Tatsache, daß dies aufhört.«[4] Nichts geschieht ohne eine Ursache. Wenn die Ursache beseitigt ist, wird es keine Wirkung geben. Auf diese Weise kann der Prozeß der Entstehung des Leidens umgedreht werden:

»Mit der vollständigen Beseitigung und dem Ende der Unwissenheit hören die Reaktionen auf;
mit dem Ende der Reaktionen hört das Bewußtsein auf;
mit dem Ende des Bewußtseins hört der Fluß von Geist und Materie auf;
mit dem Ende des Geist-Materie-Flusses hört die Existenz der sechs Sinne auf;

mit dem Ende der sechs Sinne hört der Kontakt auf;
mit dem Ende des Kontakts hören die Empfindungen auf;
mit dem Ende der Empfindungen hören Verlangen und Aversion auf;
mit dem Ende von Verlangen und Aversion hört die Anhaftung auf;
mit dem Ende der Anhaftung hört der Prozeß des Werdens auf;
mit dem Ende des Prozesses des Werdens hört die Geburt auf;
mit dem Ende der Geburt hört das Altern und der Tod auf,
zusammen mit Kummer, Wehklagen,
körperlichen und geistigen Leiden und schweren Prüfungen.
Auf diese Weise hört diese ganze Anhäufung des Leidens auf.«[5]

Wenn wir der Unwissenheit ein Ende setzen, wird es keine blinden Reaktionen mehr geben, die alle nur möglichen Arten von Leiden nach sich ziehen. Und wenn es kein Leiden mehr gibt, dann werden wir wirklichen Frieden, wirkliches Glück erfahren. Das Rad des Leidens kann sich in das Rad der Befreiung wandeln.

Dies ist es, was Siddhattha Gotama getan hatte, um die Erleuchtung zu erlangen. Dies ist es, was er lehrte. Er sagte:

»Durch eigenes falsches Tun
verunreinigt ihr euch.
Durch eigenes richtiges Tun
reinigt ihr euch.«[6]

Jeder von uns ist selbst verantwortlich für die Reaktionen, die unser Leiden verursachen. Indem wir unsere eigene Verantwortung akzeptieren, können wir lernen, wie man das Leiden beseitigt.

Der Fluß ununterbrochen aufeinanderfolgender Existenzen

Durch das Rad des Bedingten Entstehens erklärte der Buddha den Prozeß der Wiedergeburt, auch *Samsāra* genannt. Zu seiner Zeit war die Vorstellung von *Samsāra* in Indien fest verankert. Heute erscheint sie vielen Menschen als eine fremdartige, vielleicht unhaltbare und unannehmbare Theorie. Bevor Sie sie jedoch akzeptieren oder ablehnen, sollten Sie verstehen, was sie beinhaltet und was nicht.

Samsāra ist der Kreislauf immer wieder neu entstehender Existenzen, die Aufeinanderfolge von vergangenen und zukünftigen Leben. Unsere Taten sind die Kraft, die uns in ein Leben nach dem anderen hineintreiben. Jedes Leben, ob auf hoher oder niedriger Stufe, wird so sein wie unsere Taten waren, gut oder schlecht, ehrenwert oder nichtswürdig. In dieser Beziehung unterscheidet sich die Lehre von *Samsāra* nicht grundlegend von derjenigen vieler Religionen, die ein zukünftiges Dasein predigen, wo wir Vergeltung oder Belohnung für unsere Taten erhalten sollen. Der Buddha erkannte jedoch, daß selbst in der höchsten Daseinsform Leiden vorhanden ist. Deshalb sollten wir nicht nach einer vorteilhaften, glücklichen Wiedergeburt streben, denn keine Wiedergeburt bringt vollkommenes, uneingeschränktes Glück. Vielmehr sollte unser Ziel die Befreiung von allem Leiden sein. Wenn wir uns aus dem Kreislauf des Leidens befreien, erfahren wir ein ungetrübtes Glück, größer als jegliche weltliche Freude. Der Buddha lehrte einen Weg, einen solchen Zustand des Glücks in diesem jetzigen Leben zu erfahren.

Samsāra ist nicht die verbreitete Vorstellung von der Seelenwanderung oder der Wiederverkörperung des Selbst, bei der die Seele oder das »ich« durch viele aufeinanderfolgende Inkarnationen hindurch eine feste Identität bewahrt. Dies, so erklärte der Buddha, ist eben genau das, was nicht geschieht. Er betonte immer wieder, daß es keine gleichbleibende Identität gebe, die von einem Leben zum nächsten übergeht: »Es ist vergleichbar mit der Verwandlung von Milch in Rahm und von Rahm in Butter. Man kann den Zustand ›Milch‹ nicht als Rahm ansehen und den Zustand ›Rahm‹ nicht als Butter. Gleichermaßen ist zu jedem gegebenen Zeitpunkt nur der momentane Zustand der Existenz als wirklich anzusehen und nicht einer aus der Vergangenheit oder Zukunft.«[7]

Der Buddha behauptete weder, daß ein festes Ego-Prinzip in aufeinanderfolgenden Leben wiedergeboren wird, noch daß es keine früheren oder zukünftigen Existenzen gibt. Statt dessen erkannte und lehrte er, daß nur der Prozeß des Werdens von einer Existenz zur anderen weiterläuft, und das, solange unsere Handlungen dem Prozeß weiter Impulse und Antrieb geben.

Selbst wenn man an keine weitere Existenz außer der gegenwärtigen glaubt, so ist das Rad des Bedingten Entstehens dennoch von Relevanz. In jedem Moment, in dem wir uns unserer eigenen blinden Reaktionen nicht bewußt sind, erschaffen wir Leiden, das wir hier und jetzt erfahren. Wenn wir die Unwissenheit beseitigen und aufhören, blind zu reagieren, werden wir den daraus entspringenden Frieden hier und jetzt erfahren. Himmel und Hölle existieren hier und jetzt; sie können in diesem Leben, innerhalb dieses Körpers erfahren werden. Der Buddha sagte: »Selbst wenn [man davon überzeugt ist, daß] es keine andere Welt gibt, keine zukünftige Belohnung für gute Taten oder Bestrafung für schlechte, so kann man doch in diesem gegenwärtigen Leben glücklich sein, solange man sich fernhält von Haß, Bosheit und ängstlicher Besorgnis.«[8]

Ungeachtet des Glaubens oder Nichtglaubens an vergangene oder zukünftige Existenzen, müssen wir doch alle den Problemen des gegenwärtigen Lebens ins Auge sehen, Problemen, die durch unsere eigenen blinden Reaktionen verursacht sind. Unsere wichtigste Aufgabe ist, diese Probleme jetzt zu lösen, Schritte zu unternehmen, die geeignet sind, unser Leiden zu beenden, das heißt, Schluß zu machen mit der Gewohnheit des Reagierens, damit wir das Glück der Befreiung jetzt erfahren.

Fragen und Antworten

Kann es nicht auch positive Arten von Verlangen und Aversion geben, solche, die Gutes bewirken – zum Beispiel, Ungerechtigkeit zu hassen, sich Frieden zu wünschen oder Angst vor körperlichen Verletzungen zu haben?

S.N. Goenka: Aversionen und jegliche Formen von Verlangen können niemals gut oder hilfreich sein. Sie werden immer zur Folge haben, daß Sie angespannt und unglücklich werden. Wenn Sie etwas mit Verlangen oder Abneigung im Geist tun, so ist es gut möglich, daß Sie dabei ein edles Ziel im Auge haben, aber Sie benutzen dafür ein ungutes, unzuträgliches Mittel. Selbstverständlich müssen Sie etwas tun, um sich vor Gefahr zu schützen. Sie können das ängstlich tun, dann entwickeln Sie einen Angstkomplex, der Ihnen auf lange Sicht schaden wird. Es mag sein, daß Sie mit Haß erfolgreich Ungerechtigkeit bekämpfen, dieser Haß wird jedoch zu einem für Sie selbst gefährlichen geistigen Komplex werden. Sie müssen Ungerechtigkeit bekämpfen, Sie müssen sich vor Gefahr schützen, aber das geht am besten mit einem ausgeglichenen Geist, ohne Anspannung. Und Sie können sich auf eine ausgeglichene Art und Weise darum bemühen, etwas Gutes zu erreichen, aus Liebe zu anderen. Ein ausgeglichener Geist ist immer hilfreich und wird die besten Resultate bringen.

Was ist daran auszusetzen, wenn man sich materielle Dinge wünscht, um sich das Leben angenehmer zu machen?
Wenn es sich dabei um Sachen handelt, die man wirklich braucht, ist daran nichts auszusetzen. Vorausgesetzt, Sie beginnen nicht, an den Dingen zu hängen. Zum Beispiel, Sie haben Durst und möchten gern Wasser trinken; darin liegt nichts Negatives. Sie benötigen Wasser, also bemühen Sie sich darum, erhalten es und stillen Ihren Durst. Wenn dies jedoch zu einer zwanghaften Idee wird, hilft Ihnen das überhaupt nichts – im Gegenteil, es schadet Ihnen. Was immer Sie an notwendigen Dingen benötigen, bemühen Sie sich, sie zu bekommen. Wenn Sie es nicht schaffen, dann nehmen Sie es leicht, und versuchen Sie es noch einmal auf eine andere Weise. Wenn Sie Erfolg haben, dann freuen Sie sich an dem, was Sie haben, aber ohne daran zu hängen.

Wie ist es mit dem Planen für die Zukunft? Würden Sie das als Verlangen oder Begehren bezeichnen?
Das Kriterium ist wiederum, ob Sie sich an Ihre Pläne klammern oder nicht. Jeder muß für die Zukunft vorsorgen. Wenn Ihre Pläne nicht aufgehen, und Sie fangen an zu jammern, dann wissen Sie, daß Sie sehr an ihnen gehangen haben. Wenn Ihnen aber der Erfolg versagt bleibt und Sie es leichtnehmen können und sich sagen: »Nun, ich habe mein Bestes getan. Was macht es schon, daß ich mein Ziel nicht erreicht habe? Ich versuch' es noch mal!« – dann handeln Sie ohne anzuklammern, und Sie bleiben zufrieden und glücklich.

Das Rad des Bedingten Entstehens anzuhalten klingt wie Selbstmord, Selbstauslöschung. Warum sollten wir das wollen?
Nach der Auslöschung seines Lebens zu streben ist ganz gewiß schädlich, genauso wie das Verlangen, sich ans Leben zu klammern. Statt dessen lernt man, der Natur ihren Lauf zu lassen, ohne Verlangen nach irgend etwas zu haben, nicht einmal nach der Befreiung.

Aber Sie sagten doch, daß dann, wenn die Kette von Saṅkhāras schließlich einmal aufhört, auch keine Wiedergeburt mehr stattfindet.
Ja, aber das ist eine Geschichte, die in weiter Ferne liegt. Befassen Sie sich jetzt mit dem gegenwärtigen Leben! Sorgen Sie sich nicht um die Zukunft. Machen Sie etwas Gutes aus der Gegenwart, und die Zukunft wird ganz automatisch gut werden. Ohne Zweifel wird dann, wenn alle für eine neue Geburt verantwortlichen *Saṅkhāras* entfernt sind, der Prozeß von Leben und Tod ein Ende haben.

Ist das dann nicht Auslöschung, Vernichtung?
Es ist die Auslöschung der Illusion von einem »ich«; die Vernichtung des Leidens. Das ist die Bedeutung des Wortes *Nibbāna:* die Vernichtung des Brennens. Man steht ständig in Flammen, brennt im Feuer des Verlangens, der Aversion, der Unwissenheit. Wenn diese Flammen gelöscht sind, hört das Elend auf. Was dann übrigbleibt, ist nur positiv. Aber dies mit Worten zu beschreiben ist unmöglich, da es jenseits des Bereichs der Sinne liegt. Es muß in diesem Leben erfahren werden – dann wissen Sie, was es ist. Dann wird die Angst vor der Auslöschung verschwinden.

Was geschieht dann mit dem Bewußtsein?
Warum sich darum Sorgen machen? Es wird Ihnen nicht weiterhelfen, über etwas zu spekulieren, das man nur erfahren, nicht beschreiben kann. Das wird Sie nur von Ihrem wirklichen Ziel ablenken, nämlich daran zu arbeiten, dorthin zu gelangen. Wenn Sie dieses Stadium erreichen, werden Sie es selbst erleben und genießen, und alle Fragen werden verschwinden. Sie werden keine Fragen mehr haben! Arbeiten Sie, um dieses Stadium zu erreichen.

Wie kann die Welt ohne Anhaftung funktionieren? Wenn Eltern ohne Anhaftung wären, dann würden sie sich ja nicht einmal mehr um ihre Kinder kümmern. Wie ist es möglich, zu lieben oder im Leben engagiert zu sein, ohne anzuhaften, d. h. ohne sich mit irgend etwas zu identifizieren oder sich emotional zu binden?
Das Anhaften aufzugeben, loszulassen, hat nichts mit Gleichgültigkeit zu tun; die korrekte Bezeichnung hierfür wäre eigentlich »heilige Ungerührtheit«. Als Eltern z. B. müssen Sie Ihre Verantwortung für Ihr

Kind mit all Ihrer Liebe wahrnehmen. Sie sollten dies jedoch tun, ohne sich emotional zu verstricken. Sie tun Ihre Pflicht aus Liebe. Nehmen Sie an, Sie kümmern sich um einen kranken Menschen, und trotz Ihrer Pflege bessert sich sein Zustand nicht. Sie fangen nicht an zu jammern, denn das wäre nutzlos. Mit einem ausgeglichenen Geist versuchen Sie, statt dessen einen anderen Weg zu finden, um ihm zu helfen. Dies ist mit »heiliger Ungerührtheit« gemeint: weder Tatenlosigkeit noch blinde Reaktion, sondern wirkliches, positives Handeln mit einem ausgeglichenen Geist.

Sehr schwierig!
Ja, aber das ist es, was Sie lernen müssen!

Die Kiesel und die Butter

Eines Tages kam ein junger Mann zum Buddha und weinte und weinte. Er konnte nicht aufhören. Der Buddha fragte ihn: »Was fehlt dir, junger Mann?«

»O Herr, gestern starb mein alter Vater.«

»Nun, was kann man da tun? Wenn er gestorben ist, wird Weinen ihn nicht zurückbringen.«

»Ja, Herr, das ist mir klar; Weinen wird meinen Vater nicht zurückbringen. Ich bin jedoch mit einem speziellen Anliegen zu Ihnen gekommen: Bitte tun Sie etwas für meinen toten Vater!«

»Wie? Was könnte ich für deinen toten Vater tun?«

»O Herr, bitte tun Sie etwas. Sie sind ein Mensch mit solch großer Macht, Sie können mit Sicherheit helfen. Sehen Sie nur all diese Priester, Ablaßverkäufer und Almosensammler, sie alle führen alle möglichen Riten und Rituale durch, um den Toten zu helfen. Und sobald das Ritual ausgeführt worden ist, ist das Tor zum Himmelskönigreich aufgebrochen, und dem Toten wird Einlaß gewährt – er bekommt ein Einreisevisum. Sie, Herr, sind so mächtig! Wenn Sie ein Ritual für meinen toten Vater vollziehen, wird er nicht nur ein Einreisevisum erhalten, man wird ihm gleich eine unbegrenzte Aufenthaltserlaubnis in die Hand drücken! Bitte, Herr, tun Sie etwas für ihn!«

Der arme Kerl war so von Kummer und Schmerz überwältigt, daß er keiner rationalen Argumentation mehr zugänglich war. Der Buddha mußte einen anderen Weg einschlagen, um ihm zum Verständnis zu verhelfen. So sagte er ihm: »Also gut. Geh auf den Markt, und kaufe zwei Gefäße aus Ton.« Der junge Mann war sehr glücklich, denn er dachte, daß der Buddha ein Ritual für seinen Vater durchführen würde. Er rannte zum Markt und kam mit zwei Töpfen zurück. »Gut«, sagte der Buddha, »fülle einen Topf mit *Ghee*, also mit Butter.« Der junge Mann tat, wie ihm geheißen. »Fülle den anderen mit Kieseln.« Auch das machte er. »Jetzt verschließe ihre Öffnungen, und dichte sie richtig ab.« Er tat es. »Nun wirf sie in den Teich dort drüben.« Der junge Mann tat, wie ihm aufgetragen wurde, und beide Gefäße sanken auf den Grund. »Jetzt«, sagte der Buddha, »hole einen großen Stock; schlage damit auf die Töpfe, und brich sie auf.« Der junge Mann war sehr glücklich, weil er glaubte, der Buddha würde ein wundervolles Ritual für seinen Vater durchführen.

Nach uraltem indischen Brauch bringt der Sohn, wenn sein Vater stirbt, den toten Körper zum Bestattungsplatz, legt ihn auf den für die Einäscherung vorbereiteten Scheiterhaufen und verbrennt ihn. Wenn der Körper etwa halb verbrannt ist, nimmt der Sohn einen kräftigen Stock und bricht damit den Schädel auf. Und sobald in dieser Welt der Schädel geöffnet worden ist, wird nach dem althergebrachten Glauben oben das Tor zum Himmel geöffnet. Daher dachte der junge Mann bei sich: »Der Körper meines Vaters ist gestern zu Asche verbrannt. Der Buddha will nun, daß ich als Symbol für das versäumte Aufbrechen des Schädels diese Töpfe zerschlage!« Er war sehr glücklich über dieses Ritual.

Wie der Buddha es ihm aufgetragen hatte, nahm der junge Mann einen Stock, schlug kräftig zu und brach beide Töpfe entzwei. Sofort stieg die Butter, die in dem einen Gefäß enthalten war, an die Oberfläche und trieb oben auf dem Wasser entlang. Die Steine in dem anderen Gefäß rieselten heraus und blieben auf dem Grund liegen. Dann sagte der Buddha: »Nun, junger Mann, soweit habe ich meine Arbeit getan. Jetzt rufe all deine Priester und Wundervollbringer und sage ihnen, sie sollen anfangen, zu singen und zu beten: ›Oh, Steine, kommt hoch, kommt hoch! Oh, Butter, sinke nach unten, sinke nach unten!‹ Ich möchte doch mal sehen, wie das geschieht.«

»Oh, Herr, Sie machen Witze! Wie soll das möglich sein, Herr? Die Kiesel sind schwerer als Wasser, sie müssen notgedrungen auf dem Grund liegenbleiben. Sie können nicht nach oben kommen, Herr. Das ist das

Gesetz der Natur! Die Butter ist leichter als Wasser, sie muß zwangsläufig an der Oberfläche bleiben. Sie kann nicht nach unten sinken, Herr. Dies ist das Gesetz der Natur!«

»Junger Mann, du weißt so viel über die Gesetze der Natur, aber du hast dieses Naturgesetz nicht wirklich verstanden: Wenn dein Vater sein ganzes Leben hindurch Taten vollbracht hat, die schwer wie Steine waren, muß er notgedrungen nach unten sinken. Wer kann ihn da hochziehen? Und wenn seine Handlungen leicht wie diese Butter waren, wird er zwangsläufig nach oben steigen. Wer kann ihn da nach unten ziehen?«

Je eher wir das Gesetz der Natur verstehen und anfangen, in Einklang mit dem Gesetz zu leben, um so eher kommen wir aus unserem Leiden heraus.[9]

5. Die Schulung ethischen Verhaltens

Unsere Aufgabe ist, das Leiden zu beenden, indem wir seine Ursachen entfernen: Unwissenheit, Begierde und Aversion. Um diese Aufgabe zu verwirklichen, entdeckte, praktizierte und lehrte der Buddha einen praktischen Weg, auf dem dieses Ziel erlangt werden konnte. Er nannte diesen Weg den Edlen Achtteiligen Pfad*.

Als er einmal gebeten wurde, den Pfad in einfachen Worten zu erklären, sagte der Buddha:

»Halte dich fern von allen unheilsamen Taten,
vollbringe heilsame Taten,
reinige deinen Geist –
dies ist die Lehre der Erleuchteten.«[1]

Dies ist eine sehr klare Darlegung, die für jeden annehmbar erscheint. Jeder ist damit einverstanden, daß wir Handlungen vermeiden sollten, die Schaden und Unglück bringen, und solche Taten vollbringen sollten, die positive Auswirkungen haben. Aber wie definiert man, was gut und was schädlich, was heilsam und was unheilsam ist? Wenn wir versuchen, das zu tun, vertrauen wir auf unsere Ansichten, unsere traditionellen Überzeugungen, unsere Vorlieben und Vorurteile. So entstehen enge, durch unsere persönliche Lebenswelt bedingte Definitionen, die für einige annehmbar sein mögen, für andere jedoch nicht. Statt solcher engen Interpretationen bot der Buddha eine universelle Definition von heilsam und unheilsam, von Tugendhaftigkeit und Sünde an: Jede Handlung, die anderen Schaden zufügt, die ihren Frieden und ihre Harmonie stört, ist eine unheilsame und deshalb schlechte und sündhafte Handlung. Jede Handlung, die anderen hilft, die zu Frieden und Harmonie in ihrem Leben beiträgt, ist eine heilsame und deshalb gute und tugendhafte Handlung. Darüber hinaus erfolgt die wirkliche Reinigung des Geistes nicht durch religiöse Zeremonien

* Eine Definition des Edlen Achtteiligen Pfades finden Sie unter dem Pāli-Begriff *Ariya Aṭṭhangika Magga* in dem Glossar.

oder intellektuelle Übungen, sondern durch das direkte Erfahren der eigenen Realität, der Wirklichkeit in uns selbst, und das systematische Bemühen, die Konditionierungen zu beseitigen, die das Leiden entstehen lassen.

Der Edle Achtteilige Pfad kann in drei Schulungsstadien unterteilt werden: *Sīla, Samādhi* und *Paññā*. *Sīla* ist ethisches, moralisches Verhalten, das Unterlassen aller unheilsamen Handlungen auf der körperlichen und verbalen Ebene. *Samādhi* ist die Übung der Konzentration, das Entwickeln der Fähigkeit, seine eigenen geistigen Prozesse bewußt zu lenken und zu beherrschen. *Paññā* ist Weisheit, die Entwicklung reinigender Einsicht in seine eigene Natur.

Der Wert ethischen Handelns

Jeder, der Dhamma praktizieren will, muß mit der Praxis von *Sīla* beginnen. Dies ist der erste Schritt, ohne den man nicht weiter vorankommen kann. Wir müssen uns fernhalten von allen Handlungen, allen Worten und Taten, die anderen Menschen schaden. Das Zusammenleben in der Gesellschaft erfordert ein solches Verhalten, um Beeinträchtigungen zu vermeiden. Aber tatsächlich vermeiden wir solche Handlungen nicht nur deshalb, weil sie anderen schaden, sondern auch, weil sie uns selbst schaden. Es ist unmöglich, eine unheilsame Handlung zu begehen – zu beleidigen, zu töten, zu stehlen, zu vergewaltigen –, ohne große Unruhe im eigenen Geist zu erzeugen, starkes Verlangen und große Aversion. Dieser Augenblick des Verlangens oder der Aversion macht uns jetzt unglücklich und führt in der Zukunft zu noch mehr Leid. Der Buddha sagte:

»In Flammen jetzt, in Flammen später,
zweifach leidet der Untugendhafte.
Glücklich jetzt und glücklich in Zukunft,
zweifache Freude genießt der Tugendhafte.«[2]

Wir brauchen nicht bis nach dem Tode zu warten, um Himmel und Hölle kennenzulernen; wir können sie innerhalb dieses Lebens erfahren, in unserem eigenen Innern. Wenn wir unheilsame Handlungen begehen, erfahren wir das Höllenfeuer der Begierde und der Aversion; bei heilsamen Handlungen erleben wir den Himmel des inneren Friedens. Die Vermeidung von unheilsamen Worten und Taten wirkt sich daher nicht nur zum Wohl anderer aus, sondern gleichermaßen zu unserem eigenen Wohl.

Es gibt noch einen weiteren Grund, *Sīla* zu praktizieren. Wir alle wollen uns selbst erforschen, Einsicht in die Tiefen unserer eigenen Realität gewinnen. Für ein solches Vorhaben benötigen wir einen ruhigen Geist. Es ist unmöglich, in die Tiefen eines Sees hinunterzusehen, wenn er vom Sturm aufgewühlt ist. Selbstbeobachtung, das genaue Hineinschauen ins eigene Innere, erfordert einen stillen Geist, frei von Aufregung und Unruhe. Bei jeder unheilsamen Handlung wird der Geist überschwemmt von Erregtheit und Aufruhr. Nur wenn man unheilsame körperliche oder verbale Handlungen vermeidet, hat der Geist die Chance, ausreichend still zu werden, so daß die Introspektion Fortschritte machen kann.

Es gibt noch einen weiteren Grund, warum *Sīla* unentbehrlich ist: Jemand, der Dhamma praktiziert, arbeitet auf das letztendliche Ziel, die Befreiung von allem Leiden hin. Wenn er diese Aufgabe ernst nimmt, darf er sich nicht zu Handlungen verleiten lassen, die genau die geistigen Angewohnheiten verstärken, die er aufgeben will. Jede Handlung, die anderen schadet, wird zwangsläufig verursacht und begleitet von Verlangen, Aversion und Unwissenheit. Solche Taten zu begehen hieße, mit jedem Schritt vorwärts gleichzeitig zwei Schritte zurück zu machen und damit jeden wirklichen Fortschritt zu verhindern.

Sīla ist also nicht nur notwendig für das Wohl der Gesellschaft, sondern ebenso für das Wohl jedes einzelnen ihrer Mitglieder, und das nicht allein hinsichtlich des weltlichen Wohlergehens einer Person, sondern auch, was ihren Fortschritt auf dem Pfad Dhammas betrifft.

Drei Teile des Edlen Achtteiligen Pfades fallen unter die Übung von *Sīla:* rechte Rede, rechtes Tun und rechter Lebenserwerb.

Rechte Rede

Unser Reden muß rein und heilsam sein. Reinheit erreicht man, wenn man die Unreinheit entfernt, deshalb müssen wir verstehen, was unreine Rede ist. Zu unreiner Rede zählt: lügen, daß heißt, mehr oder weniger zu sagen als die Wahrheit; Dinge zu erzählen, die Disharmonie in Freundschaften säen; über andere herzuziehen und Verleumdungen in die Welt zu setzen; grobe Worte zu sagen, die andere aufrühren und nichts Gutes bewirken; sowie eitles Getratsche und leeres, sinnloses Gerede, womit nur die eigene Zeit und die anderer verschwendet wird. Vermeidet man all diese Arten von unreiner Rede, so bleibt nur noch reine Rede übrig.

Dies ist aber keineswegs nur ein negatives Konzept. Einer, der rechte Rede praktiziert, so erläuterte der Buddha,

> »... spricht die Wahrheit und ist unbeugsam, was Ehrlichkeit und Aufrichtigkeit betrifft, er ist vertrauenswürdig, verläßlich sowie offen und freimütig gegenüber anderen. Er versöhnt die Streitenden und ermutigt die miteinander Verbundenen. Er freut sich über Harmonie, strebt nach Harmonie, genießt Harmonie und läßt durch seine Worte Harmonie entstehen. Er redet sanft und freundlich, wohlgefällig für das Ohr, liebenswürdig, herzerwärmend, höflich, angenehm und zur Freude vieler. Er redet zur rechten Zeit, den Tatsachen entsprechend, und hält sich dabei an das, was hilfreich ist, hält sich an Dhamma und an die ethischen Grundregeln. Seine Worte, zur rechten Zeit gesprochen, gut durchdacht, gut gewählt und konstruktiv, sind es wert, im Gedächtnis bewahrt zu werden.«[3]

Rechtes Tun

Unsere Taten müssen ebenfalls rein sein. Genauso wie beim Reden müssen wir auch bei unserem Tun verstehen, was unreine Handlungen sind, damit wir uns von ihnen fernhalten können. Zu solchen Handlungen zählt: das Töten eines Lebewesens, Stehlen, sexuelles Fehlverhalten, zum Beispiel Vergewaltigung oder Ehebruch, und das Einnehmen von berauschenden oder betäubenden Mitteln, das den Verlust der Herrschaft über die eigenen Sinne zur Folge hat und dazu führt, daß man nicht mehr weiß, was man sagt oder tut. Vermeidet man diese vier unreinen Handlungen, so bleiben nur reine, heilsame Handlungen übrig.

Dies ist jedoch wiederum nicht nur ein negatives Konzept. Einen Menschen, der rechtes körperliches Handeln praktiziert, beschrieb der Buddha folgendermaßen: »Er legt Knute und Schwert beiseite und achtet darauf, niemandem zu schaden. Er ist voller Güte und Freundlichkeit und hat immer das Wohl aller lebenden Wesen im Auge. Frei von List und Heimlichkeit, lebt er als reines Wesen.«[4]

Die ethischen Grundregeln

Für gewöhnliche Menschen, die im normalen weltlichen Leben stehen, ist das Beachten der *Fünf Regeln* der Weg, rechte Rede und rechtes Tun in die Tat umzusetzen. Diese fünf Leitlinien beinhalten das ehrliche Bemühen,

1. kein lebendes Wesen zu töten;
2. nicht zu stehlen;
3. keine sexuellen Verfehlungen zu begehen;
4. nichts Unwahres oder Unheilsames zu reden;
5. keine berauschenden oder bewußtseinstrübenden Mittel einzunehmen.

Diese Fünf Regeln sind das unverzichtbare Minimum, um die Voraussetzung für ein ethisches, moralisches Leben zu schaffen. Sie müssen von jedem befolgt werden, der Dhamma praktizieren will.

Es gibt im Leben aber auch Zeiten, in denen man die weltlichen Verantwortungen beiseite legen kann – vielleicht für ein paar Tage, vielleicht auch nur für einen Tag –, um sich der Reinigung des Geistes zu widmen, um auf die Befreiung hinzuarbeiten. Solche Perioden sind Gelegenheiten zu ernsthafter Dhamma-Praxis, und man muß dann in seinem Verhalten noch achtsamer sein als im gewöhnlichen Leben. Es ist wichtig, in diesen Zeiten alle Handlungen zu vermeiden, die von der Arbeit der Selbstreinigung ablenken oder sie stören können. Man beachtet dabei Acht Regeln. Dazu gehören zunächst die Fünf Grundregeln, jedoch mit einer Modifizierung: Anstatt nur von sexuellem Fehlverhalten Abstand zu nehmen, entsagt man nun allen sexuellen Handlungen. Darüber hinaus verzichtet man darauf, zu unangebrachten Zeiten Speisen zu sich zu nehmen (das heißt, nach 12 Uhr mittags), sich sinnlichen Unterhaltungen hinzugeben und seinen Körper besonders zu schmücken sowie übertrieben komfortable Betten zu benutzen. Das Gebot der sexuellen Enthaltsamkeit und die anderen zusätzlichen Regeln fördern die Ruhe und die Wachsamkeit, die für die Arbeit der

Selbstbeobachtung erforderlich sind, und helfen, den Geist von allen äußeren Störungen freizuhalten. Die *Acht Regeln* gelten nur in der Zeit intensiver Dhamma-Praxis. Wenn diese Zeitspanne vorüber ist, kann der Laie, d.h. derjenige, der nicht das Mönchsgelübde abgelegt hat, wieder zu den Fünf Regeln als Leitlinien seines ethisch-moralischen Verhaltens zurückkehren.

Schließlich gibt es noch die *Zehn Regeln* für Einsiedler, Mönche und Nonnen. Diese Zehn Regeln enthalten die oben erwähnten acht, wobei jedoch die siebte in zwei Gebote aufgeteilt worden ist und eine weitere Regel hinzugefügt wurde: auf das Annehmen von Geld zu verzichten. Mönche und Nonnen sollen ihren Lebensunterhalt einzig und allein von den Spenden bestreiten, die sie erhalten, damit sie frei sind, sich ganz und gar der Arbeit hinzugeben, ihren Geist zu reinigen, für ihr eigenes Wohl und für das Wohl aller Wesen.

Die Regeln, ob nun fünf, acht oder zehn, sind keine leeren, durch Überlieferung und Tradition diktierte Formeln. Sie sind, wörtlich genommen, »Schritte, um sich in der Praxis zu schulen«, d. h. sehr zweckdienliche Mittel, um sicherzugehen, daß unser Reden und Tun weder anderen noch uns selbst schadet.

Rechter Lebenserwerb

Jeder muß dafür Sorge tragen, sich auf rechte Art seinen Lebensunterhalt zu verdienen. Es gibt zwei Kriterien für rechten Lebenserwerb. Erstens sollte man bei der Verrichtung seiner Arbeit nicht gezwungen sein, die Fünf Regeln zu brechen, da dadurch ganz offensichtlich anderen Schaden zugefügt würde. Aber man sollte darüber hinaus auch nichts tun, was andere ermutigen könnte, die Regeln zu brechen, denn das würde ebenfalls Schaden und Leiden bringen. Weder direkt noch indirekt sollten unsere Mittel zum Lebenserwerb sich zum Schaden anderer Wesen auswirken. Das bedeutet, daß jegliche Form des Lebensunterhalts, die Töten erfordert, sei es von Menschen oder Tieren, ganz eindeutig kein rechter Lebenserwerb ist. Aber selbst wenn das eigentliche Töten von anderen vorgenommen wird und man lediglich mit den Teilen geschlachteter Tiere handelt, ihren Fellen oder Häuten, ihrem Fleisch, den Knochen und so weiter, ist dies dennoch kein rechter Lebenserwerb, weil man sich von den unguten Handlungen anderer abhängig macht. Der Verkauf von Alkohol oder anderen Drogen und Betäubungsmitteln mag sehr gewinnträchtig sein, aber auch wenn man sich selbst von ihnen fernhält, so werden doch andere durch das Anbieten dieser Rauschmittel zum Gebrauch ermutigt. Ein Spielsalon mag sehr lukrativ sein, aber alle, die sich dem Glücksspiel hingeben, schaden sich dadurch. Der Verkauf von Giftstoffen oder Waffen - Gewehre, Munition, Bomben, Raketen - ist ein gutes Geschäft, aber es beeinträchtigt den Frieden und das harmonische Zusammenleben unzähliger Menschen. Nichts von alledem ist rechter Lebenserwerb.

Es mag sein, daß eine Tätigkeit vielleicht gar keinen direkten Schaden für andere verursacht, wenn ihre Motivation jedoch beinhaltet, daß andere Schaden nehmen sollen, so ist es gleichfalls keine rechte Art des Lebensunterhalts. Der Arzt, der sich eine Epidemie wünscht, praktiziert keinen rechten Lebenserwerb, und ebensowenig der Händler, der auf eine Hungersnot hofft.

Jedes menschliche Wesen ist ein Mitglied der Gesellschaft. Durch unsere Arbeit kommen wir unserer Schuldigkeit gegenüber der Gesellschaft nach, denn wir dienen damit unseren Mitmenschen auf unterschiedliche Weise. Als Gegenleistung erhalten wir das, was wir für unseren Lebensunterhalt benötigen. Selbst ein Mönch oder Einsiedler hat seine festgelegte, ihm zugedachte Arbeit, durch die er sich die Almosen verdient, die er erhält: die Arbeit der Reinigung seines Geistes für sein eigenes Wohl und zum Nutzen aller. Wenn er anfängt, andere auszubeuten, indem er den Leuten etwas vormacht, mit seinen magischen Kräften hausieren geht oder unwahre Behauptungen über seine geistigen Errungenschaften aufstellt, praktiziert er keinen rechten Lebenserwerb.

Der Lohn, der uns als Gegenleistung für unsere Arbeit zuteil wird, wie immer er aussehen mag, soll dafür sorgen, daß wir unseren eigenen Lebensunterhalt und ebenso den der von uns abhängigen Familienangehörigen bestreiten können. Von allem, was wir darüber hinaus an Überschüssen haben, sollte der Gesellschaft wenigstens ein Teil für das Wohl anderer zurückgegeben werden. Wenn unsere Absicht ist, eine nützliche Rolle in der Gesellschaft zu spielen, das heißt, uns selbst mit dem Lebensnotwendigen zu versorgen und dabei gleichzeitig auch anderen zu helfen, dann ist unsere Arbeit rechter Lebenserwerb.

Rechte Rede, rechtes Tun und rechter Lebenserwerb sollten deshalb praktiziert werden, weil sie für uns selbst und ebenso für andere sinnvoll und vernünftig sind. Ein Kurs in Vipassana-Meditation bietet die Gelegenheit, alle diese Aspekte *Sīlas* in die Praxis umzusetzen. Dies ist eine Zeit, die ganz für das Praktizieren von Dhamma reserviert ist. Alle Teilnehmer befolgen die Acht Regeln. Für diejenigen, die zum ersten Mal einen solchen Kurs besuchen, und für Teilnehmer mit gesundheitlichen Problemen wird jedoch eine Erleichterung gewährt: Sie dürfen am Abend ein leichtes Essen zu sich nehmen. Aus diesem Grund nehmen diese Kursteilnehmer in der formellen Verpflichtung vor dem Lehrer nur die Fünf Regeln auf sich, obwohl sie in allen anderen Punkten tatsächlich die Acht Regeln befolgen.

Zusätzlich zu den Regeln müssen alle Teilnehmer ein Schweigegelübde für die ersten neun Tage des Kurses ablegen. Sie können mit dem Lehrer oder den Kurs-Managern sprechen, jedoch nicht mit anderen Meditierenden. Auf diese Weise werden alle Ablenkungen auf ein Minimum reduziert, und man kann auf engem Raum leben und arbeiten, ohne sich gegenseitig zu stören. Nur in einer solchen stillen, ruhigen und friedvollen Atmosphäre ist die schwierige Arbeit der Innenschau, der Beobachtung des eigenen Selbst möglich.

Als Gegenleistung für ihre Arbeit der Selbstbeobachtung erhalten die Meditierenden Essen und Unterkunft. Die Kosten werden durch Spenden gedeckt. Auf diese Weise leben sie während eines Kurses mehr oder weniger wie Mönche oder Nonnen, mit dem Lebensnotwendigen versorgt durch die milden Gaben anderer. Indem sie ihre Arbeit auf die ihnen bestmögliche Weise tun, zu ihrem eigenen Wohl und für das Wohl anderer, praktizieren die Meditierenden während ihrer Teilnahme an einem Vipassana-Meditationskurs rechten Lebenserwerb.

Sīla ist ein integraler Teil der Dhamma-Praxis. Ohne *Sīla* kann es keinen Fortschritt auf dem Pfad geben, denn der Geist bleibt zu aufgeregt und hat nicht die notwendige Ruhe für die Erforschung der Realität im Innern. Es gibt Leute, die lehren, daß geistige Entwicklung auch ohne *Sīla* möglich sei. Das entspricht jedoch nicht der Lehre des Buddha. Es mag möglich sein, verschiedene Stadien ekstatischen Entrücktseins zu erfahren, ohne *Sīla* zu praktizieren, aber es wäre ein Fehler, diese als geistige Verwirklichungen oder echte spirituelle Errungenschaften anzusehen. Man kann ohne *Sīla* mit Sicherheit niemals den Geist vom Leiden befreien und die letztendliche Wahrheit erfahren.

Fragen und Antworten

Ist das Pflegen »rechten Tuns« nicht eine Form von Anhaftung?
S.N. Goenka: Nein. Es bedeutet lediglich, daß Sie Ihr Bestes tun und dabei verstehen, daß die Resultate jenseits Ihrer Kontrolle liegen. Sie machen Ihre Arbeit und überlassen die Ergebnisse der Natur, dem Dhamma: »Dein Wille geschehe.«

Dann heißt das also, daß man auch bereit sein muß, Fehler zu machen?
Wenn Sie einen Fehler begangen haben, akzeptieren Sie es, und versuchen Sie, ihn beim nächsten Mal nicht zu wiederholen. Mag sein, daß Sie wieder scheitern, aber wiederum nehmen Sie es leicht und versuchen es noch einmal auf eine andere Weise. Wenn Sie in der Lage sind, im Angesicht des Scheiterns die Dinge leichtzunehmen und dazu zu lächeln, dann ist keine Anhaftung vorhanden. Wenn der Mißerfolg Sie jedoch deprimiert und der Erfolg Sie in Hochgefühle versetzt, dann haben Sie zweifellos Anhaftung entwickelt.

Dann bezieht sich rechtes Tun also nur auf die Bemühungen, die wir unternehmen, nicht auf das Resultat?
Nicht auf das Resultat. Das wird automatisch gut sein, wenn Ihre Handlungen gut sind. Darum kümmert sich Dhamma. Es steht nicht in unserer Macht, das Ergebnis auszuwählen, aber wir können unsere Taten wählen. Bemühen Sie sich lediglich, alles so gut zu machen, wie es Ihnen möglich ist.

Ist es eine unrechte Handlung, wenn man jemandem unabsichtlich schadet?
Nein. Es muß die Absicht vorhanden sein, einem bestimmten Wesen schaden zu wollen, und es muß einem auch gelingen, Schaden zu be-

wirken; nur dann ist eine unrechte Handlung, unrechtes Tun vollendet. *Sīla* sollte nicht ins Extrem führen, das wäre weder praktikabel noch nützlich. Auf der anderen Seite wäre es gleichermaßen schädlich, so unachtsam bei seinen Handlungen zu sein, daß man ständig jemanden verletzt und sich dann immer wieder mit der Begründung entschuldigt, man hätte ja keine böse Absicht gehabt. Dhamma lehrt uns Achtsamkeit.

Was ist der Unterschied zwischen rechtem und unrechtem sexuellen Verhalten? Ist es eine Frage der dahinterstehenden Absicht?
Nein. Sexualität hat ihren Platz im weltlichen Leben. Sie sollte nicht gewaltsam unterdrückt werden, denn erzwungene, aufgesetzte Enthaltsamkeit erzeugt Spannungen, die nur mehr Probleme, neue Schwierigkeiten schaffen. Wenn Sie jedoch dem sexuellen Verlangen freien Lauf lassen und sich gestatten, jederzeit mit jedem möglichen Partner sexuelle Beziehungen einzugehen, sobald die Leidenschaft Sie überkommt, dann werden Sie Ihren Geist nie von Leidenschaft befreien können. Dhamma vermeidet diese beiden gleichermaßen gefährlichen Extreme und bietet einen Mittelweg an, ein heilsames Umgehen mit Sexualität, das dennoch geistige Entwicklung erlaubt, und das ist die sexuelle Beziehung zwischen einer Frau und einem Mann, die sich zu einer festen, auf gegenseitiger Treue basierenden Partnerschaft entschlossen haben. Und wenn Ihr Partner ebenfalls ein Vipassana-Meditierender ist, dann beobachten Sie beide die Leidenschaft, wann immer sie auftaucht. Das ist weder Unterdrückung, noch geben Sie Ihrem Verlangen freie Bahn. Indem Sie beobachten, können Sie sich mit Leichtigkeit von der Leidenschaft befreien. Hin und wieder wird ein solches Paar dennoch sexuellen Kontakt haben, aber nach und nach entwickeln sich beide auf ein Stadium zu, wo Sex überhaupt keine Bedeutung mehr hat. Das ist das Stadium einer wirklichen, natürlichen Enthaltsamkeit, in dem nicht einmal mehr ein Gedanke von Leidenschaft im Geist auftaucht. Dieses Leben in völliger sexueller Abstinenz bringt ein Glücksgefühl mit sich, das weit über jegliche sexuelle Erfüllung hinausgeht. Man fühlt sich fortwährend erfüllt und zufrieden, voller Harmonie. Sie müssen lernen, dieses wirkliche Glück zu erfahren.

Im Westen halten viele Menschen jegliche Art von sexuellen Beziehungen zwischen zwei erwachsenen Menschen für zulässig, solange beide Partner damit einverstanden sind.
Diese Ansicht ist weit von Dhamma entfernt. Jemand, der sexuellen Kontakt mit einer Person hat, dann mit einer anderen und dann wieder mit einer anderen, vervielfacht seine Leidenschaft, sein Elend. Sie sollten entweder in einer auf gegenseitiger Treue basierenden, ausschließlichen Partnerschaft mit einem Menschen leben oder im Zölibat, d. h. in sexueller Enthaltsamkeit.

Wie ist es mit dem Einnehmen von Drogen als Hilfsmittel, um andere Bewußtseinszustände zu erfahren, andersartige Realitäten zu erleben?
Einige Schüler haben mir berichtet, daß sie durch das Einnehmen sogenannter bewußtseinserweiternder Drogen Erfahrungen gemacht haben, die Ähnlichkeit mit denen haben, die sie in der Meditation machen. Ob das nun tatsächlich so ist oder nicht, eine durch Drogen herbeigeführte Erfahrung ist eine Form der Abhängigkeit von einem äußeren Mittel. Dhamma lehrt Sie jedoch, Ihr eigener Herr zu werden, damit Sie die Realität nach Belieben, wann immer Sie wollen, erfahren können. Und ein weiterer, sehr wichtiger Unterschied ist, daß durch den Gebrauch von Drogen viele Menschen ihre geistige Ausgeglichenheit verlieren und sich selbst schaden. Demgegenüber führt die Erfahrung der Wahrheit durch das Praktizieren von Dhamma die Meditierenden zu größerer Ausgeglichenheit, und sie werden weder sich selbst noch irgend jemand anderem schaden.

Bedeutet die fünfte Regel, daß man keine Rauschmittel nehmen soll oder daß man lediglich vermeiden soll, sich zu berauschen? Schließlich scheint mäßiges Trinken, ohne betrunken zu werden, nicht sonderlich schädlich zu sein. Oder würden Sie sagen, daß man selbst dann sein Sīla bricht, wenn man auch nur ein einziges Glas Alkohol trinkt?
Auch wenn Sie nur kleine Mengen trinken, werden Sie auf lange Sicht ein Verlangen nach Alkohol entwickeln. Sie bemerken es nicht, aber Sie machen einen ersten Schritt hin zur Abhängigkeit, die zweifellos Ihnen selbst und anderen schadet. Jeder Süchtige fängt damit an, nur ein einziges Glas zu trinken. Warum also einen ersten Schritt zum Leiden machen? Wenn Sie ernsthaft meditieren und eines Tages aus Ver-

geßlichkeit oder bei einer Feier ein Glas Wein trinken, werden Sie merken, daß Ihre Meditation an diesem Tag beeinträchtigt ist. Dhamma verträgt sich nicht mit dem Gebrauch von Rauschmitteln. Wenn Sie wirklich Fortschritte in Dhamma machen wollen, müssen Sie sich von allen Drogen fernhalten. Dies ist die Erfahrung von vielen Tausenden von Meditierenden.

Die zwei Regeln, die sexuelles Fehlverhalten und den Gebrauch von Rauschmitteln betreffen, müssen ganz besonders von Menschen aus westlichen Ländern richtig verstanden werden.

Bei uns hier sagen die Leute oft: »Wenn man sich gut dabei fühlt, muß es auch richtig sein.«
Weil sie die Realität nicht sehen. Wenn Sie aus Aversion heraus etwas tun, sind Sie sich automatisch der Unruhe und Anspannung im Geist bewußt. Wenn Sie jedoch etwas aus Verlangen tun, erscheint Ihnen das auf der Oberfläche des Geistes als sehr angenehm – auf einer tieferen Ebene herrscht jedoch ebenfalls Unruhe und Anspannung. Sie fühlen sich nur gut aufgrund Ihrer Unwissenheit. Wenn Sie erkennen, wie sehr Sie sich durch solche Handlungen schaden, werden Sie ganz von selbst mit ihnen aufhören.

Bricht man sein Sīla, wenn man Fleisch ißt?
Nein, wenn Sie das Tier nicht selbst getötet haben, nicht. Wenn Ihnen bei einer Gelegenheit Fleisch angeboten wird und Sie es wie jedes andere Essen auch genießen können, haben Sie keine der Regeln gebrochen. Aber durch das Essen von Fleisch ermutigen Sie natürlich indirekt jemand anderen, die Regeln zu brechen, nämlich Tiere zu töten. Und darüber hinaus schaden Sie sich durch das Fleischessen auch noch auf einer subtileren Ebene. Ein Tier erzeugt in jedem Augenblick Verlangen und Aversion; es ist nicht in der Lage, sich selbst zu beobachten und seinen Geist zu reinigen. Verlangen und Aversion durchsetzen jede Faser seines Körpers. Das ist die Energie, die Sie aufnehmen, die Eingabe, die Ihnen durch nichtvegetarische Kost zugeführt wird. Ein Meditierender versucht, Verlangen und Aversion aufzulösen, und es wird daher für ihn hilfreich sein, wenn er auf fleischliche Kost verzichtet.

Wird deshalb nur vegetarisches Essen während der Kurse angeboten?
Ja, weil es für die Vipassana-Meditation am besten ist.

Würden Sie empfehlen, auch im Alltag vegetarisch zu leben?
Das ist ebenfalls hilfreich.

Wie kann das Streben nach Wohlstand ein akzeptables Verhalten für einen Meditierenden sein?
Wenn Sie Dhamma praktizieren, sind Sie selbst dann glücklich, wenn Sie in Armut leben müssen. Wenn Sie aber zu Wohlstand kommen und nicht Dhamma praktizieren, werden Sie auch mit Ihrem Geld weiter unglücklich bleiben. Dhamma ist wichtiger. Sie leben in dieser Welt und müssen für Ihren Lebensunterhalt sorgen. Sie müssen durch ehrliche, harte Arbeit Ihr Geld verdienen; daran ist nichts falsch. Aber tun Sie es mit Dhamma.

Wenn meine Arbeit sich später irgendwann einmal negativ auswirken könnte, wenn das, was man tut, auf negative Weise genutzt werden kann, handelt es sich dann um unrechten Lebenserwerb?
Das hängt von Ihrer Intention ab. Wenn Sie nur daran interessiert sind, Geld anzuhäufen, wenn Sie sich in Gedanken sagen: »Und wenn es auch anderen schaden mag, was kümmert mich das, solange ich mein Geld zusammenbekomme«, dann ist das eine falsche Art des Lebenserwerbs. Aber wenn Sie nur Gutes beabsichtigen und dennoch jemand dabei zu Schaden kommt, dann ist das nicht Ihr Verschulden.

Die Firma, in der ich arbeite, produziert ein Instrument, das unter anderem dazu benutzt wird, Daten bei atomaren Explosionen zu sammeln. Mir wurde angeboten, an diesem Produkt mitzuarbeiten, aber es schien mir irgendwie nicht richtig zu sein.
Wenn etwas nur dazu gedacht ist, anderen zu schaden, dann ist es zweifellos besser, wenn Sie sich nicht daran beteiligen. Wenn es aber sowohl für positive als auch für negative Zwecke genutzt werden kann, so sind Sie nicht dafür verantwortlich, welchen Gebrauch andere davon machen. Sie verrichten Ihre Arbeit mit der Intention, daß andere sie zu einem guten Zweck nutzen mögen. Daran ist nichts auszusetzen.

Wie denken Sie über Pazifismus?
Wenn Sie unter Pazifismus Untätigkeit im Angesicht von Aggression verstehen, dann ist das sicherlich eine falsche Haltung. Dhamma lehrt Sie, auf positive Art und Weise zu handeln, sich praktisch und engagiert zu verhalten.

Wie ist es mit der Anwendung passiven Widerstands, wie er von Mahatma Gandhi oder Martin Luther King gelehrt wurde?
Das hängt von der Situation ab. Wenn ein Angreifer nur die Sprache der Gewalt versteht, müssen wir unsere körperliche Kraft einsetzen, aber dabei stets unseren Gleichmut bewahren. Anderenfalls sollte man passiven Widerstand üben, nicht aus Angst, sondern als einen Akt moralischer Courage. Das ist der Weg Dhammas, und das ist es, was Gandhi den Leuten beibrachte. Es erfordert Mut, der Gewalt bewaffneter Gegner mit leeren Händen entgegenzutreten. Um das zu tun, muß man bereit sein zu sterben. Früher oder später wird der Tod mit Sicherheit kommen; man kann ängstlich oder tapfer sterben. Ein Dhamma-Tod kann kein Tod in Angst sein. Gandhi pflegte seinen Anhängern, die sich gewalttätigen Gegnern gegenübersahen, zu sagen: »Laßt die Wunden auf eurer Brust sein, nicht auf eurem Rücken.« Er hatte Erfolg, weil er Dhamma in sich trug.

Sie sagen selbst, daß man wundervolle Meditationserfahrungen haben kann, auch ohne daß man die ethischen Grundregeln einhält. Ist es dann nicht dogmatisch und unflexibel, so viel Betonung auf moralisch einwandfreies Verhalten zu legen?
Ich habe an einer ganzen Reihe von Schülern gesehen, daß diejenigen, die *Sīla* keine Bedeutung beimessen, keinen Fortschritt auf dem Weg machen können. Solche Leute können jahrelang zu Kursen kommen und mögen wundervolle Erfahrungen in ihrer Meditation haben, aber in ihrem täglichen Leben ändert sich nichts. Sie bleiben weiter voller innerer Unruhe und unglücklich, weil sie aus Vipassana nur ein Spiel machen, so wie sie viele andere Spiele gespielt haben. Solche Menschen sind echte Verlierer. Diejenigen, die Dhamma wirklich nutzen wollen, um ihr Leben zum Besseren zu wandeln, müssen *Sīla* beachten, und zwar so gewissenhaft wie möglich.

Das Rezept des Arztes

Ein Mann wird krank und sucht Hilfe bei einem Arzt. Der Doktor untersucht ihn gründlich und schreibt ihm dann ein Rezept für eine bestimmte Medizin aus. Der Mann hat großes Vertrauen zu seinem Arzt. Nach Hause zurückgekehrt, stellt er ein wundervolles Bild oder eine Statue des Doktors in seinem Andachtsraum auf. Daraufhin setzt er sich andächtig hin und beginnt, dem Bild bzw. der Statue respektvoll seine Ehrerbietung darzubringen: Er verneigt sich dreimal, stellt als Opfergaben Blumen und Räucherstäbchen vor dem Konterfei seines Doktors auf, und schließlich holt er das Rezept hervor, und rezitiert feierlich, was darauf geschrieben steht: »Zwei Pillen am Morgen! Zwei Pillen am Nachmittag! Zwei Pillen am Abend!« Wochenlang sagt er den ganzen Tag immer wieder das Rezept auf, denn er besitzt ein unerschütterliches Vertrauen zu seinem Arzt. Aber trotz allem, das Rezept hilft ihm nicht.

Der Mann faßt schließlich den Entschluß, daß er mehr über dieses Rezept wissen möchte. Deshalb eilt er von neuem zum Arzt und bombardiert ihn mit Fragen: »Warum haben Sie mir diese Medizin verschrieben? Was ist das für ein Mittel? Auf welche Weise soll es mir helfen?« Der Doktor ist ein gebildeter Mann und erklärt ihm: »Sehen Sie, Sie haben diese bestimmte Krankheit, und das hier ist die tiefliegende Ursache Ihres Leidens. Wenn Sie die Medizin, die ich Ihnen verschrieben habe, einnehmen, wird das die Ursache Ihrer Krankheit beseitigen. Und wenn erst einmal die Ursache beseitigt ist, wird Ihr Leiden automatisch verschwinden.« Der Mann betrachtet den Arzt voller Bewunderung: »Ah, wunderbar! Mein Doktor weiß so genau Bescheid! Er ist so intelligent! Seine Rezepte sind so hilfreich!« Und er geht nach Hause und fängt an, mit seinen Nachbarn und Bekannten zu streiten, denn er will alle überzeugen, daß er den besten und fähigsten Arzt hat: »Mein Doktor ist der beste Doktor! Alle anderen taugen nichts!« Aber was bringen ihm diese Streitereien und Wortgefechte ein? Er mag sich sein ganzes Leben lang mit anderen herumschlagen und ihre Meinungen bekämpfen, aber das wird ihm kein Stück weiterhelfen. Nur wenn er die Medizin auch tatsächlich einnimmt, kann sein Elend gelindert werden, kann er von seiner Krankheit befreit werden.

Jedes befreite Wesen ist wie ein Arzt. Aus Mitgefühl gibt er den Menschen ein Rezept, das ihnen zeigt, wie sie sich vom Leiden befreien können. Wenn die Leute lediglich glauben, was er sagt, und blindes Vertrauen in ihn entwickeln, machen sie aus dem Rezept eine Heilige Schrift und fangen an, mit anderen Glaubensrichtungen zu streiten, weil sie jeden davon überzeugen wollen, daß die Lehre des Begründers ihrer Religion allen anderen überlegen ist. Aber niemand schert sich darum, die Lehre zu praktizieren, also die verschriebene Medizin einzunehmen, um die Krankheit zu beseitigen.

Vertrauen zum Arzt ist nützlich, wenn der Patient seinem Rat folgen soll. Zu verstehen, wie die Medizin wirkt, ist hilfreich, wenn es dazu ermutigt, sie auch einzunehmen. Doch ohne die Medizin praktisch anzuwenden, kann man nicht von der Krankheit geheilt werden.

6. Die Schulung der Konzentration

Durch das Praktizieren von *Sīla* versuchen wir, Herrschaft über unser Reden und unsere körperlichen Handlungen zu gewinnen. Die Ursache des Leidens liegt jedoch in unseren geistigen Handlungen. Lediglich unsere Worte und Taten im Zaum zu halten ist nutzlos, wenn der Geist kontinuierlich in Verlangen und Aversion brodelt. So in uns selbst gespalten, können wir niemals glücklich sein. Früher oder später werden die Aversionen und das Verlangen überkochen, und wir werden unser *Sīla* brechen und dabei uns selbst und anderen schaden.

Mit dem Intellekt mag man verstehen, daß falsche Taten unheilsame Folgen haben. Schließlich predigen seit Tausenden von Jahren alle Religionen die Wichtigkeit ethisch-moralischen Verhaltens. Aber wenn die Versuchung kommt, überwältigt sie den Geist, und man bricht sein *Sīla.* Auch wenn ein Alkoholiker genau weiß, daß er nicht trinken sollte, weil Alkohol ihm schadet, so wird er dennoch zur Flasche greifen und sich betrinken, wenn das Verlangen in ihm aufsteigt. Er kann sich nicht stoppen, weil er keine Herrschaft über seinen Geist besitzt. Wenn man dagegen lernt, keine negativen *geistigen* Handlungen mehr zu begehen, wird es leicht, unheilsame Worte und Taten zu unterlassen.

Da das Problem seinen Ursprung im Geist hat, müssen wir uns mit ihm auf der geistigen Ebene auseinandersetzen. Dazu ist es notwendig, daß wir uns der Praxis von *Bhāvanā* widmen, was wörtlich »Geistesentwicklung« oder, im normalen Sprachgebrauch, Meditation heißt. Die Bedeutung des Wortes *Bhāvanā* ist im Verlauf der Jahrhunderte nach dem Tod des Buddha nebulös geworden. Sie hat in dem Maß an Klarheit eingebüßt, wie die Praxis von *Bhāvanā* nach und nach fallengelassen wurde. In neuerer Zeit wird der Begriff zur Bezeichnung aller möglichen Arten von geistiger Kultur oder spiritueller Erbauung benutzt, selbst für das Lesen, Reden, Hören oder Nachdenken über Dhamma. »Meditation«, die gebräuchlichste deutsche Übersetzung von *Bhāvanā*, wird sogar noch freier verwendet und dient zur

Bezeichnung der unterschiedlichsten Aktivitäten, von geistiger Entspannung, Tagträumerei und freiem Gedankenspiel bis hin zur Selbsthypnose. All dies ist weit entfernt von dem, was der Buddha mit *Bhāvanā* meinte. Er benutzte den Begriff, um damit auf bestimmte geistige Übungen anzusprechen, genau definierte Techniken, um den Geist zu konzentrieren und zu reinigen.

Bhāvanā beinhaltet die Schulung der Konzentration *(Samādhi)* und die Schulung der Weisheit *(Paññā)*. Die Übung der Konzentration wird auch »die Entwicklung von Geistesruhe« *(Samatha-Bhāvanā)* genannt und die der Weisheit als »die Entwicklung von Einsicht« *(Vipassanā-Bhāvanā)* bezeichnet. Das Praktizieren von *Bhāvanā* beginnt mit der Konzentration, dem zweiten Abschnitt des Edlen Achtteiligen Pfades. Dies ist das heilsame Bemühen, seine geistigen Prozesse zu meistern, also Herr über seinen Geist zu werden. Drei Teile des Weges fallen in diese Schulung: rechtes Bemühen, rechte Aufmerksamkeit und rechte Konzentration.

Rechtes Bemühen

Rechtes Bemühen ist der erste Schritt in der Praxis von *Bhāvanā*. Der Geist wird leicht von Unwissenheit überwältigt und gerät leicht durch Verlangen oder Aversion ins Wanken. Wir müssen ihn stärken, damit er fest und stabil wird, ein nützliches Werkzeug, mit dessen Hilfe wir unsere Natur auf der subtilsten Ebene untersuchen und unsere Konditionierungen aufdecken und anschließend entfernen können.

Ein Arzt, der die Krankheit eines Patienten diagnostizieren will, wird zunächst eine Blutprobe nehmen und sie unter das Mikroskop legen. Bevor er sie untersucht, muß er jedoch das Mikroskop exakt justieren und es in der richtigen Schärfeeinstellung fixieren. Erst dann ist es möglich, die Probe zu untersuchen, die Ursache der Krankheit zu entdecken und die angemessene Behandlung zur Heilung des Leidens zu bestimmen. In gleicher Weise müssen auch wir lernen, unseren Geist zu konzentrieren, ihn auf ein einzelnes Objekt zu fixieren und dort festzuhalten. So machen wir aus ihm ein Instrument zur Untersuchung der subtilsten Realität unserer selbst.

Der Buddha lehrte verschiedene Techniken zur Konzentration des

Geistes, jede einzelne zugeschnitten auf die bestimmte Person, die zu ihm kam. Die geeignetste Methode zur Erforschung der inneren Wirklichkeit, die Technik, die der Buddha selbst praktizierte, ist Ānāpāna-Sati, »die Aufmerksamkeit auf die Atmung«.

Die Atmung ist ein Objekt der Aufmerksamkeit, das jedem unmittelbar und jederzeit zur Verfügung steht, denn wir alle atmen ununterbrochen von der Geburt bis zum Tod. Es ist ein für jeden zugängliches, für jedermann annehmbares und somit universelles Objekt der Meditation. Um mit der Praxis von *Bhāvanā* zu beginnen, nehmen die Meditierenden eine aufrechte, bequeme Sitzhaltung ein und schließen ihre Augen. Sie sollten einen ruhigen Raum wählen, in dem möglichst wenig ihre Aufmerksamkeit ablenken kann. Wenn sie sich von der äußeren zur inneren Welt hinwenden, werden sie feststellen, daß die am deutlichsten wahrnehmbare Aktivität in ihrem Innern ihr eigenes Atmen ist; daher richten sie ihre Aufmerksamkeit auf dieses Objekt: den Atem, wie er durch die Nasenlöcher herein- und wieder hinausströmt.

Dies ist jedoch keine Atemübung; es ist eine Schulung der Aufmerksamkeit und Konzentration. Das Bestreben geht nicht dahin, den Atem zu kontrollieren, sondern sich seiner fortwährend bewußt zu bleiben, wie es von Natur aus ist: lang oder kurz, schwer oder leicht, grob oder fein. So lange wie möglich hält man seine Aufmerksamkeit fest auf den Atem gerichtet, ohne daß Ablenkungen irgendwelcher Art die Kette der Aufmerksamkeit unterbrechen.

Als Meditierende merken wir sofort, wie schwierig das ist. Sobald wir versuchen, unseren Geist auf die Atmung fixiert zu halten, fangen wir an, uns über einen Schmerz in den Beinen Sorgen zu machen. Und sobald wir versuchen, alle störenden Gedanken zu unterdrücken, schießen uns tausend Dinge in den Kopf: Erinnerungen, Pläne, Hoffnungen, Ängste. Eines davon ergreift Besitz von unserer Aufmerksamkeit, und nach einiger Zeit wird uns bewußt, daß wir den Atem völlig vergessen haben. Wir beginnen also von neuem und müssen nach kurzer Zeit wiederum feststellen, daß uns der Geist, ohne daß wir es bemerkt haben, entschlüpft ist.

Wer führt hier das Regiment? Wer hat hier wen unter Kontrolle? Sobald man mit dieser Übung beginnt, zeigt sich sehr schnell und sehr deutlich, daß der Geist in Wirklichkeit außer jeglicher Kontrolle ist. Wie ein verzogenes Kind greift er zuerst nach dem einen Spielzeug, bis er sich damit langweilt und sich ein anderes nimmt und dann wieder ein anderes. Der Geist springt von einem Gedanken, einem Objekt der Aufmerksamkeit zum anderen und läuft so vor der Realität davon.

Das ist die tiefverwurzelte Gewohnheit des Geistes; das ist es, was er unser ganzes Leben lang getan hat. Wenn wir jedoch anfangen, unsere wahre Natur zu untersuchen, muß das Davonlaufen ein Ende haben. Wir müssen das geistige Gewohnheitsmuster ändern und lernen, bei der Wirklichkeit zu bleiben. Das tun wir, indem wir zunächst versuchen, die Aufmerksamkeit fest auf den Atem gerichtet zu halten. Wenn wir bemerken, daß sie abgeschweift ist, bringen wir sie geduldig wieder zurück. Es mißlingt uns, und wir versuchen es von neuem und wieder von neuem. Ohne Anspannung, ohne Entmutigung wiederholen wir es wieder und wieder. Schließlich kann man die Angewohnheit eines ganzen Lebens nicht in ein paar Minuten verändern. Die Aufgabe erfordert wiederholtes, fortwährendes Üben sowie Geduld und Ruhe. Auf diese Weise entwickeln wir unsere Aufmerksamkeit für die Realität. Das ist rechte Bemühung.

Der Buddha beschrieb vier Arten von rechter Bemühung:

1. das Entstehen von schlechten, unheilsamen Geisteszuständen zu verhindern;
2. sie aufzugeben, falls sie entstehen sollten;
3. heilsame Geisteszustände in sich neu zu entwickeln;
4. diese ohne Unterbrechung aufrechtzuerhalten, damit sie sich weiterentwickeln und zu vollem Wachstum und Vollendung gelangen.[1]

Durch das Üben der Aufmerksamkeit auf die Atmung praktizieren wir alle vier Arten rechter Bemühung. Wir setzen uns hin und richten unsere Aufmerksamkeit, ohne daß irgendwelche störenden Gedanken dazwischentreten, auf den Atem. Dadurch rufen wir den heilsamen Geisteszustand des Selbst-Gewahrseins, der Aufmerksamkeit auf die eigene Realität, hervor und halten ihn über einen längeren Zeitraum hinweg aufrecht. Wir achten darauf, daß wir uns nicht ablenken lassen, daß wir nicht in Geistesabwesenheit verfallen oder die Realität aus den Augen verlieren. Wenn ein Gedanke auftaucht, verfolgen wir ihn nicht weiter, sondern führen unsere Aufmerksamkeit von neuem zum Atem zurück. Auf diese Weise entwickeln wir die Fähigkeit des Geistes, auf ein einzelnes Objekt gerichtet zu bleiben und Ablenkungen zu widerstehen - zwei wesentliche, unabdingbare Qualitäten der Konzentration.

Rechte Aufmerksamkeit

Die Beobachtung der Atmung dient auch dem Praktizieren der rechten Aufmerksamkeit. Unser Leiden entspringt der Unwissenheit. Wir reagieren, weil wir nicht wissen, was wir tun, weil wir unsere wahre Realität nicht kennen. Die meiste Zeit verbringt der Geist versunken in Phantasien und Illusionen, in denen er angenehme oder unangenehme Erfahrungen der Vergangenheit wieder aufleben läßt und erwartungsvolle oder ängstliche Bilder von der Zukunft entwirft. Wenn wir uns in solchem Verlangen oder in Aversionen verloren haben, merken wir nicht, was in diesem Moment geschieht, was wir jetzt gerade tun. Dabei ist doch dieser gegenwärtige Augenblick der allerwichtigste für uns. Wir können nicht in der Vergangenheit leben; sie ist vorüber. Noch können wir in der Zukunft leben; sie ist immer außerhalb unserer Reichweite. Wir können nur in der Gegenwart leben.

Wenn wir uns unserer gegenwärtigen Handlungen nicht bewußt sind, sind wir dazu verurteilt, die Fehler der Vergangenheit zu wiederholen, und es wird uns nie gelingen, unsere Träume für die Zukunft zu verwirklichen. Wenn wir jedoch die Fähigkeit entwickeln können, uns des gegenwärtigen Moments bewußt zu sein, kann uns die Vergangenheit Ratgeber und Helfer sein, unsere Handlungen in der Zukunft so zu verändern, daß wir unser Ziel erreichen.

Dhamma ist der Weg des Hier-und-Jetzt. Deshalb müssen wir unsere Fähigkeit ausbilden, bewußt und mit ganzer Aufmerksamkeit im gegenwärtigen Moment zu sein. Wir brauchen dazu eine Methode zur Fixierung unserer Aufmerksamkeit, zur Konzentration auf die Realität in jedem Moment. Die Technik von *Ānāpāna-Sati* ist eine solche Methode. Durch sie entwickelt man die Fähigkeit, sich seiner selbst im Hier-und-Jetzt bewußt zu sein: In diesem Augenblick atme ich ein, in diesem Augenblick atme ich aus. Durch das Üben der Aufmerksamkeit auf die Atmung werden wir uns des gegenwärtigen Moments bewußt.

Ein anderer Grund für die Schulung der Aufmerksamkeit auf die Atmung ist unser Wunsch nach der Erfahrung der letztendlichen Realität. Die Konzentration auf das Atmen kann uns helfen, alles das ins Bewußtsein zu bringen, was uns bisher unbewußt war. Da der Atem sowohl bewußt als auch unbewußt arbeitet, ist er eine Brücke zwischen dem bewußten und dem unbewußten Geist. Wir können uns vornehmen, auf eine bestimmte Weise zu atmen, die Atmung zu kontrollieren, den Atem ganz anzuhalten. Doch sobald unsere Kontrolle aufhört, geht die Atmung von selbst weiter.

Wir können zum Beispiel bewußt etwas kräftiger atmen, damit die Aufmerksamkeit leichter auf unser Objekt fixiert bleibt. Sobald die Aufmerksamkeit auf die Atmung klar und beständig wird, erlauben wir dem Atem seinen natürlichen Fluß, sei er hart oder weich, tief oder flach, lang oder kurz, schnell oder langsam. Unsere Arbeit besteht allein in unserer Bewußtheit und Aufmerksamkeit. Wenn wir unsere Aufmerksamkeit über einen längeren Zeitraum hinweg auf den natürlichen Ablauf der Atmung aufrechterhalten, können wir das autonome Funktionieren des Körpers beobachten, einen Prozeß, der normalerweise unbewußt ist. Von der Beobachtung der groben Realität des bewußten, gewollten Atmens, ist der nächste Schritt die Beobachtung der feineren, subtileren Realität der natürlichen Atmung.

Ein weiterer Grund für die Schulung der Aufmerksamkeit auf die Atmung ist, daß wir über das bewußte Wahrnehmen des Atems lernen können, von Verlangen, Aversion und Unwissenheit frei zu werden. Denn die Atmung spiegelt den Zustand des eigenen Geistes wider. Wenn der Geist friedvoll und ruhig ist, ist der Atem regelmäßig und sanft. Aber immer wenn Negativität im Geist auftaucht, sei es Zorn, Haß, Angst oder Leidenschaft, wird die Atmung ungleichmäßiger, schwerer und schneller. Unsere Atmung spiegelt unseren geistigen Zustand und gibt uns so die Möglichkeit, damit zu arbeiten.

Es gibt darüber hinaus jedoch noch einen weiteren Grund für die Bedeutung der Atmung. Da unser Ziel ein von Negativität befreiter Geist ist, müssen wir darauf achten, daß jeder unserer Schritte rein und heilsam ist. Selbst im Anfangsstadium des Entwickelns von *Samādhi* müssen wir schon sicherstellen, daß wir für die Schulung unserer Aufmerksamkeit ein heilsames Objekt benutzen. Der Atem ist ein solches

Objekt. Man kann kein Verlangen nach Atem haben und auch keine Aversion gegen ihn entwickeln. Er ist Realität, vollkommen frei von Illusion oder Täuschung. Deshalb ist er ein angemessenes Objekt der Aufmerksamkeit.

In dem Augenblick, in dem der Geist vollkommen auf die Atmung konzentriert ist, ist er frei von Verlangen, frei von Aversion und frei von Unwissenheit. Wie kurz dieser Augenblick der Reinheit auch immer sein mag, er ist sehr machtvoll, denn er fordert alle unsere vergangenen Konditionierungen heraus. All unsere angesammelten Muster werden aufgerüttelt, und sie beginnen, sich durch verschiedene Schwierigkeiten körperlicher wie geistiger Art zu manifestieren. Es mag z. B. sein, daß wir Ungeduld hinsichtlich unserer Fortschritte entwickeln, was eine Art von Verlangen oder Begierde ist; andererseits mag Aversion in Form von Zorn und Niedergeschlagenheit entstehen, weil wir so langsam weiterkommen. Es kommt vor, daß wir von Lethargie überwältigt werden und einnicken, sobald wir uns zum Meditieren hinsetzen. Manchmal ist man so unruhig und angespannt, daß man ständig hin und her rutscht oder Entschuldigungen sucht, die gegen die Meditation sprechen. Gelegentlich wird unser Wille von Skepsis und Zweifeln untergraben - quälende, unbegründete Zweifel am Lehrer oder der Lehre oder an uns selbst. Wenn man sich plötzlich mit derartigen Schwierigkeiten konfrontiert sieht, kann der Gedanke aufkommen, das Meditieren ganz aufzugeben.

In solchen Augenblicken müssen wir verstehen, daß diese Hindernisse nur eine Folge unserer Fortschritte sind, daß sie lediglich als eine Reaktion auf unseren Erfolg beim Praktizieren der Aufmerksamkeit auf die Atmung entstanden sind. Wenn wir beharrlich weiterarbeiten, werden sie sich nach und nach auflösen und verschwinden. Danach wird die Arbeit einfacher, denn es bedeutet, daß selbst in diesem frühen Stadium der Praxis bereits einige Schichten der Konditionierung von der Oberfläche des Geistes getilgt worden sind. Auf diese Weise beginnen wir schon beim Praktizieren der Aufmerksamkeit auf die Atmung, den Geist zu reinigen, und machen Fortschritte in Richtung auf die Befreiung.

Durch das Fixieren der Aufmerksamkeit auf die Atmung entwickelt man die Fähigkeit, sich des gegenwärtigen Moments bewußt zu sein. Dieses Gewahrsein von Augenblick zu Augenblick so lange wie möglich aufrechtzuerhalten, ist rechte Konzentration.

Bei den täglichen Verrichtungen im gewöhnlichen Leben wird ebenfalls Konzentration benötigt, aber diese ist nicht notwendigerweise gleichbedeutend mit rechter Konzentration. Es ist möglich, daß sich jemand darauf konzentriert, Gelüste seiner Sinne zu befriedigen oder einer Gefahr vorzubeugen. Eine Katze, die vor einem Mauseloch wartet, hat ihre gesamte Aufmerksamkeit auf dieses Loch gerichtet, bereit, sofort zuzuspringen, wenn die Maus erscheint. Ein Taschendieb hat es auf die Brieftasche eines Opfers abgesehen und wartet mit ganzer Aufmerksamkeit auf den richtigen Moment. Ein Kind starrt nachts in seinem Bett voller Angst in die dunkelste Ecke des Zimmers und bildet sich ein, Gespenster zu sehen. In keinem dieser Beispiele handelt es sich um rechte Konzentration, also Konzentration, die für die Befreiung genutzt werden kann. *Samādhi* muß auf ein Objekt gerichtet sein, das frei ist von jeglichem Verlangen, jeglicher Aversion und jeglicher Illusion.

Beim Praktizieren der Aufmerksamkeit auf die Atmung stellt man schnell fest, wie schwer es ist, ununterbrochen aufmerksam zu sein. Trotz fester Entschlossenheit entschlüpft uns die Aufmerksamkeit immer wieder, ohne daß wir es bemerken. Wir machen die Erfahrung, daß wir wie ein Betrunkener sind, der versucht, eine gerade Linie zu gehen, aber ständig von ihr abkommt und mal zur einen, mal zur anderen Seite hin abweicht. Wir sind *in der Tat* betrunken: Im Rausch unserer eigenen Unwissenheit und unserer Illusionen irren wir fortwährend ab in die Vergangenheit oder die Zukunft, in Verlangen oder Aversion. Wir können nur schwer auf dem geraden Weg fortwährender Aufmerksamkeit bleiben.

Als Meditierende sollten wir gelassen bleiben und uns nicht deprimieren oder entmutigen lassen, wenn wir diesen Schwierigkeiten begegnen. Statt dessen sollten wir verstehen, daß eine Veränderung der über Jahre hinweg tief in uns eingegrabenen geistigen Gewohnheiten viel Zeit braucht. Sie kann nur durch wiederholtes, kontinuierliches, geduldiges und beständiges Üben erreicht werden. Unsere Aufgabe ist lediglich, die Aufmerksamkeit immer wieder zu unserer Atmung zurückzubringen, sobald wir bemerken, daß sie abgeschweift ist. Wenn wir das können, haben wir einen wichtigen Schritt getan, um die Angewohnheit des Geistes, ständig umherzuwandern, zu verändern. Wiederholtes Üben wird die Aufmerksamkeit immer schneller zurückbringen. Allmählich werden die Zeiten der Zerstreutheit und geistigen Abwesenheit kürzer, und die Perioden aufrechterhaltener Aufmerksamkeit – von *Samādhi* – werden länger.

Sowie sich die Konzentration verstärkt, beginnen wir uns entspannt, glücklich und voller Energie zu fühlen. Nach und nach verändert sich der Atem, wird weich, regelmäßig, leicht, gerade noch spürbar. Gelegentlich mag es scheinen, als hätte die Atmung vollständig aufgehört, tatsächlich ist es aber so, daß, wenn der Geist still wird, auch der Körper zur Ruhe kommt und der Stoffwechsel sich verlangsamt, so daß weniger Sauerstoff benötigt wird.

In diesem Stadium kommt es vor, daß einige der Meditierenden, die die Achtsamkeit auf die Atmung praktizieren, verschiedene ungewöhnliche Erfahrungen haben: Sie sehen z. B. Lichter oder Erscheinungen, während sie mit geschlossenen Augen meditieren, oder sie hören außergewöhnliche Klänge. All diese sogenannten außersinnlichen Erfahrungen sind lediglich Indikatoren dafür, daß der Geist eine höhere Ebene der Konzentration erlangt hat. Für sich allein haben diese Phänomene keine Bedeutung, man sollte ihnen deshalb auch keine weitere Aufmerksamkeit schenken. Das Objekt der Aufmerksamkeit bleibt die Atmung; alles andere ist nur Störung und Ablenkung. Man sollte auch nicht auf solche Erfahrungen warten und ständig nach ihnen Ausschau halten; in einigen Fällen kommen sie vor, in anderen nicht. Alle diese Erfahrungen sind lediglich Meilensteine, die den Fortschritt auf dem Weg anzeigen. Gelegentlich mag ein solcher Meilenstein dem Auge verborgen sein, oder wir sind so auf den Weg konzentriert, daß wir mit großen Schritten weitergehen, ohne ihn zu bemerken. Wenn wir einen solchen Meilenstein jedoch als das letzte Ziel ansehen, uns an ihn klammern und nur auf ihn konzentrieren, hören unsere Fortschritte gänzlich auf. Schließlich gibt es unzählige außergewöhnliche sinnliche Erfahrungen. Diejenigen, die Dhamma praktizieren, suchen nicht nach derartigen Erfahrungen, sondern nach

Einsicht in ihre eigene Natur, um auf diese Weise Freiheit vom Leiden zu erlangen.

Daher richten wir weiterhin unsere Aufmerksamkeit ausschließlich auf die Atmung. In dem Maß, wie der Geist konzentrierter wird, wird der Atem feiner, und es ist schwieriger, ihn zu verfolgen und erfordert noch größere Anstrengungen. Auf diese Weise fahren wir fort, den Geist zu schärfen, die Konzentration weiter zu verbessern, ein Werkzeug aus ihr zu machen, mit dessen Hilfe wir in der Lage sind, über die scheinbare Wirklichkeit hinauszugehen und zu immer feineren Realitäten vorzudringen, um schließlich die subtilste Realität im Innern zu beobachten.

Es gibt eine Vielzahl von anderen Techniken zur Entwicklung von Konzentration. Zum Beispiel wird gelehrt, sich auf ein Wort zu konzentrieren, indem man es fortwährend vor sich hersagt, oder man soll sich auf ein Bild konzentrieren oder gar eine bestimmte körperliche Handlung ständig wiederholen. Diese Methoden bewirken, daß man ganz in dem jeweiligen Objekt aufgeht und einen wundervollen Trancezustand erlangt. Obwohl ein solcher Zustand, solange er anhält, zweifellos sehr angenehm ist, findet man sich doch in dem Moment, wo er aufhört, in seinem gewöhnlichen Alltag mit den gleichen Problemen wie zuvor wieder. Diese Techniken wirken, indem sie eine Schicht von Frieden und Freude auf der Oberfläche des Geistes entstehen lassen, doch die Konditionierungen in der Tiefe bleiben unangetastet. Die Objekte, die in diesen Techniken zur Erlangung von Konzentration benutzt werden, haben keinen Bezug zur eigenen Realität, wie sie sich von Moment zu Moment manifestiert. Das Gefühl der Seligkeit, das man erlangt, ist nur oben aufgelegt, willentlich hervorgerufen, statt spontan aus den Tiefen eines gereinigten Geistes aufzusteigen. Rechtes *Samādhi* kann kein Zustand spiritueller Berauschung sein. Es muß frei sein von aller Künstlichkeit, von allen Illusionen.

Auch in der Lehre des Buddha gibt es verschiedene Stadien von Trance, von geistigem Entrücktsein *(Jhāna)*, die erlangt werden können. Der Buddha selbst erlernte acht Stadien der geistigen Versenkung, bevor er erleuchtet wurde, und er hörte nicht auf, sie sein ganzes Leben hindurch weiterzupraktizieren. Solche Stadien des Entrücktseins allein konnten ihn jedoch nicht befreien. Wenn er die Stadien der Versenkung lehrte, betonte er daher immer, daß sie lediglich Sprungbretter seien für die Entwicklung von Einsicht, von tieferem Verständnis. Meditierende entwickeln die Fähigkeit der Konzentration nicht, um glückselige Gefühle zu erfahren oder ekstatische Zustände zu erleben, sondern um den Geist zu einem Instrument zu schmieden, mit dem sie in der Lage sind, die eigene Realität zu untersuchen und die Konditionierungen, die ihr Leiden verursachen, zu beseitigen. Das ist rechte Konzentration.

Fragen und Antworten

Warum lehren Sie Ihre Schüler, Ānāpāna durch das Konzentrieren auf die Nasenlöcher zu praktizieren und nicht durch die Konzentration auf den Bauch?
S. N. Goenka: Weil *Ānāpāna* für uns als Vorbereitung auf die Praxis der Vipassana-Meditation praktiziert wird und bei der hier gelehrten Vipassana-Methode eine besonders starke Konzentration notwendig ist. Je begrenzter das Gebiet ist, auf das man seine Aufmerksamkeit richtet, desto stärker wird die Konzentration werden. Um eine solch hochgradige Konzentration zu entwickeln, ist der Bauchbereich zu groß. Am geeignetsten ist das Gebiet der Nasenlöcher. Daher leitete uns der Buddha an, in diesem Gebiet zu arbeiten.

Ist es erlaubt, während des Praktizierens der Aufmerksamkeit auf die Atmung die Atemzüge zu zählen oder »ein« zu sagen, wenn man einatmet, und »aus«, wenn man ausatmet?
Nein, es sollte keine ständiges Wiederholen von Worten geben. Wenn Sie dem Aufmerksamsein auf die Atmung ständig ein Wort beifügen, dann wird dieses Wort allmählich vorherrschend werden, und Sie werden den Atem völlig vergessen. Dann werden Sie, egal, ob Sie nun gerade ein- oder ausatmen, »ein!« sagen, und Sie werden, einerlei, ob Sie nun aus- oder einatmen, »aus!« sagen. Das Wort wird zu einem Mantra werden. Bleiben Sie nur beim Atem, bloßen Atem, nichts als dem Atem.

Warum reicht das Praktizieren von Samādhi nicht aus, um Befreiung zu erlangen?
Weil die geistige Reinheit, die durch *Samādhi* entwickelt wird, primär durch Unterdrückung und nicht durch die Auflösung der Konditionierungen erreicht wird. Das ist genauso, als würde jemand einen Behälter voll verschmutzten Wassers reinigen, indem er ein Fällungsmittel, zum Beispiel Alaun, hineingibt. Alaun bewirkt, daß die im Wasser schwebenden Schmutzpartikel auf den Grund des Behälters sinken, so daß das Wasser kristallklar wird. In gleicher Weise macht *Samādhi* die ganz oben liegenden Ebenen des Geistes kristallklar, aber im Unbewußten bleibt weiterhin ein Depot von Unreinheiten bestehen. Diese verborgenen, latenten Unreinheiten müssen für die Befreiung entfernt werden. Und um die Unreinheiten aus den Tiefen des Geistes zu entfernen, muß man Vipassana praktizieren.

Schaden wir uns nicht damit, wenn wir Vergangenheit und Zukunft völlig vergessen und nur dem gegenwärtigen Moment Aufmerksamkeit schenken? Heißt das nicht, auf die gleiche Art zu leben wie die Tiere? Jeder, der die Vergangenheit vergißt, ist doch ganz sicher dazu verdammt, sie zu wiederholen.
Diese Technik wird Sie nicht lehren, die Vergangenheit völlig zu vergessen oder sich nicht um die Zukunft zu kümmern. Das geistige Gewohnheitsmuster ist jedoch, sich ständig in alten Erinnerungen oder aber in Wünschen, Plänen oder Zukunftsängsten zu wälzen und nichts von der Gegenwart zu wissen. Diese ungesunde Gewohnheit macht das Leben unglücklich. Durch das Meditieren lernen Sie, mit beiden Beinen fest in der gegenwärtigen Realität zu stehen und einen dauerhaften Halt in ihr zu finden. Auf dieser soliden Basis können Sie die notwendigen Lehren aus der Vergangenheit ziehen und angemessene Vorbereitungen für die Zukunft treffen.

Ich habe festgestellt, daß, wenn ich meditiere und der Geist davonwandert, oft ein Verlangen entsteht und ich dann denke, daß ich doch kein Verlangen entwickeln soll, und so fange ich an, unruhig und angespannt zu werden, weil dieses Verlangen in mir sitzt. Wie soll ich damit umgehen?
Warum durch das aufgekommene Verlangen unruhig und angespannt

werden? Akzeptieren Sie einfach die Tatsache: »Aha, da ist Verlangen« – das ist alles. Und Sie werden da herauskommen und es überwinden. Wenn Sie feststellen, daß der Geist davongewandert ist, akzeptieren Sie es: »Aha, der Geist ist davongewandert«, und er wird ganz automatisch zur Atmung zurückkehren. Bauen Sie keine Spannungen auf, weil Verlangen da ist oder weil der Geist davongewandert ist; wenn Sie das tun, erzeugen Sie neue Aversionen. Akzeptieren Sie es einfach. Dieses Akzeptieren genügt.

Alle buddhistischen Meditationstechniken waren im Yoga schon bekannt. Was war wirklich neu an der Meditation, wie sie vom Buddha gelehrt wurde?
Was heute Yoga genannt wird, ist in Wirklichkeit eine spätere Entwicklung. Patanjali lebte etwa 500 Jahre nach dem Buddha, und es ist ganz natürlich, daß in seinem *Yoga Sūtra* der Einfluß der Lehre des Buddha deutlich wird. Selbstverständlich waren Yoga-Praktiken auch schon vor dem Buddha in Indien bekannt, und er selbst experimentierte ja mit ihnen, bevor er die Erleuchtung erlangte. Alle diese Übungen waren jedoch begrenzt auf *Sīla* und *Samādhi,* Konzentration bis zur Stufe des achten *Jhāna,* dem achten Stadium der Versenkung, das immer noch innerhalb des Bereichs sinnlicher Erfahrung liegt. Der Buddha entdeckte das neunte *Jhāna,* und das ist Vipassana, die Entwicklung von Einsicht, die den Meditierenden zum letztendlichen Ziel jenseits aller sinnlichen Erfahrungen führt.

Ich merke, daß ich sehr schnell dabei bin, andere Menschen herabzusetzen, schlechtzumachen. Was ist der beste Weg, mit diesem Problem umzugehen?
Arbeiten Sie daran, indem Sie meditieren. Wenn das Ego stark ist, wird man versuchen, andere herabzusetzen, ihre Bedeutung zu schmälern und die eigene Wichtigkeit herauszustellen. Die Meditation löst das Ego jedoch auf ganz natürliche Weise auf. Wenn es sich auflöst, sind Sie nicht mehr in der Lage, weiter Dinge zu tun, die jemand anderen verletzen. Arbeiten Sie, und das Problem wird ganz von selbst gelöst werden.

Manchmal habe ich Schuldgefühle wegen der Dinge, die ich getan habe.
Schuldgefühle werden Ihnen nicht weiterhelfen; sie werden Ihnen nur schaden. Schuld hat keinen Platz auf dem Pfad Dhammas. Wenn Sie erkennen, daß Sie falsch gehandelt haben, dann akzeptieren Sie diese Tatsache einfach, ohne sie zu rechtfertigen oder verbergen zu wollen. Sie können zu jemandem gehen, dem Sie besondere Achtung und Wertschätzung entgegenbringen, und sagen: »Nun, ich habe diesen Fehler gemacht. In Zukunft werde ich aufpassen, ihn nicht zu wiederholen.« Und dann meditieren Sie, und Sie werden sehen, daß Sie dieses Problem überwinden.

Warum bin ich ständig dabei, dieses Ego weiter zu verstärken? Warum versuche ich ständig weiter, »ich« zu sein?
Das ist es, worauf der Geist konditioniert worden ist, aus Unwissenheit. Aber Vipassana kann Sie von dieser schädlichen Konditionierung befreien. Anstatt immer nur das Selbst, sein »ich« im Kopf zu haben, lernen Sie, an andere zu denken.

Wie geschieht das?
Der erste Schritt ist, zu erkennen, wie selbstsüchtig und egozentrisch man ist. Ohne sich dieser Wahrheit bewußt zu sein, kann man sich nicht aus dem Wahn des Egoismus lösen. Wenn Sie länger meditieren, werden Sie feststellen, daß die Liebe, die Sie anderen gegenüber empfinden, in Wirklichkeit Selbstliebe ist. Die Einsicht wird sich in Ihnen entwickeln: »Wen liebe ich eigentlich? Ich liebe jemanden, weil ich etwas von ihm erwarte. Ich erwarte von ihm, daß er sich auf eine Weise verhält, die ich mag. In dem Augenblick, wo er anfängt, sich anders zu verhalten, ist es mit meiner ganzen Liebe vorbei. Liebe ich also wirklich diesen Menschen oder mich selbst?« Die Antwort wird klar und augenfällig werden, nicht durch den Gebrauch von Logik und Verstand, sondern durch Ihre Vipassana-Praxis. Und wenn Sie einmal diese Erkenntnis, gewonnen durch direktes Realisieren der Wahrheit, besitzen, fangen Sie an, aus Ihrer Selbstsucht herauszutreten. Dann lernen Sie, wirkliche Liebe für andere zu entwickeln, eine Liebe, die selbstlos ist: eine Einbahnstraße, ein Geben ohne die Erwartung, etwas dafür zurückzubekommen.

Ich arbeite in einer Gegend, wo es viele Leute gibt, die auf der Straße leben und betteln. Sie strecken ihre Hand aus und sagen: »Haben Sie ein bißchen Kleingeld für mich?«
Das gibt es also auch im Westen? Ich dachte immer, daß Betteln nur in armen Ländern vorkommt!

Ich weiß, daß viele dieser Menschen drogenabhängig sind. Ich frage mich, ob man Sie nicht ermutigt, weiter Drogen zu nehmen, wenn man ihnen Geld gibt.
Das ist der Grund, weshalb Sie darauf achten müssen, daß jede Spende, die Sie geben, auf rechte Weise genutzt wird. Sonst hilft sie niemandem. Wenn Sie solchen Menschen, anstatt ihnen Geld zu geben, helfen, aus ihren Abhängigkeiten herauszukommen, leisten Sie ihnen einen wirklichen Dienst. Was immer Sie tun, es muß mit Weisheit geschehen.

Wenn Sie sagen »Seid glücklich«, so ist die andere Seite der Medaille für mich »Seid traurig«.
Warum traurig sein? Lassen Sie die Traurigkeit hinter sich!

Richtig, aber ich dachte, wir arbeiten, um Ausgeglichenheit, geistige Ausgewogenheit zu erreichen?
Die Ausgeglichenheit macht Sie glücklich. Wenn Sie unausgeglichen sind, sind Sie traurig und unglücklich. Seien Sie ausgeglichen; seien Sie glücklich!

Ich dachte, es heißt: »Seien Sie ausgeglichen, seien Sie gar nichts mehr.«
Nein, nein. Ausgeglichenheit macht Sie glücklich, sie führt nicht dahin, daß Sie nichts mehr sind. Sie werden positiv, wenn Sie einen ausgeglichenen Geist besitzen.

Der krumme Milchpudding

Zwei Jungen, die sehr arm waren, lebten davon, in der Stadt und auf dem Land von Haus zu Haus zu gehen und um ihr Essen zu betteln. Einer von ihnen war von Geburt an blind, und der andere half ihm; so machten sie ihre Rundgänge zusammen und bettelten gemeinsam für ihr Essen.

Eines Tages wurde der blinde Junge krank. Sein Gefährte sagte: »Bleib ruhig hier, und ruh dich aus. Ich werde für uns beide betteln und dir was zum Essen mitbringen.« Und er ging los, um zu betteln.

An diesem Tag geschah es, daß der Junge eine sehr leckere Speise erhielt: *Khir*, ein Milchpudding nach indischer Art. Er hatte so etwas Köstliches noch nie vorher gegessen und war sehr glücklich über diesen seltenen Genuß. Unglücklicherweise besaß er jedoch keinen Behälter, um den Pudding einzupacken und seinem Freund etwas davon mitzubringen; daher aß er alles an Ort und Stelle auf.

Als er zu seinem blinden Gefährten zurückkam, sagte der Junge: »Es tut mir wirklich leid – heute habe ich eine wunderbare Speise erhalten, einen Milchpudding, aber ich hatte leider keine Möglichkeit, dir etwas davon mitzubringen.«

Der blinde Junge wurde neugierig und fragte: »Was ist denn das, Milchpudding?«

»Oh, er ist weiß. Milch ist weiß.«

Da sein Gefährte von Geburt an blind war, verstand er nicht, was er damit meinte: »Was ist weiß?«

»Du weißt nicht, was weiß ist?«

»Nein, ich weiß es nicht.«

»Es ist das Gegenteil von schwarz.«

»Was ist denn schwarz?« Er wußte ebensowenig, was schwarz ist.

»Oh, versuch doch zu verstehen – weiß!« Aber der blinde Junge konnte nicht verstehen. Da schaute sein Freund hilfesuchend umher und sah nicht weit entfernt einen weißen Kranich umherstolzieren. Er schlich sich an ihn heran und schaffte es, ihn zu fangen und herzubringen. Jetzt konnte er seinem blinden Freund zeigen, was weiß ist. »Paß auf«, sagte er, »weiß ist wie dieser Vogel.«

Da er nichts sah, streckte der blinde Junge seine Hände aus, um den

Kranich mit den Fingern zu berühren. »Ah, jetzt verstehe ich, was weiß ist! Es ist weich.«

»Nein, nein, es hat nichts mit weich sein zu tun. Weiß ist weiß! Versuch doch zu verstehen.«

»Aber du hast mir doch gesagt, daß es wie dieser Kranich ist, und ich habe den Kranich untersucht – er ist weich. Also ist der Milchpudding weich. Weiß bedeutet weich.«

»Nein, du hast es nicht kapiert. Versuch es noch einmal.«

Wieder begann der blinde Junge den Kranich zu untersuchen. Er führte seine Hand zum Schnabel, strich dann langsam mit seinen Fingern vom Kopf über den Nacken zum Rücken des Vogels hinunter und tastete weiter bis hin zur Schwanzspitze. »Oh, jetzt verstehe ich. Er ist krumm! Der Milchpudding ist krumm!«

Er kann nicht verstehen, weil er nicht das Sehvermögen besitzt und deshalb nicht in der Lage ist, wirklich zu erfahren, was weiß ist. Genauso wird die Realität auch für Sie immer krumm und schief sein, wenn Sie nicht die Fähigkeit entwickelt haben, sie so zu erfahren, wie sie ist.

7. Die Schulung der Weisheit

Weder *Sīla* noch *Samādhi* waren das Neue und Einzigartige in der Lehre des Buddha. Beides war auch schon vor seiner Erleuchtung bekannt und wurde bereits von vielen praktiziert; so wurde der zukünftige Buddha selbst von zwei Lehrern, bei denen er sich auf seiner Suche nach dem Weg zur Befreiung unterweisen ließ, in *Samādhi* geschult. Darin, daß er diese Übungen propagierte, unterschied er sich nicht von den Lehrern der traditionellen Religionen. Alle Religionen heben die Notwendigkeit moralischen Verhaltens hervor, und alle bieten auch die Möglichkeit, Stadien der Glückseligkeit zu erlangen, sei es durch Gebet, Rituale, Fasten und andere strenge geistige Übungen und Entsagungen oder durch verschiedene Formen von Meditation. Das Ziel derartiger Übungen ist ein Stadium tiefer geistiger Versenkung. Das ist die »Ekstase«, die geistige Verzückung, die von religiösen Mystikern erfahren wurde.

Eine solch tiefe Konzentration, selbst wenn sie nicht bis zur Stufe der Trance-Stadien, der Stadien der vollständigen geistigen Entrückung, entwickelt wurde, ist sehr hilfreich. Sie läßt den Geist ruhig werden, indem die Aufmerksamkeit von den Situationen abgelenkt wird, in denen man sonst mit Verlangen und Aversion reagieren würde. Langsam bis zehn zu zählen, um einem Zornausbruch vorzubeugen, ist eine rudimentäre, vereinfachte Form von *Samādhi*. Andere, vielleicht offensichtlichere Formen sind das Wiederholen eines Wortes oder Mantras oder die Konzentration auf ein visuelles Objekt. Sie alle haben eine Wirkung: Wenn die Aufmerksamkeit auf ein anderes Objekt gelenkt wird, scheint der Geist ruhig und friedvoll zu werden.

Aber die auf diese Weise erlangte Ruhe ist keine wirkliche Befreiung. Konzentration zu üben ist ohne Zweifel sehr nützlich, aber es funktioniert nur auf der bewußten Ebene des Geistes. Fast 2500 Jahre vor der Erfindung der modernen Psychologie erkannte der Buddha die Existenz des unbewußten Geistes, den er *Anusaya* nannte. Das Ablenken der Aufmerksamkeit, so stellte er fest, ist eine wirksame Methode, mit Verlangen und Aversion auf der bewußten Ebene umzugehen, aber es führt nicht zu ihrer tatsächlichen Auflösung. Statt dessen drückt es sie tief ins Unbewußte, wo sie genauso gefährlich bleiben wie vorher, obwohl sie im Moment schlafend und inaktiv sein mögen. An der Oberfläche des Geistes kann eine Schicht von Frieden und Harmonie liegen, in den Tiefen jedoch befindet sich ein schlafender Vulkan unterdrückter Negativität, der früher oder später mit großer Gewalt ausbrechen wird. Der Buddha sagte:

»Wenn die Wurzeln unangetastet und fest im Boden bleiben,
treibt ein gefällter Baum weiter neue Triebe aus.
Wenn die zugrundeliegende Gewohnheit des Verlangens und der Aversion nicht mit der Wurzel ausgerissen wird,
entsteht erneut Leiden, wieder und immer wieder.«[1]

Solange die Konditionierungen im unbewußten Geist weiter bestehenbleiben, werden sie bei der ersten Gelegenheit frisch austreiben und Leiden verursachen. Aus diesem Grund war der zukünftige Buddha, selbst nachdem er die höchsten, durch die Praxis der Konzentration erreichbaren Stadien erlangt hatte, nicht von seiner Befreiung überzeugt. Er setzte seine Suche nach dem Weg aus dem Leiden fort und forschte weiter nach dem Pfad zu Glück und innerem Frieden.

Dabei sah er zwei Möglichkeiten. Die erste war der Weg der Zügellosigkeit, der uneingeschränkten Nachgiebigkeit gegen sich selbst, d. h. völlig freie Bahn bei der Befriedigung aller Wünsche. Dies ist der weltliche Weg, dem die meisten Menschen folgen, ob sie dies nun erkennen oder nicht. Siddhattha Gotama sah jedoch ganz deutlich, daß dieser Weg nicht zum Glück führen kann. Es gibt im ganzen Universum niemanden, dessen Wünsche immer erfüllt werden, in dessen Leben alles, was an Wünschen entsteht, befriedigt wird und dem nichts geschieht, was unerwünscht ist. Für Menschen, die diesem Weg folgen, ist Leiden unvermeidlich, denn sie werden immer dann, wenn sie nicht bekommen, was sie sich wünschen, unweigerlich unglücklich sein, d. h. unter Enttäuschung und Unzufriedenheit leiden. Sie leiden darüber hinaus jedoch ebenso, wenn sie das Ziel ihrer Wünsche erreichen: Nun quält sie die Angst, das gewünschte Objekt wieder zu verlieren, daß der Augenblick der Befriedigung sich als vergänglich erweist, was unvermeidlich ist. Bei der Suche nach der Erfüllung ihrer Wünsche sowie beim Erlangen und beim Vermissen ihrer Wunschobjekte bleiben diese Menschen immer angespannt und voller innerer Unruhe. Diesen Weg hatte der zukünftige Buddha selbst erfahren, bevor er dem weltlichen Leben den Rücken kehrte, und daher wußte er, daß dies nicht der Weg zum inneren Frieden sein kann.

Die Alternative dazu war der Weg der Selbstbeherrschung, d. h. sich bewußt die Befriedigung seiner Wünsche zu versagen. Vor 2500 Jahren war dieser Weg in Indien bis ins Extrem geführt worden, indem man jegliche angenehme Erfahrung zu vermeiden suchte und sich bewußt unangenehmen Erfahrungen aussetzte, sich also willentlich peinigte.

Diese Selbstkasteiung wurde damit begründet, daß sie die Gewohnheit, immer wieder mit Verlangen und Aversion zu reagieren, heilen und den Geist reinigen könne. Derartige Formen strenger Entsagung und Selbstpeinigung sind weltweite Erscheinungen religiösen Lebens. Auch der Buddha hat in seinen Jahren als Eremit und Wahrheitssucher diesen Weg erkundet. Er hatte verschiedene asketische Praktiken ausprobiert und sie so weit getrieben, daß sein Körper am Ende nur noch aus Haut und Knochen bestand. Aber trotz allem mußte er erkennen, daß er noch immer nicht befreit war. Die Reinigung des Geistes ist nicht über die Züchtigung des Körpers zu erreichen.

Die Selbstbeherrschung muß jedoch nicht zu solchen Extremen geführt werden. Man kann sie auch in einer gemäßigteren Form praktizieren, indem man sich solche Wünsche versagt, die unheilsame Handlungen beinhalten würden. Diese Form von Selbstkontrolle ist der Selbstnachgiebigkeit bei weitem vorzuziehen, denn durch sie kann man zumindest unmoralische Handlungen vermeiden. Wenn Selbstbeherrschung jedoch nur durch Selbstunterdrückung erreicht wird, erhöht sie die geistigen Spannungen bis zu einem gefährlichen Grad. Alle unterdrückten Wünsche werden sich wie Hochwasserfluten hinter dem Damm der Selbstverleugnung aufstauen. Eines Tages muß der Damm zwangsläufig brechen und eine zerstörerische Flutwelle freigeben, die alles überschwemmen wird.

Solange Konditionierungen im Geist verbleiben, können wir uns nicht sicher fühlen oder inneren Frieden finden. *Sīla,* so segensreich es auch sein mag, kann nicht durch reine Willenskraft aufrechterhalten werden. Die Entwicklung von *Samādhi* ist zwar hilfreich, aber nur eine Teillösung, die in den Tiefen des Geistes, dort, wo die Wurzeln des Problems, die Wurzeln der Unreinheiten liegen, nicht funktioniert. Solange diese Wurzeln im Unbewußten begraben bleiben, kann es kein wirkliches, dauerhaftes Glück, kann es keine Befreiung geben.

Aber wenn die Wurzeln, die Ursachen unserer Konditionierungen, aus dem Geist entfernt sind, dann wird es keine Gefahr des Sich-gehen-Lassens in schädlichen Handlungen und keine Notwendigkeit der Selbstunterdrückung mehr geben, weil der eigentliche Impuls für das Ausführen unheilsamer Handlungen nicht mehr vorhanden ist. Befreit von den Spannungen, die durch das Nachjagen auf der einen und das Sich-Verwehren auf der anderen Seite verursacht werden, kann man in Frieden leben.

Um die Wurzeln zu entfernen, müssen wir in die Tiefen des Geistes vordringen. Wir müssen uns dort mit den Unreinheiten befassen, wo sie ihren Ursprung haben. Genau diese Methode entdeckte der Buddha: die Schulung der Weisheit, *Paññā,* die ihn zur Erleuchtung führte. Sie wird auch *Vipassanā-Bhāvanā* genannt, die Entwicklung von Einsicht in die eigene Natur. Einsicht, mit der man die Ursachen des Leidens erkennen und beseitigen kann. Dies war die Entdeckung des Buddha – das, was er für seine eigene Erleuchtung praktizierte und was er sein ganzes Leben hindurch lehrte. Dies ist das einmalige, einzigartige Element in seinen Lehren, dem er die größte Bedeutung beimaß. Wiederholt erklärte er: »Wenn Konzentration durch ein gutes, moralisches Leben unterstützt wird, ist sie sehr fruchtbar, sehr nützlich. Wenn Weisheit durch Konzentration unterstützt wird, ist sie sehr fruchtbar, sehr nützlich. Wenn der Geist durch Weisheit getragen wird, wird er von allen Unreinheiten befreit.«[2]

Sīla und *Samādhi,* ein Leben unter Einhaltung der ethischen Grundregeln und eine gut entwickelte Konzentration, sind schon in sich wertvolle Eigenschaften, aber ihr eigentlicher Zweck ist es, uns zur Weisheit zu führen. Nur mit dem Entwickeln von *Paññā* finden wir einen wirklichen Mittelweg zwischen den Extremen von Zügellosigkeit und Selbstunterdrückung. Durch ein gutes Leben auf der Basis der moralischen Grundregeln vermeiden wir Handlungen, die die gröbsten Formen geistiger Unruhe und Anspannung verursachen. Durch das Konzentrieren des Geistes beruhigen wir ihn weiter und formen ihn gleichzeitig zu einem wirksamen Werkzeug, mit dem die Arbeit der Selbstuntersuchung aufgenommen werden kann. Doch nur die Entwicklung von Weisheit macht es uns möglich, in die innere Realität einzudringen und uns von aller Unwissenheit und allen Anhaftungen zu befreien.

Zwei Teile des Edlen Achtteiligen Pfades gehören zur Schulung der Weisheit: rechte Gedanken und rechtes Verstehen.

Rechte Gedanken

Es ist nicht notwendig, daß in der Meditation alle Gedanken aufgehört haben müssen, bevor man mit *Vipassanā-Bhāvanā* beginnt. Gedanken können weiterhin vorhanden sein, wichtig ist jedoch, daß die Aufmerksamkeit von Augenblick zu Augenblick aufrechterhalten bleibt.

Gedanken mögen zwar weiterhin da sein, der Charakter des Denkmusters verändert sich jedoch. Aversion und Verlangen sind durch die Achtsamkeit auf die Atmung beruhigt worden. Zumindest auf der bewußten Ebene ist der Geist ruhig und still geworden und hat angefangen, über Dhamma nachzudenken, über den Weg, der aus dem Leiden herausführt. Die Schwierigkeiten, die anfänglich beim Entwickeln der Konzentration auf die Atmung vorhanden waren, sind vorüber oder wenigstens bis zu einem bestimmten Grad überwunden. Man ist bereit für den nächsten Schritt: rechtes Verstehen.

Rechtes Verstehen

Das rechte Verstehen ist die wirkliche Weisheit. Über die Wahrheit nachzudenken reicht nicht aus. Wir müssen sie erkennen, wir müssen die Dinge sehen, wie sie wirklich sind, nicht wie sie uns erscheinen. Vermeintliche, scheinbare Wahrheit ist eine Realität, aber eine, die wir durchdringen müssen, um die letztendliche Realität unserer selbst zu erfahren und das Leiden zu beenden.

Es gibt drei Arten von Weisheit: empfangene, von anderen übernommene Weisheit *(Suta-Mayā Paññā)*, verstandesmäßige, intellektuelle Weisheit *(Cintā-Mayā Paññā)* und auf Erfahrung beruhende Weisheit *(Bhāvanā-Mayā Paññā)*. Die wörtliche Bedeutung des Ausdrucks *Suta-Mayā Paññā* ist ›gehörte Weisheit‹ – Weisheit, die man von anderen gelernt hat, z.B. durch das Lesen von Büchern oder das Hören von Lehrreden, Predigten oder Vorträgen. Es ist die Weisheit eines anderen Menschen, die man sich aneignet. Dieses Akzeptieren kann aus Unwissenheit geschehen, z.B. wenn Menschen in einer Gemeinschaft mit einer bestimmten Ideologie, einem religiösen oder anderen Glaubenssystem aufgewachsen sind und sie diese Glaubenssätze blind übernehmen. Das Akzeptieren kann auch aus Verlangen erfolgen, wenn z.B. die Führer der Gemeinschaft erklären, daß das Annehmen der etablierten Weltanschauung und der überlieferten Glaubenssätze die Garantie für eine wundervolle Zukunft sei. Vielleicht versprechen sie allen Gläubigen die Glückseligkeit des Himmels. Und so glaubt man bereitwillig und akzeptiert alles. Schließlich mag dieses Akzeptieren auch aus Angst geschehen. Wenn einige Führer z.B. sehen, daß Mitglieder ihrer Gemeinschaft Zweifel an den überlieferten Dogmen hegen und sie in Frage stellen, werden sie diese Menschen u.U. eindringlich davor warnen, die gemeinsamen Glaubenssätze aufzugeben und ihnen fürchterliche zukünftige Strafen androhen, falls sie sich nicht anpassen. Vielleicht wird man ihnen androhen, daß sie nach dem Tod in die Hölle kommen. Natürlich möchte niemand in die Hölle, und so schluckt man seine Zweifel herunter und akzeptiert die Vorgaben der Gemeinschaft.

Ob sie nun aus blindem Glauben, aus Verlangen oder aus Angst akzeptiert worden ist, übernommene Weisheit ist keine eigene Weisheit. Es ist geborgte Weisheit.

Die zweite Art von Weisheit ist intellektuelles Verstehen. Nach dem Lesen oder Hören einer bestimmten Lehre bedenkt man sie unter allen möglichen Gesichtspunkten und untersucht, ob sie auch wirklich logisch und einleuchtend, ob sie gut und nützlich und auch praktikabel ist. Und wenn sie auf der verstandesmäßigen Ebene befriedigende Antworten gibt, akzeptiert man sie als wahr. Aber auch das ist nicht unsere eigene Weisheit, keine selbst erworbene Einsicht, sondern lediglich eine intellektuelle Verarbeitung und verstandesmäßige Überprüfung der Weisheit, die man von anderen gehört hat.

Die dritte Art von Weisheit ist die, die aus der eigenen Erfahrung erwächst, aus der persönlichen Erkenntnis der Wahrheit. Das ist die

Weisheit, die man lebt: wirkliche Weisheit, die zu einer Veränderung im eigenen Leben führen wird, weil sie die Natur des Geistes, seine Funktionsweise, verändert.

In den alltäglichen weltlichen Angelegenheiten mag erfahrungsmäßige Weisheit nicht in jedem Fall notwendig sein. Es reicht aus, die Warnungen von anderen anzunehmen, daß Feuer gefährlich ist, oder eigene verstandesmäßige Schlußfolgerungen zu ziehen. Es wäre sehr dumm, sich ins Feuer zu stürzen, um zu prüfen, ob es brennt. In Dhamma jedoch ist die aus Erfahrung gewonnene Weisheit unabdingbar, denn nur sie befreit uns von unseren Konditionierungen.

Die von anderen erworbene Weisheit durch Hören oder Lesen und die durch verstandesmäßige Schlußfolgerungen gewonnene Weisheit sind hilfreich, wenn sie uns inspirieren und zur dritten Art von *Paññā* leiten: der aus der Erfahrung gewonnenen Weisheit. Wenn wir dagegen damit zufrieden sind, einfach nur die von anderen empfangene Weisheit anzunehmen, ohne sie zu hinterfragen, wird sie zu einer Fessel, zu einem Hindernis bei der Entwicklung eines auf Erfahrung beruhenden Verständnisses. Das gleiche trifft zu, wenn wir uns lediglich mit der geistigen Betrachtung der Wahrheit begnügen, sie untersuchen, analysieren und intellektuell verstehen lernen, aber keinen Versuch machen, sie direkt zu erfahren. Auch in diesem Fall wird das intellektuelle Verstehen ein Hemmschuh statt einer Hilfe zur Befreiung.

Jeder muß die Wahrheit durch direkte Erfahrung *erleben,* durch das Praktizieren von *Bhāvanā*; nur diese lebendige Erfahrung wird den Geist befreien. Selbst die Erleuchtung des Buddha konnte nur ein einziges Wesen befreien, nur ihn selbst, Siddhattha Gotama. Die Verwirklichungen eines anderen Menschen können bestenfalls als Inspiration dienen, als Leitfaden, dem man folgen kann, aber letztendlich müssen wir alle, jeder von uns, die Arbeit selbst tun. So wie der Buddha sagte:

»Ihr müßt eure eigene Arbeit selbst tun;
die das Ziel erreicht haben, werden nur den Weg weisen.«[3]

Die Wahrheit kann nur in uns selbst gelebt, d. h. direkt erfahren werden. Alles, was außen ist, befindet sich immer in einiger Distanz von uns. Nur im Innern können wir die wirkliche, direkte, lebendige Erfahrung der Realität machen.

Von den drei Arten der Weisheit sind die ersten zwei keine neuen

Erfindungen des Buddha. Beide existierten auch schon vor ihm in Indien, und selbst zu seinen Lebzeiten gab es Leute, die behaupteten, das gleiche zu lehren wie er.[4] Das Neue an dieser Lehre und der einzigartige Beitrag, den der Buddha der Welt hinterließ, war, daß er den Weg aufzeigte, wie man die Wahrheit selbst erkennt und auf Erfahrung basierende Weisheit, *Bhāvanā-Mayā Paññā,* entwickelt. Dieser Weg zu direkter Erkenntnis der Wahrheit ist die Technik von *Vipassanā-Bhāvanā.*

Vipassanā-Bhāvanā

Vipassanā wird oft beschrieben als ein Aufblitzen von Einsicht, eine plötzliche Eingebung der Wahrheit. Diese Beschreibung ist richtig, aber tatsächlich gibt es auch eine Schritt-für-Schritt-Methode. Diese Methode ist *Vipassanā-Bhāvanā,* die Entwicklung von Einsicht oder Vipassana-Meditation.

Das Wort *Passanā* bedeutet »sehen«, die gewöhnliche Art des Sehens, Wahrnehmung mit offenen Augen. *Vipassanā* bedeutet eine besondere Art des Schauens: die Beobachtung der Realität im eigenen Innern. Die Technik besteht in der systematischen und leidenschaftslosen Beobachtung von körperlichen Empfindungen in unserem Innern. Dieses Beobachten enthüllt die gesamte Realität von Geist und Körper.

Aber warum die Empfindungen? Zunächst, weil sie es sind, über die wir die Realität direkt erfahren. Solange ein Objekt nicht mit den fünf körperlichen Sinnen oder dem Geist in Kontakt gekommen ist, existiert es für uns nicht. Dies sind die Pforten, durch die wir der Welt begegnen, die Grundlagen jeglicher Erfahrung. Und immer wenn irgend etwas mit diesen sechs Sinnesorganen in Kontakt kommt, entsteht eine Empfindung. Der Buddha beschrieb diesen Prozeß so: »Wenn jemand zwei Stöcke nimmt und sie aneinander reibt, so entsteht durch diese Reibung Hitze. Es wird ein Funke erzeugt. Auf dieselbe Weise entsteht als Ergebnis ein Kontakt, den man als angenehm bewertet, eine angenehme Empfindung. Als Ergebnis eines Kontakts, den man als unangenehm bewertet, entsteht eine unangenehme Empfindung. Als Ergebnis eines Kontakts, den man als neutral bewertet, entsteht eine neutrale Empfindung.«[5]

Der Funke, der durch den Kontakt eines Objekts mit dem Geist oder dem Körper entsteht, ist das Auftauchen einer Empfindung. Auf diese Weise ist die Empfindung das Bindeglied, durch das wir die Welt mit all ihren Erscheinungen, körperlichen wie geistigen, erfahren. Um auf Erfahrung aufbauende Weisheit zu entwickeln, müssen wir uns bewußt werden, was wir tatsächlich erfahren, d. h. wir müssen die Fähigkeit entwickeln, uns unserer Empfindungen bewußt zu sein.

Darüber hinaus stehen körperliche Empfindungen in enger Beziehung zum Geist und spiegeln, wie der Atem, den gegenwärtigen Zustand des Geistes wider. Wenn geistige Objekte – Gedanken, Ideen, Einbildungen, Emotionen, Erinnerungen, Hoffnungen, Ängste – mit dem Geist in Kontakt kommen, entstehen Empfindungen. Jeder Gedanke, jede Emotion, jede geistige Handlung wird von einer ihr entsprechenden Empfindung im Körper begleitet. Wenn wir die körperlichen Empfindungen beobachten, beobachten wir auch den Geist.

Körperempfindungen sind unverzichtbar, wenn man die Wahrheit bis in ihre Tiefen erforschen will. Was auch immer uns in der Welt widerfährt, es wird eine Empfindung in unserem Körper hervorrufen. Die Empfindung ist der Schnittpunkt, wo Geist und Körper sich treffen. Obwohl sie ihrer Natur nach körperlich ist, ist sie auch einer der vier geistigen Prozesse (siehe 2. Kapitel). Sie entsteht im Körper und wird durch den Geist gefühlt. In einem toten Körper oder in lebloser Materie kann es keine Empfindung geben, weil der Geist fehlt. Solange wir uns dieser feinen Vorgänge nicht bewußt sind, bleibt unsere Untersuchung der Realität unvollständig und oberflächlich. So wie wir uns beim Unkrautjäten im Garten der versteckten Wurzeln und ihrer wesentlichen Funktion für das Weiterleben der Pflanzen bewußt sein müssen, genauso müssen wir uns der Empfindungen bewußt sein, von denen uns die meisten normalerweise verborgen bleiben. Nur so sind wir in der Lage, unsere eigene Natur zu verstehen und auf angemessene Weise mit ihr umzugehen.

Empfindungen treten fortwährend überall im Körper auf. Jeder Kontakt, geistig oder körperlich, erzeugt eine Empfindung. Jede biochemische Reaktion ruft Empfindungen hervor. Im alltäglichen Leben fehlt dem bewußten Geist die notwendige Konzentration, um sich über die eindringlichsten hinaus auch aller anderen Empfindungen bewußt zu sein. Sobald wir jedoch den Geist durch die Praxis von *Ānāpāna-*

Sati geschärft und auf diese Weise die Fähigkeit der Aufmerksamkeit entwickelt haben, sind wir in der Lage, die Realität jeder Empfindung im Innern bewußt wahrzunehmen.

Bei der Aufmerksamkeit auf die Atmung bemüht man sich, das natürliche Atmen zu beobachten, ohne es bewußt zu steuern oder regulieren zu wollen. Genauso beobachten wir beim Praktizieren von *Vipassanā-Bhāvanā* nur die körperlichen Empfindungen. Wir bewegen die Aufmerksamkeit systematisch durch den ganzen Körper, vom Kopf bis zu den Füßen und von den Füßen zum Kopf, von einem Ende zum anderen. Aber während wir das tun, suchen wir nicht nach einer bestimmten Art von Empfindung, noch versuchen wir, andere Arten von Empfindungen zu vermeiden. Wir bemühen uns lediglich, objektiv zu beobachten, uns aller Empfindungen bewußt zu sein, die sich irgendwo im Körper manifestieren, egal wie sie aussehen mögen. Es können jegliche Arten von Empfindungen sein: Hitze, Kälte, Schwere, Leichtigkeit, Jucken, Pochen, Gefühle des Zusammenziehens oder der Ausdehnung, Druck, Schmerz, Prickeln, Pulsieren, Vibrieren oder was auch immer. Der Meditierende sucht nicht nach etwas Außergewöhnlichem, sondern versucht lediglich, gewöhnliche körperliche Empfindungen zu beobachten, so wie sie ganz natürlich auftreten.

Es wird auch nicht der Versuch gemacht, die Ursache einer Empfindung zu ergründen. Sie kann von den atmosphärischen Bedingungen herrühren, dem Wetter oder der Raumtemperatur z. B., sie kann auf die Sitzhaltung zurückgehen, die man eingenommen hat, oder sie kann durch die Folgen einer alten Krankheit, die Auswirkung einer bestimmten Körperschwäche oder auch durch Nahrungsmittel bedingt sein. Der Grund ist unwichtig und soll uns nicht weiter interessieren. Wichtig ist nur die bewußte Wahrnehmung der Empfindung, die in diesem Moment an der Stelle des Körpers auftritt, auf die unsere Aufmerksamkeit gerichtet ist.

Wenn wir mit dieser Übung beginnen, mag es anfänglich sein, daß wir nur in einigen Teilen des Körpers Empfindungen wahrnehmen, in anderen dagegen nicht. Die Fähigkeit der Aufmerksamkeit und klaren Wahrnehmung ist noch nicht voll entwickelt, daher erfahren wir lediglich die intensiven, stärksten Empfindungen und nicht die feineren, subtileren. Wir widmen jedoch jedem einzelnen Teil des Körpers der Reihe nach unsere Aufmerksamkeit, indem wir den Brennpunkt der

Achtsamkeit in geordneter, systematischer Folge durch den Körper bewegen und dabei nicht zulassen, daß sich die Aufmerksamkeit zu sehr von den dominierenderen Empfindungen anziehen läßt. Nach der Schulung unserer Konzentration haben wir die Fähigkeit entwickelt, die Aufmerksamkeit fest auf ein Objekt unserer bewußten Wahl gerichtet zu halten. Jetzt nutzen wir diese Fähigkeit, um die Aufmerksamkeit in einer geordneten Reihenfolge zu jedem Teil des Körpers zu lenken. Dabei achten wir darauf, keinen Teil, in dem die Empfindungen vielleicht unklar sind, zu überspringen, um zu einem anderen zu gelangen, wo sie deutlicher wahrzunehmen sind, noch halten wir uns bei einigen Empfindungen übermäßig lange auf oder versuchen, anderen ganz aus dem Wege zu gehen. Auf diese Weise erreichen wir allmählich das Stadium, wo wir Empfindungen in jedem Teil des Körpers erfahren können.

Wenn man am Anfang mit der Aufmerksamkeit auf die Atmung beginnt, wird der Atem oft eher schwer und unregelmäßig sein. Mit der Zeit wird er dann allmählich ruhiger und immer leichter, feiner, subtiler. Bei der Praxis von *Vipassanā-Bhāvanā* ist es ähnlich. Am Anfang erfährt man oft grobe, intensive, unangenehme Empfindungen, die über lange Zeit anzuhalten scheinen. Zur gleichen Zeit können starke Emotionen oder lang vergessene Gedanken und Erinnerungen auftauchen, die geistiges oder körperliches Unbehagen oder auch Schmerzen mit sich bringen. Die Barrieren, die unseren Fortschritt bei der Aufmerksamkeit auf die Atmung behindert haben, wie Verlangen, Aversion, Trägheit, Unruhe und Zweifel, können jetzt unter Umständen wieder auftauchen und dabei solche Stärke erlangen, daß es vollkommen unmöglich wird, die Aufmerksamkeit auf die Empfindungen aufrechtzuerhalten. In einer solchen Situation hat man keine andere Wahl, als zur Aufmerksamkeit auf die Atmung zurückzukehren, um den Geist wieder zu beruhigen und zu schärfen.

Als Meditierende arbeiten wir geduldig und ohne ein Gefühl der Niederlage weiter und stellen unsere Konzentration wieder her, immer mit dem Verständnis, daß all diese Schwierigkeiten in Wirklichkeit ein Zeichen des Fortschritts sind, das Resultat unserer erfolgreichen Meditation. Eine der tief im Innern eingegrabenen Konditionierungen ist aufgerüttelt worden und erscheint jetzt auf der bewußten Ebene. Ganz allmählich, durch anhaltendes Bemühen, jedoch ohne jede Anspannung, sammelt sich der Geist wieder und gewinnt seine Ruhe und Fähigkeit zur Konzentration zurück. Die intensiven Gedanken oder Emotionen vergehen, und man kann zur Aufmerksamkeit auf die Empfindungen zurückkehren. Das wiederholte, kontinuierliche geistige Training führt dazu, daß die intensiven Empfindungen die Tendenz zeigen, sich in gleichförmigere, subtilere aufzulösen und schließlich in reinen Schwingungen aufzugehen, die mit großer Geschwindigkeit entstehen und wieder vergehen.

In der Meditation ist es ohne Belang, ob die Empfindungen angenehm oder unangenehm, intensiv oder subtil, gleichförmig oder verschiedenartig sind. Die Aufgabe ist lediglich, objektiv zu beobachten. Wieviel Unbehagen die unangenehmen Empfindungen auch immer bereiten mögen und wie reizvoll die angenehmen auch immer sein mögen, wir lassen nicht nach mit unserer Arbeit, lassen es nicht zu, daß wir von irgendeiner Empfindung abgelenkt oder ganz vereinnahmt werden; unsere Aufgabe ist allein die Selbstbeobachtung, und zwar mit der gleichen Unvoreingenommenheit und Distanz wie ein Wissenschaftler ein Experiment im Labor beobachtet.

Vergänglichkeit, Ichlosigkeit und Leiden

Wenn wir beharrlich und mit Ausdauer meditieren, erkennen wir bald eine grundlegende Tatsache: Unsere Empfindungen verändern sich fortwährend. In jedem Augenblick entsteht in jedem Teil des Körpers eine Empfindung, und jede Empfindung ist ein Zeichen einer Veränderung, einer Umwandlung. Jeden Moment finden Veränderungen, elektromagnetische und biochemische Reaktionen, in jedem Teil des Körpers statt. In jedem Augenblick verändern sich gleichfalls, und zwar mit noch größerer Geschwindigkeit, die geistigen Prozesse und manifestieren sich in körperlichen Veränderungen.

Dies ist die Realität von Geist und Materie: Sie ist ständiger Veränderung unterworfen und unbeständig – *Anicca*. Jeden Augenblick entstehen und vergehen die subatomaren Teilchen, aus denen der Körper zusammengesetzt ist. Jeden Augenblick erscheinen und erlöschen die geistigen Funktionen, eine nach der anderen. Alles in unserem Innern, sei es körperlicher oder geistiger Natur, verändert sich in jedem

Moment, genau wie in der Welt draußen. Mag sein, daß wir das auch schon vorher gewußt haben - vielleicht haben wir es intellektuell verstanden. Jetzt jedoch, durch die Praxis von *Vipassanā-Bhāvanā*, erfahren wir die Realität der Unbeständigkeit direkt innerhalb unseres Körpers. Wir nehmen sie unmittelbar wahr. Die direkte Erfahrung der kurzlebigen, flüchtigen Empfindungen gibt uns den Beweis unserer vergänglichen Natur.

Jedes kleinste Teilchen des Körpers, jeder geistige Prozeß ist in ständigem Fluß begriffen. Es gibt nichts, das länger als einen Augenblick Bestand hat, keinen harten Kern, an dem man sich festhalten kann, nichts, das man »ich« oder »mein« nennen könnte. In Wirklichkeit ist dieses »ich« nur eine Kombination von Prozessen, die ständig in Veränderung begriffen sind.

Auf diese Weise beginnt der Meditierende eine andere grundlegende Realität zu verstehen: *Anattā* - es gibt kein wirkliches »ich«, kein dauerhaftes, beständiges Selbst oder Ego. Das Ego, an dem man so sehr hängt, ist eine Illusion, geschaffen durch die Kombination geistiger und körperlicher Prozesse. Prozesse, die in einem ständigen Fluß begriffen sind. Wenn man Körper und Geist bis in die tiefsten Tiefen erforscht hat, sieht man, daß es keinen unveränderlichen Kern gibt, keine tiefere Wesenheit oder Essenz, die von diesen Prozessen unberührt bleibt, nichts, das vom Gesetz der Unbeständigkeit ausgenommen ist. Es gibt nur ein unpersönliches Phänomen, das sich fortwährend verändert, ohne daß wir irgendeine Herrschaft darüber besitzen.

Sodann wird eine andere Realität deutlich. Jeder Versuch, etwas festzuhalten, indem man sagt: »Das bin ›ich‹, das gehört mir«, wird uns unweigerlich unglücklich machen, denn früher oder später wird dieses Etwas, an das man sich klammert, vergehen, oder aber dieses »ich« hört auf zu existieren. Das Anhaften und Festhaltenwollen an Dingen, die unbeständig, kurzlebig, illusorisch und außerhalb unserer Kontrolle sind, ist Leiden, *Dukkha*. Wir verstehen dies alles, weil wir es in unserem Innern erfahren, durch die Beobachtung der Empfindungen in unserem Körper, und nicht, weil jemand es uns erzählt.

Was kann man aber nun tun, um sich nicht selbst unglücklich zu machen? Wie kann man leben, ohne zu leiden? Durch das einfache Beobachten, ohne zu reagieren: Anstatt zu versuchen, die eine Erfahrung festzuhalten und eine andere zu vermeiden, dieses an sich zu ziehen und jenes wegzustoßen, untersucht man einfach jedes Phänomen ganz objektiv, mit einem ausgeglichenen Geist.

Das klingt recht einfach, aber was sollen wir machen, wenn wir uns für eine Stunde zum Meditieren hingesetzt haben, und nach zehn Minuten fängt unser Knie an zu schmerzen? Sofort werden wir anfangen, den Schmerz zu hassen und ihn wegzuwünschen. Aber er verschwindet nicht, im Gegenteil, je mehr wir ihn hassen und fortwünschen, desto stärker wird er. Der körperliche Schmerz wird so zu einem geistigen Schmerz und verursacht große Pein.

Wenn wir lernen, den körperlichen Schmerz einen Moment lang nur zu beobachten, wenn wir auch nur für kurze Zeit aus der Illusion herauskommen können, daß es *unser* Schmerz ist, daß *wir* den Schmerz fühlen, wenn wir in der Lage sind, die Empfindung ganz objektiv zu untersuchen, so wie ein Arzt den Schmerz eines anderen untersucht – dann werden wir sehen, daß der Schmerz sich verändert. Er bleibt nicht für immer, er verändert sich in jedem Augenblick, vergeht, beginnt wieder, verändert sich von neuem.

Wenn wir das durch persönliche Erfahrung erkannt haben und verstehen, stellen wir fest, daß der Schmerz uns nicht länger überwältigen und beherrschen kann. Vielleicht geht er schnell vorüber, vielleicht auch nicht – es ist egal. Wir leiden nicht mehr unter dem Schmerz, weil wir ihn mit Distanz beobachten können, ohne uns mit ihm zu identifizieren.

Der Weg zur Befreiung

Durch die Entwicklung von Aufmerksamkeit und Gleichmut kann man sich vom Leiden befreien. Das Leiden beginnt aufgrund von Unwissenheit über die eigene Realität. In der Finsternis dieser Unwissenheit reagiert der Geist auf jede Empfindung mit Mögen und Nichtmögen,

Verlangen und Ablehnung. Jede dieser Reaktionen verursacht in diesem Moment Leiden und setzt gleichzeitig eine Kette von Ereignissen in Gang, die auch Leiden in der Zukunft bringen wird.

Wie kann diese Kette von Ursache und Wirkung aufgebrochen werden? Irgendwie hat aufgrund früherer, in Unwissenheit begangener Handlungen das Leben angefangen und der Fluß von Geist und Materie begonnen. Soll man jetzt Selbstmord begehen? Könnte man so dem Leiden entkommen? Mit Sicherheit nicht, denn im Augenblick der Selbsttötung ist der Geist voller Kummer und Elend, voller Aversion. Was auch immer als nächstes kommen mag, es wird ebenfalls voller Kummer und Elend sein. Eine solche Tat kann nicht zu Glück und innerem Frieden führen.

Das Leben hat nun einmal begonnen, und man kann ihm nicht entfliehen. Sollte man dann vielleicht die Basis für das Aufnehmen sinnlicher Erfahrungen, die sechs Organe der Sinneswahrnehmung, zerstören? Man könnte Augen und Zunge entfernen, Ohren und Nase unbrauchbar machen. Aber wie soll man den Körper zerstören? Wie den Geist zerstören? Wieder würde es nichts anderes als fruchtloser Selbstmord sein.

Sollte man statt dessen versuchen, die jeweiligen Objekte dieser Organe der Sinneswahrnehmung, alle Bilder, Geräusche und so weiter, zu zerstören? Das ist unmöglich. Das Universum ist voll davon; man könnte sie niemals alle zerstören. Sind die sechs Grundlagen der Sinneswahrnehmung einmal da, ist es unmöglich zu verhindern, daß sie mit ihren jeweiligen Objekten in Kontakt kommen. Und sobald ein Kontakt stattfindet, folgt zwangsläufig eine Empfindung.

Aber genau dies ist der Punkt, wo die Kette aufgebrochen werden kann. Die entscheidende Verbindungsstelle ist dort, wo Empfindung auftritt – die Empfindung ist das ausschlaggebende Glied in der Kette. Jede Empfindung löst Mögen oder Nichtmögen aus. Diese momenthaften, unbewußten Reaktionen von Mögen und Nichtmögen werden sofort vervielfacht und verstärkt und steigern sich so zu Verlangen und Aversion, zur Anhaftung. Dies wird zu einer blinden Gewohnheit, die man immer wieder mechanisch wiederholt, eine Gewohnheit, die uns in diesem Moment und in der Zukunft unglücklich machen wird.

Durch die Praxis von *Vipassanā-Bhāvanā* jedoch entwickeln wir unsere Aufmerksamkeit und werden uns jeder Empfindung bewußt.

Und gleichzeitig entwickeln wir Gleichmut: Wir reagieren nicht. Wir untersuchen die Empfindung leidenschaftslos, ohne sie zu mögen oder nicht zu mögen, ohne Verlangen, Abneigung oder Anhaftung. Anstatt neue Reaktionen auszulösen, bringt jede Empfindung nichts als Weisheit, *Paññā*, Einsicht hervor: »Dies ist unbeständig, es wird sich verändern, es entsteht, um zu vergehen.«

Die Kette ist aufgebrochen, das Leiden gestoppt worden. Es gibt keine neuen Reaktionen des Verlangens oder der Abneigung und daher auch keine Ursache, aus der Leiden entstehen kann. Die Ursache des Leidens ist das *Kamma*, die geistige Tat, das heißt, die blinde Reaktion des Verlangens und der Ablehnung, das *Saṅkhāra*. Wenn der Geist sich der Empfindung bewußt ist, aber dabei Gleichmut bewahrt, gibt es keine solche Reaktion, keine Ursache, die Leiden zur Folge hat. Wir haben aufgehört, uns selbst Leiden zu schaffen.

Der Buddha erklärte:

»Alle *Saṅkhāras* sind unbeständig.
Wenn ihr das mit wahrhafter Einsicht erkennt,
dann werdet ihr vom Leiden losgelöst;
dies ist der Pfad der Reinigung.«[6]

Das Wort *Saṅkhāra* hat hier eine sehr weitgefaßte Bedeutung. Eine blinde Reaktion des Geistes wird *Saṅkhāra* genannt, aber ebenso wird auch das Resultat dieser Handlung, die Frucht, die sie hervorbringt, mit dem Begriff *Saṅkhāra* bezeichnet; derselbe Samen, dieselbe Frucht. Letztendlich ist alles, was uns im Leben widerfährt, das Ergebnis unserer eigenen geistigen Handlungen. Daher bedeutet *Saṅkhāra* im umfassendsten Sinne: ›alles in dieser bedingten Welt‹, d. h. alles, was erschaffen, geformt, zusammengesetzt wurde. Es heißt daher: »Alle erschaffenen Dinge sind unbeständig«, unabhängig davon, ob sie nun geistiger oder körperlicher Natur sind – alles im Universum. Wenn man diese Wahrheit mit auf Erfahrung gegründeter Weisheit beobachtet – durch die Praxis von *Vipassanā-Bhāvanā* –, dann verschwindet das Leiden, denn man wendet sich von den Ursachen des Leidens ab, d. h., man gibt die Gewohnheit des ständigen Reagierens mit Verlangen und Aversion auf. Das ist der Pfad der Befreiung.

Unsere ganze Aufgabe besteht darin zu lernen, wie man nicht reagiert, wie man kein neues *Saṅkhāra* produziert. Ein Beispiel: Eine

Empfindung tritt auf, und Mögen oder Nichtmögen setzen ein. Wenn wir uns dieses flüchtigen Moments nicht bewußt sind, wiederholt und verstärkt er sich, bis er schließlich zu Verlangen und Aversion angewachsen ist und zu einer starken Emotion wird, die am Ende den bewußten Geist überwältigt. Eine derartige Emotion nimmt uns vollkommen gefangen, und all unsere bessere Einsicht wird beiseite gefegt. Das Ergebnis ist, daß wir plötzlich merken, wie wir uns in ungutes Reden und Handeln verstricken und damit uns selbst und anderen schaden. Wir machen uns unglücklich, bewirken jetzt Leid und Elend für uns und schaffen gleichfalls Leiden für die Zukunft – alles wegen eines Augenblicks des blinden Reagierens.

Wenn wir jedoch an dem Punkt, wo der Prozeß des Reagierens beginnt, bewußt und aufmerksam im augenblicklichen Moment sind – das heißt, wenn wir uns der Empfindung bewußt sind –, können wir uns entscheiden, ob wir eine Reaktion und ihre Intensivierung zulassen oder nicht. Wir beobachten die Empfindung, ohne zu reagieren, wir finden weder Gefallen an ihr, noch lehnen wir sie ab. Sie hat keine Chance, sich zu Verlangen oder Aversion zu entwickeln, d. h., zu einer mächtigen Emotion zu werden, die uns überwältigen kann; sie entsteht und vergeht einfach. Der Geist bleibt ausgeglichen und friedvoll. Wir sind in diesem Moment glücklich und können auch in der Zukunft Glück erwarten, weil wir nicht reagiert haben.

Diese Fähigkeit, nicht zu reagieren, ist sehr wertvoll. Wenn wir uns der Empfindungen innerhalb unseres Körpers bewußt sind und gleichzeitig Gleichmut bewahren, dann sind das Momente, in denen der Geist frei ist. Mag sein, daß dies anfangs nur wenige Momente innerhalb einer Meditationsperiode sind und der Geist in der übrigen Zeit weiterhin in der alten Gewohnheit des Reagierens auf Empfindungen gefangenbleibt, dem alten Kreislauf von Verlangen, Aversion und Leiden. Aber mit wiederholter Übung werden diese wenigen, kurzen Augenblicke zu Sekunden und Minuten werden, bis schließlich die alte Gewohnheit des Reagierens zerbricht und der Geist kontinuierlich in Frieden und Ausgeglichenheit verweilt. So kann das Leiden beendet werden. Auf diese Weise können wir aufhören, weiter unser eigenes Elend zu produzieren.

Warum sollen wir unsere Aufmerksamkeit in einer bestimmten Ordnung durch den Körper bewegen?
S.N. Goenka: Weil Sie daran arbeiten, die gesamte Realität von Geist und Materie zu erforschen. Dazu müssen Sie die Fähigkeit entwickeln, zu fühlen, was in jedem Teil des Körpers vor sich geht; kein Teil sollte dabei ausgelassen werden und unbekannt bleiben. Und Sie müssen ebenso die Fähigkeit entwickeln, die gesamte Bandbreite von Empfindungen zu beobachten. Der Buddha beschrieb die Praxis so: »Überall innerhalb der Grenzen des Körpers, wo immer es Leben im Körper gibt, erfährt man Empfindungen.«[7] Wenn Sie der Aufmerksamkeit erlauben, nach Belieben von einem Teil zum anderen zu springen, wahllos von einer Empfindung zur anderen weiterzugehen, wird sie natürlich immer zu den Gebieten hingezogen werden, wo stärkere Empfindungen vorhanden sind. Bestimmte Teile des Körpers werden von Ihnen vernachlässigt werden, und Sie werden nicht lernen, wie man subtilere Empfindungen beobachtet. Ihre Beobachtung wird nur partiell sein, unvollständig, oberflächlich. Es ist daher von wesentlicher Bedeutung und unverzichtbar, die Aufmerksamkeit stets in einer festen Ordnung durch den Körper zu bewegen.

Wie können wir wissen, daß wir die Empfindungen nicht selbst erzeugen?
Sie können sich testen. Wenn Sie Zweifel daran hegen, ob die Empfindungen, die Sie fühlen, real sind, können Sie versuchen, sich zwei oder drei Befehle zu geben, Autosuggestionen. Wenn Sie feststellen, daß die Empfindungen sich Ihren Befehlen entsprechend verändern, dann wissen Sie, daß sie nicht real sind. In diesem Fall sollten Sie diese gesamte Erfahrung beiseite schieben und von neuem anfangen, indem Sie zunächst eine Zeitlang den Atem beobachten. Wenn Sie jedoch feststellen, daß Sie die Empfindungen nicht kontrollieren können, daß sie sich nicht Ihrem Willen entsprechend verändern, dann sollten Sie Ihre Zweifel beiseite schieben und akzeptieren, daß die Erfahrung real ist.

Wenn diese Empfindungen real sind, warum fühlen wir sie dann nicht im gewöhnlichen Leben?
Sie fühlen sie, auf der unbewußten Ebene. Der bewußte Geist weiß nichts davon, aber der unbewußte Geist spürt in jedem Augenblick Empfindungen im Körper und reagiert darauf. Dieser Prozeß findet 24 Stunden am Tag statt. Durch die Praxis von Vipassana durchbrechen Sie die Barriere zwischen Bewußtem und Unbewußtem. Sie nehmen alles wahr, was sich innerhalb dieser geistig-körperlichen Struktur ereignet.

Sich bewußt darauf einzulassen, körperliche Schmerzen zu fühlen – das klingt wie Masochismus.
Das wäre es auch, wenn man von Ihnen nichts anderes verlangen würde, als lediglich Schmerz zu erfahren. Statt dessen sollen Sie Schmerz objektiv beobachten. Wenn Sie beobachten, ohne zu reagieren, beginnt der Geist, ganz von selbst über die scheinbare Realität des Schmerzes hinauszugehen und zu seiner subtilen Natur vorzudringen, die nichts als Vibration ist, Schwingung, die in jedem Moment entsteht und wieder vergeht. Sobald Sie diese subtile Realität erfahren, kann der Schmerz Sie nicht beherrschen oder überwältigen. Sie sind Herr über sich, Sie sind frei vom Schmerz.

Aber der Schmerz kann doch auch ein Signal sein, daß die Blutzufuhr in einem Teil des Körpers abgeschnitten ist. Ist es denn klug, dieses Signal zu ignorieren?
Nun, wir haben festgestellt, daß diese Übung keinen Schaden verursacht; wenn sie es täte, würden wir sie nicht empfehlen. Tausende von Menschen haben diese Technik praktiziert. Mir ist nicht ein einziger Fall bekannt, wo sich jemand, der in rechter Weise praktiziert hat, Schaden zugefügt hätte. Die allgemeine Erfahrung ist, daß der Körper elastischer und beweglicher wird. Der Schmerz vergeht, wenn Sie lernen, ihn mit einem ausgeglichenen Geist zu betrachten.

Ist es nicht möglich, Vipassana so zu praktizieren, daß man seine Beobachtung an jeder beliebigen der sechs Eingangspforten der Sinne ansetzt, z. B., indem man den Kontakt der Augen mit einem Bild oder der Ohren mit einem Geräusch beobachtet?

Gewiß, das ist zweifellos möglich. Aber auch diese Beobachtung muß die Aufmerksamkeit auf die Empfindungen miteinbeziehen, d.h die Tatsache, daß wir uns dabei der auftretenden Empfindungen bewußt sein müssen. Immer wenn an irgendeinem dieser sechs Bereiche der Sinnestätigkeit – Augen, Ohren, Nase, Zunge, Körper, Geist – ein Kontakt entsteht, wird eine Empfindung hervorgerufen. Wenn Sie sich ihrer nicht bewußt werden, verpassen Sie den Punkt, an dem die Reaktion beginnt. Bei den meisten Sinnesorganen wird es nur in unregelmäßigen Abständen zu einem Kontakt kommen. Zu bestimmten Zeiten mag es sein, daß Ihre Ohren etwas hören, zu anderen Zeiten dagegen nicht. Auf der tiefsten Ebene gibt es jedoch in jedem Moment einen Kontakt von Geist und Materie, der fortwährend Empfindungen hervorruft. Aus diesem Grund ist das Beobachten der Empfindungen der zugänglichste und anschaulichste Weg, um die Realität der Unbeständigkeit zu erfahren. Zunächst sollten Sie das beherrschen, bevor Sie versuchen, Ihre Beobachtung auf die anderen Sinnespforten zu konzentrieren.

Wenn wir alles nur akzeptieren und beobachten sollen, wie es gerade kommt, wie kann es da Fortschritte geben?
Der Fortschritt bemißt sich daran, ob Sie Gleichmut entwickeln oder nicht. Sie haben im Grunde keine andere Wahl als Gleichmut, da Sie Empfindungen weder verändern noch willentlich erzeugen können. Was auch immer kommt, das kommt. Es mag angenehm oder unangenehm sein, aber wenn Sie Gleichmut bewahren, machen Sie ohne Zweifel Fortschritte. Sie durchbrechen die alte geistige Gewohnheit des Reagierens.

Das stimmt für die Meditation, aber wie ist es im Alltag?
Wenn im Alltag ein Problem entsteht, so nehmen Sie sich ein paar Augenblicke Zeit, um mit einem ausgeglichenen Geist Ihre Empfindungen zu beobachten. Wenn der Geist ruhig und ausgeglichen ist, wird jede Entscheidung, die Sie treffen, gut und richtig sein. Wenn der Geist dagegen unausgeglichen ist, werden alle Entscheidungen, die Sie treffen, nur eine Reaktion sein. Sie müssen lernen, Ihr Lebensmuster von negativer Reaktion zu aktivem positiven Handeln hin zu verändern.

Wenn man also nicht zornig oder voll Ablehnung ist, aber gleichwohl sieht, daß etwas besser gemacht werden könnte, dann sollte man nicht zögern und seine Meinung sagen?
Ja. Sie müssen handeln. Das Leben ist da, um zu handeln; Sie sollten nicht passiv werden. Jede Handlung sollte jedoch mit einem ausgeglichenen Geist ausgeführt werden.

Heute habe ich daran gearbeitet, eine Empfindung in einem Teil meines Körpers zu spüren, der bisher undeutlich und gefühllos war, und als dann die Empfindung hochkam, gab mir mein Geist einen Kick; es fühlte sich an, als ob man beim Fußball ein Tor schießt. Und ich hörte mich im Geist aufschreien: »Gut!« Und dann dachte ich: »O nein, so will ich doch gar nicht reagieren.« Aber ich frage mich, wie ich, zurück in der Welt, zu einem Baseball- oder Fußballspiel gehen kann, ohne zu reagieren?
Sie werden *agieren!* Selbst in einem Fußballspiel werden Sie agieren, nicht reagieren, und Sie werden es wirklich genießen. Ein Vergnügen, das von der Anspannung des Reagierens begleitet wird, ist kein wirkliches Vergnügen. Erst wenn die Reaktion aufhört, verschwindet die Verspannung, und Sie können beginnen, das Leben zu genießen.

Ich kann also auf und ab springen und ›Hurra!‹ schreien?
Ja, mit Gleichmut. Springen Sie mit Gleichmut.

Was mache ich, wenn meine Mannschaft verliert?
Dann lächeln Sie und sagen: »Be happy!« Seien Sie in jeder Situation glücklich!

Das scheint mir der ausschlaggebende Punkt zu sein.
Genau!

Die zwei Ringe

Ein reicher alter Mann starb und hinterließ zwei Söhne. Nach dem Tod des Vaters lebten die Brüder eine Zeitlang weiter auf traditionelle indische Art in einer Großfamilie zusammen und führten einen gemeinsamen Haushalt. Doch dann brach Streit zwischen ihnen aus, und sie beschlossen, sich zu trennen und den gesamten Besitz untereinander zu teilen. Alles wurde zu gleichen Teilen aufgeteilt, und so war es bald geregelt. Nachdem sie jedoch bereits mit allem übereingekommen waren, fand man ein kleines Päckchen, das von ihrem Vater sorgfältig verborgen worden war. Sie öffneten es und fanden darin zwei Ringe. Der eine war mit einem wertvollen Diamanten besetzt, der andere war ein gewöhnlicher Silberring, nur ein paar Rupien wert.

Als der ältere Bruder den Diamanten sah, entwickelte er Habgier in seinem Geist, und so erklärte er dem Jüngeren: »Mir scheint, daß dieser Ring nicht von unserem Vater selbst erworben wurde, er muß aus dem Erbe unserer Vorväter stammen, ein Familienerbstück. Deshalb verwahrte er ihn getrennt von seinem anderen Besitz. Und da er seit Generationen in unserer Familie aufbewahrt worden ist, sollte er auch für zukünftige Generationen erhalten bleiben. Daher werde ich, als der Ältere, ihn behalten. Du nimmst den Silberring.«

Der jüngere Bruder lächelte und sagte: »In Ordnung, sei glücklich mit dem Diamantring, ich bin mit dem Silberring zufrieden.« Beide steckten sich ihre Ringe an den Finger und gingen ihrer Wege.

Der jüngere Bruder dachte: »Es ist zu verstehen, daß mein Vater den Diamantring so sorgfältig aufbewahrt hat, er ist wertvoll. Aber warum hat er nur diesen gewöhnlichen Silberring aufgehoben?« Er begann, den Ring gründlich zu untersuchen, und entdeckte, daß einige Worte in das Metall eingraviert waren: »Auch dies wird sich einmal ändern.« »Oh, das ist das Mantra meines Vaters, sein heiliger Leitsatz: ›Auch dies wird sich einmal ändern!‹« Er steckte den Ring wieder zurück an seinen Finger.

Beide Brüder durchlebten die Höhen und Tiefen des Lebens. Immer wenn der Frühling kam, geriet der ältere Bruder in ausgelassene Hochstimmung und verlor in seinem Glückstaumel die Ausgeglichenheit des Geistes. Wenn es Herbst oder gar Winter wurde, verfiel er in tiefe Depressionen und verlor wiederum seine geistige Ausgeglichenheit. Er wurde immer angespannter, und sein Blutdruck stieg. Da er nachts keinen Schlaf mehr fand, begann er Schlafmittel, Beruhigungsmittel und immer stärkere Drogen einzunehmen. Schließlich kam er an einen Punkt, wo er eine Elektroschock-Behandlung begann. Das war der Bruder mit dem Diamantring.

Was den jüngeren Bruder mit dem Silberring betraf, der freute sich ebenfalls, wenn der Frühling kam; er versuchte nicht, vor ihm davonzulaufen. Er genoß ihn, aber er schaute dabei auf seinen Ring und entsann sich: »Auch dies wird sich einmal ändern.« Und wenn es sich dann änderte, konnte er darüber lächeln und sich sagen: »Nun, ich wußte, daß das nicht so bleiben würde. Jetzt hat sich wieder alles verändert, na wenn schon!« Wenn der Herbst oder Winter kam, schaute er wieder auf seinen Ring und erinnerte sich: »Auch dies wird sich einmal ändern.« Er begann nicht zu jammern, denn er wußte ja, daß auch das wieder anders werden würde. Und wirklich, auch dies änderte sich, es ging vorüber. Bei allen Höhen und Tiefen, allen Wechselfällen des Lebens wußte er, daß nichts ewig ist, daß alles kommt, nur um wieder zu vergehen. Er bewahrte stets die Ausgeglichenheit seines Geistes und lebte ein friedvolles, glückliches Leben.

Dies war der Bruder mit dem Silberring.

8. Aufmerksamkeit und Gleichmut

Aufmerksamkeit auf die Empfindungen und Gleichmut - das ist Vipassana-Meditation. Wird beides zusammen praktiziert, führt es zur Befreiung vom Leiden. Ist eines von beiden nur schwach ausgebildet oder fehlt ganz, so ist es nicht möglich, auf dem Weg zum Ziel Fortschritte zu machen. Beide Teile sind unverzichtbar, so wie ein Vogel zwei Flügel zum Fliegen oder ein Karren zwei gleiche Räder braucht. Ein Vogel kann nicht richtig fliegen, wenn der eine Flügel schwach und der andere kräftig ist. Ein Wagen wird sich ständig im Kreis bewegen, wenn das eine Rad klein und das andere groß ist. Der Meditierende muß beides, Aufmerksamkeit und Gleichmut, zusammen entwickeln, um auf dem Weg weiterzukommen.

Wir müssen uns der Totalität von Geist und Materie in ihrer subtilsten Natur bewußt werden. Dafür reicht es nicht aus, lediglich den oberflächlichen Aspekten von Körper und Geist Aufmerksamkeit zu schenken, wie den physischen Bewegungen oder den Gedanken. Wir müssen die Aufmerksamkeit so weit entwickeln, daß wir uns überall im Körper der Empfindungen bewußt sind, und wir müssen ihnen gegenüber Gleichmut bewahren.

Wenn wir aufmerksam auf die Empfindungen sind, es uns aber an Gleichmut mangelt, dann wird, je mehr wir uns der Empfindungen bewußt werden und je feinfühliger wir für sie werden, die Wahrscheinlichkeit um so größer, daß wir reagieren und dadurch unser Leiden vermehren. Wenn wir andererseits Gleichmut besitzen, aber nichts von den Empfindungen im Innern wissen, dann ist dieser Gleichmut nur oberflächlich und verhüllt uns die Reaktionen, die ohne unser Wissen in den Tiefen des Geistes ununterbrochen weitergehen. Deshalb bemühen wir uns, beides, sowohl Achtsamkeit als auch Gleichmut, auf der tiefgründigsten Ebene zu entwickeln. Wir bemühen uns, uns all dessen bewußt zu sein, was im Innern geschieht, und gleichzeitig, nicht darauf zu reagieren, denn wir wissen, daß es sich verändern wird.

Das ist wahre Weisheit: das Verstehen der eigenen Natur, ein Verstehen, das durch direkte Erfahrung der Wahrheit tief im eigenen Innern erlangt wurde. Das ist es, was der Buddha *Yathā-Bhūta-Ñāna-Dassana* nannte, die Weisheit, die aus der Beobachtung der Realität, so wie sie ist, entspringt. Mit dieser Weisheit kann man sich vom Leiden befreien. Jede Empfindung, die auftritt, wird nur die Einsicht der Unbeständigkeit hervorbringen und das Verständnis der Vergänglichkeit fördern. Alle Reaktionen, alle *Saṅkhāras* des Verlangens und der Aversion hören auf. Wenn man lernt, wie man die Realität objektiv beobachtet, hört man auf, sich selbst Leiden zu schaffen.

Der Vorrat an Reaktionen aus der Vergangenheit

Aufmerksam und ausgeglichen zu bleiben ist der Weg, um die Produktion neuer *Saṅkhāras,* neuer Quellen des Elends zu stoppen. Aber es gibt eine weitere Dimension unseres Leidens, mit der wir uns ebenfalls befassen müssen. Wenn wir von diesem Moment an aufhören zu reagieren, mag es sein, daß wir keine weiteren Ursachen für Leiden erzeugen, jeder von uns besitzt jedoch einen alten Vorrat an Konditionierungen, die gesamte Ansammlung aller unserer früheren Reaktionen. Selbst wenn wir diesem Bestand nichts Neues hinzufügen, werden die angehäuften alten *Saṅkhāras* doch weiterhin Leiden für uns verursachen.

Das Wort *Saṅkhāra* kann als »Formung« oder »etwas Gebildetes« übersetzt werden und bezeichnet sowohl den Vorgang des Sich-Formens oder Gebildet-Werdens als auch das, was geformt oder gebildet wird. Jede Reaktion ist der letzte Schritt, das Resultat einer Aufeinanderfolge von geistigen Prozessen, sie kann aber auch der erste Schritt, die Ursache einer neuen Folge geistiger Prozesse sein. Jedes *Saṅkhāra* ist beides: Auf der einen Seite ist es konditioniert durch die Prozesse, die zu seiner Entstehung führen, und auf der anderen Seite konditioniert es selbst wiederum die Prozesse, die folgen.

Das Konditionieren funktioniert über die Beeinflussung der zweiten der Geistesfunktionen, der Wahrnehmung (siehe 2. Kapitel). Das Bewußtsein ist im wesentlichen undifferenzierend, unvoreingenommen. Seine Aufgabe ist lediglich zu registrieren, daß im Geist oder im Körper ein Kontakt stattgefunden hat. Die Wahrnehmung hingegen unterscheidet und wertet. Sie greift auf die Ansammlung früherer Erfahrungen zurück, um jedes neue Phänomen auszuwerten und einzuordnen. Die früheren Reaktionen werden als Bezugspunkte herangezogen, über die wir eine neue Erfahrung zu verstehen versuchen; wir beurteilen und klassifizieren sie im Einklang mit unseren früheren *Saṅkhāras*.

Auf diese Weise beeinflussen die alten Reaktionen des Verlangens und der Aversion unsere Wahrnehmung der Gegenwart. Anstatt der Realität sehen wir ›wie durch ein trübes Glas‹. Unsere Wahrnehmung der äußeren wie der inneren Welt ist verzerrt und verschwommen, vernebelt durch unsere alten Konditionierungen, unsere Vorlieben und Vorurteile. In Übereinstimmung mit der verzerrten Wahrnehmung wird eine eigentlich neutrale Empfindung umgehend zu einer angenehmen oder unangenehmen. Auf diese Empfindung reagieren wir erneut und erzeugen so neue Konditionierung, die unsere Wahrnehmungen weiter verzerrt. Auf diese Weise wird jede Reaktion zur Ursache zukünftiger Reaktionen, die alle durch die Vergangenheit konditioniert sind und wiederum die Zukunft konditionieren.

Die Doppelfunktion von *Saṅkhāra* wird in der Kette des Bedingten Entstehens aufgezeigt (siehe S. 65 ff.). *Saṅkhāra* ist das zweite Glied in der Kette, die unmittelbare Vorbedingung für das Entstehen von Bewußtsein, des ersten der vier Geistesprozesse. *Saṅkhāra* ist jedoch auch der letzte in dieser Reihe von Prozessen, nach Bewußtsein, Wahrnehmung und Empfindung. In dieser Form taucht es nach Empfindung wieder auf, als die Reaktion des Verlangens und der Aversion. Verlangen und Aversion entwickeln sich zu Anhaftung und Festklammern, was wiederum zum Anstoß für eine neue Phase geistiger und physischer Aktivität wird. So gibt der Prozeß sich selbst immer wieder neue Nahrung. Jedes *Saṅkhāra* entfesselt eine Kette von Ereignissen, die ein neues *Saṅkhāra* zur Folge haben, welches wiederum eine neue Kette von Ereignissen auslöst, und das in endloser Wiederholung, ein Teufelskreis. Jedesmal, wenn wir reagieren, verstärken wir die geistige Gewohnheit der Reaktion. Jedesmal, wenn wir Verlangen oder Aversion entwickeln, stärken wir die Tendenz des Geistes, weiterhin mit Verlangen und Aversion zu reagieren. Wenn dieses geistige Muster erst einmal etabliert ist, sind wir darin gefangen.

Ein Beispiel: Jemand hindert einen anderen Menschen am Erwerb eines gewünschten Objektes. Derjenige, dem so ein Strich durch die Rechnung gemacht wurde, glaubt nun, daß der andere ein übler Bursche ist, und kann ihn nicht leiden. Dieser Glaube basiert nicht auf einer Einschätzung des Charakters dieses Menschen, sondern lediglich auf der Tatsache, daß er die Pläne des anderen durchkreuzt hat. Diese Meinung wird tief in den unbewußten Geist der verärgerten Person eingeprägt. Jeder nachfolgende Kontakt mit diesem Menschen wird dadurch gefärbt und ruft eine unangenehme Empfindung hervor, die neue Aversion erzeugt und so das negative Bild verstärkt. Selbst wenn sich die beiden nach zwanzig Jahren wiedertreffen sollten, wird die Person, die vor so langer Zeit einmal enttäuscht worden war, den anderen sofort als ganz üblen Kerl ansehen und wieder große Abneigung empfinden. Der Charakter des mit solcher Antipathie betrachteten Menschen könnte sich in diesen zwanzig Jahren vollkommen gewandelt haben, dennoch wird er anhand der Kriterien früherer Erfahrungen beurteilt. Die Reaktion erfolgt nicht auf den Menschen selbst, sondern auf eine Meinung über ihn, die sich tief im Geist eingeprägt hat, eine Ansicht, die auf der ursprünglichen blinden Reaktion basiert und daher von Vorurteilen bestimmt ist.

In einem anderen Fall hilft jemand einem anderen dabei, ein gewünschtes Objekt zu bekommen. Derjenige, dem diese Unterstützung zuteil wurde, ist überzeugt, daß sein Helfer ein besonders guter Mensch ist, und findet ihn sehr sympathisch. Dieser Glaube ist allein darauf gegründet, daß dieser Mensch dazu beigetragen hat, seine Wünsche zu befriedigen. Die Einschätzung basiert nicht auf der sorgfältigen Betrachtung seines Charakters. Diese positive Meinung wird im Unbewußten festgehalten und beeinflußt jeden nachfolgenden Kontakt mit diesem Menschen. Jede weitere Begegnung ruft eine angenehme Empfindung hervor, die die Sympathie noch steigert, was wiederum zu einer weiteren Verstärkung der ursprünglichen Meinung führt. Egal, wie viele Jahre vergangen sind, bevor die zwei sich wiedertreffen, mit jedem neuen Kontakt wiederholt sich das gleiche Muster. Die Person, die früher einmal diese positive Erfahrung gemacht hat, reagiert nicht auf den Menschen, sondern lediglich auf die Ansicht, die sie über ihn hat, auf ein Bild, das auf der ursprünglichen blinden Reaktion basiert.

Auf diese Weise kann ein *Saṅkhāra* neue Reaktionen hervorrufen, sowohl unmittelbar als auch in ferner Zukunft. Und jede nachfolgende Reaktion wird zur Ursache für weitere Reaktionen, die unausweichlich noch mehr Elend bringen werden. Dies ist der Prozeß der Wiederholung von Reaktionen, von Leiden. Wir glauben, daß wir uns mit der äußeren Realität befassen, während wir in Wirklichkeit nur auf unsere Empfindungen reagieren, die durch unsere Wahrnehmungen bedingt sind, welche wiederum durch unsere Reaktionen konditioniert sind. Selbst wenn wir von diesem Augenblick an damit aufhören würden, *Saṅkhāras* zu erzeugen, müßten wir doch immer noch mit den angesammelten *Saṅkhāras* aus der Vergangenheit rechnen. Aufgrund dieses alten Vorrats wird eine Tendenz zu reagieren bestehenbleiben, die sich jederzeit wieder durchsetzen kann und dabei neues Elend für uns erzeugt. Solange diese alte Konditionierung existiert, sind wir nicht vollkommen vom Leiden befreit.

Wie kann man die alten Reaktionen auflösen? Um die Antwort auf diese Frage zu finden, ist es notwendig, den Prozeß der Vipassana-Meditation besser zu verstehen und bei der Betrachtung noch mehr in die Tiefe zu gehen.

Die Auflösung alter Konditionierungen

Beim Praktizieren von Vipassana ist es unsere Aufgabe, die Empfindungen im Körper zu beobachten. Die Ursache der einzelnen Empfindungen interessiert uns dabei nicht; es reicht aus, zu verstehen, daß jede Empfindung ein Indiz einer Veränderung im Innern ist. Die Veränderung kann geistigen oder körperlichen Ursprungs sein; Geist und Körper funktionieren in wechselseitiger Abhängigkeit voneinander und können oftmals nicht auseinandergehalten werden. Was immer sich auf der einen Ebene ereignet, wird sich mit großer Wahrscheinlichkeit auf der anderen Ebene widerspiegeln.

Auf der physischen Ebene ist der Körper, wie im 2. Kapitel (S. 39) besprochen, aus subatomaren Teilchen zusammengesetzt – den *Kalāpas* –, die jeden Augenblick mit großer Geschwindigkeit entstehen und vergehen. In diesem Prozeß manifestieren die *Kalāpas* in einer unendlichen Kombinationsvielfalt die grundlegenden Eigenschaften von

Materie – Masse, Kohäsion*, Temperatur und Bewegung – und erzeugen den gesamten Umfang an Empfindungen in uns.

Es gibt vier mögliche Ursachen für das Entstehen von *Kalāpas*. Die erste ist die Nahrung, die wir zu uns nehmen, die zweite ist die Umgebung, in der wir leben. Alles, was im Geist geschieht, hat eine Auswirkung auf den Körper und kann daher ebenfalls für das Entstehen von *Kalāpas* verantwortlich sein. So können auch durch eine in diesem Moment erfolgende geistige Reaktion Teilchen entstehen, d.h. momentane oder vergangene Reaktionen beeinflussen unseren geistigen Zustand. Für seine vielfältigen Funktionen benötigt der Körper Nahrung. Doch selbst wenn man aufhört, dem Körper Nahrung zuzuführen, bricht er nicht sofort zusammen. Es kann sich, wenn nötig, über Wochen hinweg selbst versorgen, indem er die Energie nutzt, die in seinem Gewebe aufgespeichert ist. Erst wenn all diese gespeicherte Energie aufgebraucht ist, wird der Körper zusammenbrechen und sterben: Der körperliche materielle Fluß endet.

In gleicher Weise ist der Geist auf Aktivität angewiesen, um den Bewußtseinsfluß aufrechtzuerhalten. Diese geistige Aktivität ist *Saṅkhāra*. Entsprechend der Kette des Bedingten Entstehens entsteht Bewußtsein aufgrund von Reaktion (siehe S. 61). Jede geistige Reaktion gibt dem Fluß des Bewußtseins neuen Antrieb. Und während der Körper im Verlauf des Tages nur in bestimmten Zeitintervallen Nahrung benötigt, braucht der Geist ununterbrochen neuen Anstoß. Ohne diese Stimulierung kann der Fluß des Bewußtseins nicht einmal für einen kurzen Moment weitergehen. Erzeugt man zum Beispiel in einem bestimmten Augenblick starke Abneigung im Geist, so wird das Bewußtsein im nächsten Moment das Produkt dieser Aversion sein und so weiter, Moment für Moment. Man fährt von einem Augenblick zum nächsten fort, die Reaktion der Abneigung zu wiederholen, und gibt damit dem Geist immer neue Impulse, neue Nahrung.

Durch das Praktizieren von Vipassana lernt der Meditierende, nicht zu reagieren. In einem bestimmten Moment erzeugt er kein *Saṅkhāra* und gibt somit keinen neuen Anstoß für den Geist. Was geschieht dann

* Kohäsion = Bindekraft: Kräfte auf atomarer/molekularer Ebene, die den inneren Zusammenhalt der Stoffe bewirken.

mit dem geistigen Fluß? Er hält nicht sofort an. Statt dessen wird die eine oder andere der angesammelten alten Reaktionen an die Oberfläche des Geistes kommen, um den Fluß zu nähren und aufrechtzuerhalten. Eine in der Vergangenheit konditionierte Reaktion steigt auf, und auf dieser Grundlage setzt sich das Bewußtsein für einen weiteren Moment fort. Auf der körperlichen Ebene wird sich die Konditionierung dadurch zeigen, daß sie die Entstehung einer bestimmten Art von *Kalāpa* verursacht, die man dann als Empfindung im Körper erfährt. Vielleicht erscheint ein altes *Saṅkhāra* der Aversion, das sich in Form von Teilchen manifestiert, die man als eine unangenehme, brennende Empfindung im Körper erfährt. Wenn man auf diese Empfindung mit Abwehr reagiert, wird neue Aversion erzeugt. Man hat dem Bewußtseinsfluß neue Nahrung gegeben und verhindert damit, daß eine weitere Reaktion aus dem angesammelten Vorrat die Möglichkeit hat, zur bewußten Ebene aufzusteigen.

Wenn man jedoch beim Auftreten einer unangenehmen Empfindung gleichmütig bleibt und nicht reagiert, werden keine neuen *Saṅkhāras* erzeugt. Das *Saṅkhāra*, das aus unserem alten Vorrat aufgestiegen ist, löst sich auf, es vergeht. Im nächsten Moment taucht ein anderes altes *Saṅkhāra* als Empfindung auf. Reagiert man wiederum nicht, vergeht es ebenso. Auf diese Weise, durch das Bewahren von Gleichmut, erlauben wir den angesammelten alten Reaktionen aus der Vergangenheit, einer nach der anderen an die Oberfläche des Geistes zu kommen und sich als Empfindungen zu manifestieren. Dadurch, daß wir uns kontinuierlich der Empfindungen bewußt bleiben und ihnen gegenüber Gleichmut bewahren, lösen wir die alten Konditionierungen nach und nach auf.

Solange Konditionierungen zur Entwicklung von Aversion bestehenbleiben, wird der Geist weiterhin dazu neigen, mit Abwehr zu reagieren, wenn er sich einer unangenehmen Erfahrung im Leben gegenübersieht. Solange weiterhin Konditionierungen zur Entwicklung von Verlangen vorhanden sind, wird der Geist auch künftig dazu neigen, in jeder angenehmen Situation mit Begehren zu reagieren. Vipassana arbeitet auf eine Weise, die diese konditionierten Reaktionen ins Wanken bringt, sie werden nach und nach ihrer Kraft beraubt und zerstört. Während wir Vipassana praktizieren, begegnen wir ständig angenehmen und unangenehmen Empfindungen. Wenn wir jede

Empfindung mit Gleichmut beobachten, schwächen wir allmählich die Neigung, Verlangen und Aversion zu entwickeln, und lösen sie schließlich nach und nach auf. Wenn die konditionierten Reaktionen einer bestimmten Art aus dem Geist entfernt sind, ist man von dieser Art des Leidens frei. Und wenn alle konditionierten Reaktionen eine nach der anderen aufgelöst sind, ist der Geist vollkommen befreit. Einer, der diesen Prozeß wahrhaft verstand, erklärte:

»Wahrlich, alle bedingten Phänomene sind unbeständig,
mit der Eigenschaft zu entstehen und zu vergehen.
Wenn sie erscheinen und aufgelöst werden,
so führt ihre Entfernung zu wirklichem Glück.«[1]

Jedes *Saṅkhāra* entsteht und vergeht, nur um im nächsten Moment in endloser Wiederholung wieder zu entstehen. Wenn wir Weisheit entwickeln und anfangen, objektiv zu beobachten, hört dieses Wiederholen auf, und die Auflösung setzt ein. Schicht um Schicht werden die alten *Saṅkhāras* an die Oberfläche kommen und abgetragen werden, vorausgesetzt, wir reagieren nicht. In dem Maße, wie wir unseren Vorrat an *Saṅkhāras* verringert haben, werden wir auch Freude und Glück genießen können, das Glück des Freiseins vom Leiden. Wenn alle *Saṅkhāras* aufgelöst sind, erleben wir das grenzenlose Glück der völligen Befreiung.

Vipassana-Meditation ist daher eine Art Fasten des Geistes, um alte Konditionierungen aufzulösen. Unser ganzes Leben lang haben wir in jedem Augenblick Reaktionen erzeugt. Jetzt gewinnen wir, indem wir uns der Empfindungen bewußt bleiben und Gleichmut bewahren, einige Augenblicke, in denen wir nicht reagieren, kein einziges *Saṅkhāra* erzeugen. Diese wenigen Momente, egal wie kurz sie sein mögen, besitzen eine große Kraft – sie setzen den umgekehrten Prozeß in Gang, den Prozeß der Reinigung.

Um diesen Prozeß auszulösen, müssen wir buchstäblich *nichts* tun, d. h., wir müssen uns ganz einfach jeder neuen Reaktion enthalten. Was auch immer ihre Ursache sein mag, wir beobachten die Empfindungen, die wir erfahren, mit Gleichmut. Es ist dieses Entwickeln von Aufmerksamkeit und Gleichmut gegenüber den Empfindungen, das automatisch alte Reaktionen abbaut, genau wie das Anzünden einer Lampe die Dunkelheit aus dem Raum vertreibt.

Der Buddha erzählte einst die Geschichte eines Mannes, der sehr wohltätig war und äußerst großzügige Schenkungen machte. Am Ende der Geschichte merkte der Buddha jedoch an:

»Selbst wenn er die größtmögliche Wohltat vollbracht hätte, es wäre für ihn noch fruchtbarer gewesen, mit einem bereitwilligen Herzen Zuflucht zu nehmen zu dem Erleuchteten, zum Dhamma und zu allen Wesen, die den Pfad der Befreiung gehen. Und hätte er das getan, so wäre es noch fruchtbarer für ihn gewesen, mit einem bereitwilligen Herzen die Fünf Regeln moralischen Handelns auf sich zu nehmen. Und hätte er das getan, so wäre es noch fruchtbarer für ihn gewesen, Wohlwollen allen Wesen gegenüber in sich zu entfalten, und sei es nur für die Dauer, die man zum Melken einer Kuh benötigt. Und hätte er all dieses getan, so wäre es noch fruchtbarer für ihn gewesen, lediglich für die Zeitspanne eines Schnippens mit den Fingern das Bewußtsein der Vergänglichkeit in sich zu entwickeln.«[2]

Vielleicht ist sich der Meditierende der Realität der Empfindungen im Körper nur für einen einzigen Augenblick bewußt und reagiert in diesem Moment nicht, weil er ihre vergängliche Natur begreift. Doch selbst dieser kurze Augenblick hat einen machtvollen Effekt. Durch geduldige, wiederholte, kontinuierliche Praxis werden sich diese wenigen Augenblicke mehren, und die Momente der Reaktion werden abnehmen. Nach und nach wird die geistige Gewohnheit des Reagierens gebrochen und die alte Konditionierung beseitigt werden, bis die Zeit kommt, wo der Geist von allen Reaktionen, vergangenen wie gegenwärtigen, befreit ist, d. h., von allem Leiden erlöst ist.

Fragen und Antworten

Heute nachmittag probierte ich eine neue Sitzhaltung aus, in der es mir leichtfiel, über einen längeren Zeitraum zu sitzen, ohne mich zu bewegen, und gleichzeitig den Rücken gerade zu halten, aber ich konnte nur wenige Empfindungen wahrnehmen. Ich frage mich, ob die Empfindungen nach einiger Zeit wiederkommen oder ob ich lieber zu der alten Sitzposition zurückkehren sollte?

S.N. Goenka: Versuchen Sie nicht, willentlich Empfindungen zu erzeugen, indem Sie eine unbequeme Sitzhaltung wählen. Wenn das die richtige Art und Weise des Arbeitens wäre, würden wir Sie auffordern, auf einem Nagelbrett zu sitzen! Solche Extreme sind keine Hilfe für Sie. Wählen Sie eine bequeme Position in aufrechter Haltung, und lassen Sie die Empfindungen ganz natürlich in Erscheinung treten. Versuchen Sie nicht, sie mit Gewalt hervorzurufen; lassen Sie sie von selbst kommen. Sie werden sich zeigen, denn sie sind da. Mag sein, daß Sie nach bestimmten Empfindungen Ausschau gehalten haben, solchen, die Sie vorher erfahren hatten, es kann jedoch sein, daß etwas ganz anderes da ist.

Es traten feinere Empfindungen als vorher auf. In meiner ersten Sitzposition war es dagegen schwierig, auch nur kurze Zeit zu sitzen, ohne mich zu bewegen.
Dann ist es gut, daß Sie eine Haltung gefunden haben, die Ihnen mehr zusagt. Überlassen Sie die Empfindungen jetzt der Natur. Vielleicht sind einige grobe Empfindungen aufgelöst worden, und Sie müssen sich jetzt mit feineren beschäftigen, aber der Geist ist noch nicht scharf genug, um sie zu fühlen. Arbeiten Sie eine Zeitlang mit der Aufmerksamkeit für die Atmung, um Ihren Geist zu schärfen. Das wird Ihre Konzentration verbessern und es leichtmachen, feine Empfindungen zu spüren.

Ich dachte, es ist besser, wenn die Empfindungen grober Art sind, denn das heißt ja, daß ein altes Saṅkhāra an die Oberfläche gekommen ist.
Nicht unbedingt. Einige Unreinheiten treten als sehr subtile Empfindungen in Erscheinung. Warum Verlangen nach groben entwickeln? Egal, was kommt, sei es nun grob oder fein, Ihre Aufgabe ist zu beobachten.

Soll man ergründen, welche Empfindung mit welcher Reaktion zusammenhängt?
Das wäre eine sinnlose Energievergeudung. Es wäre einem Menschen vergleichbar, der beim Waschen seiner verschmutzten Wäsche innehalten würde, um erst einmal herauszufinden, wie jeder einzelne Fleck entstehen konnte. Das würde ihm bei seiner Aufgabe, die lediglich heißt, die Wäsche zu reinigen, kein bißchen weiterhelfen. Damit er seine Arbeit erledigen kann, ist es nur wichtig, daß er ein Waschmittel, z.B. ein Stück Seife, hat und weiß, wie er es benutzen muß.

Wenn man die Wäsche auf die richtige Weise reinigt, wird der gesamte Schmutz entfernt. Genauso haben Sie Vipassana als Waschmittel, als Ihr Stück Seife erhalten. Machen Sie jetzt Gebrauch davon, um alle Unreinheiten aus dem Geist zu entfernen. Wenn Sie nach den Ursachen bestimmter Empfindungen forschen, so ist das nur ein Spiel Ihres Intellekts, und Sie werden dabei *Anicca* oder *Anattā* ganz vergessen. Dieses Intellektualisieren kann Ihnen nicht helfen, aus Ihrem Leiden herauszukommen.

Ich bin etwas verwirrt bei der Frage, wer nun eigentlich beobachtet und wer oder was beobachtet wird.
Keine verstandesmäßige Antwort wird Sie zufriedenstellen können. Sie müssen das selbst untersuchen: »Was ist dieses ›ich‹, das all dies tut? Wer ist dieses ›ich‹?« Fahren Sie fort, zu forschen und zu analysieren. Geben Sie acht, ob irgendein »ich« erscheint; wenn ja, beobachten Sie es. Wenn nichts auftaucht, dann akzeptieren Sie es: »Oh, dieses ›ich‹ ist eine Täuschung, eine Illusion!«

Sind nicht einige Arten geistiger Konditionierung auch positiv? Warum sollten wir diese entfernen?
Positive Konditionierung motiviert uns, auf die Befreiung vom Leiden hinzuarbeiten. Wenn dieses Ziel erreicht ist, wird alle Konditionierung zurückgelassen, positive wie negative. Es ist genauso, als würde man ein Floß benutzen, um einen Fluß zu überqueren. Sobald der Fluß überquert ist, hat das Floß seine Aufgabe erfüllt. Man wuchtet es sich nicht auf den Kopf und schleppt es weiter auf seiner Reise mit sich herum. Es wird nicht mehr gebraucht und muß zurückgelassen werden.[3] Genauso braucht jemand, der erleuchtet ist, keine Konditionierung mehr. Ein Mensch erlangt nicht aufgrund positiver Konditionierung die Befreiung, sondern aufgrund der Reinheit des Geistes.

Warum erfahren wir unangenehme Empfindungen, wenn wir beginnen, Vipassana zu praktizieren, und warum kommen angenehme Empfindungen später?
Die Vipassana-Technik arbeitet in der Weise, daß sie die gröbsten Empfindungen zuerst auflöst. Wenn Sie einen Fußboden reinigen, kehren Sie zuerst den ganzen Abfall und die großen Schmutzbrocken

zusammen, und mit jedem folgenden Fegen oder Wischen entfernen Sie immer feinere Schmutz- und Staubpartikel. Genauso ist es beim Praktizieren von Vipassana: Zuerst werden die groben Unreinheiten des Geistes aufgelöst, und feinere bleiben zurück, die als angenehme Empfindungen erscheinen. Dabei besteht jedoch die Gefahr, daß man Verlangen nach diesen angenehmen Empfindungen entwickelt. Sie müssen deshalb aufpassen, daß Sie die Erfahrung von angenehmen Empfindungen nicht als das letzte Ziel ansehen. Sie müssen weiterhin jede Empfindung objektiv, unvoreingenommen beobachten, um alle konditionierten Reaktionen aufzulösen.

Sie sagten, daß wir unsere schmutzige Wäsche haben und daß wir ebenso das Waschmittel in der Hand haben, um sie zu waschen. Heute fühle ich mich so, als ob mir das Waschmittel fast ausgegangen wäre! Heute morgen war meine Meditation sehr tief und intensiv, aber am Nachmittag fing ich an, mich hoffnungslos und ärgerlich zu fühlen und zu denken: »Oh, was soll das Ganze!« Es war genauso, als ob sich, als die Meditation sehr gut und intensiv war, ein Feind im Innern – vielleicht das Ego – mit der gleichen Intensität und Macht dagegengestemmt hätte und mich umgeworfen hat. Und dann hatte ich das Gefühl, nicht dagegen ankämpfen zu können. Gibt es vielleicht einen Weg, dabei etwas aus der Schußlinie zu kommen, damit man nicht so hart kämpfen muß, irgendeine kluge Methode, das zu erreichen?
Bewahren Sie Gleichmut – das ist der klügste Weg! Was Sie erfahren haben, ist ganz natürlich. Als Sie den Eindruck hatten, Ihre Meditation würde sehr gut laufen, war der Geist ausgeglichen und drang tief ins Unbewußte vor. Als Resultat dieser tiefen Operation wurde eine frühere Reaktion aufgerüttelt und kam an die Oberfläche des Geistes, und bei der nächsten Meditationssitzung mußten Sie diesem Sturm von Negativität ins Auge sehen. In einer solchen Situation ist Gleichmut unentbehrlich, denn sonst wird die Negativität Sie überwältigen, und Sie können nicht arbeiten. Wenn der Gleichmut schwach wird, dann beginnen Sie wieder mit dem Praktizieren der Achtsamkeit auf die Atmung. Wenn ein großer Sturm kommt, müssen Sie Ihren Anker herunterlassen und warten, bis das Unwetter vorübergeht. Der Atem ist Ihr Anker. Arbeiten Sie mit ihm, und der Sturm wird vorbeigehen. Es ist gut, daß diese Negativität an die Oberfläche gekommen ist, denn

jetzt haben Sie die Möglichkeit, sie zu bereinigen. Wenn Sie Gleichmut bewahren, wird sie problemlos vergehen.

Nützt mir die Praxis wirklich soviel, wenn ich keine Schmerzen habe?
Wenn Sie achtsam für Ihre Empfindungen und ausgeglichen sind, dann machen Sie ganz ohne Zweifel Fortschritte - mit oder ohne Schmerz. Es ist nicht so, daß Sie unbedingt Schmerzen fühlen müssen, um Fortschritte auf dem Weg zu machen. Wenn kein Schmerz vorhanden ist, dann akzeptieren Sie es, daß kein Schmerz da ist. Sie beobachten einfach nur, was *ist*.

Gestern hatte ich eine Erfahrung, bei der mein ganzer Körper sich anfühlte, als ob er sich aufgelöst hätte. Es fühlte sich an, als wäre er nichts als eine Masse von Vibrationen.
Ja?

Und als das geschah, erinnerte ich mich daran, daß ich als Kind einmal eine ähnliche Erfahrung hatte. All diese Jahre habe ich nach einem Weg gesucht, zu dieser Erfahrung zurückzukommen. Und dann war sie auf einmal wieder da.
Ja?

Deshalb wollte ich natürlich, daß diese Erfahrung anhält, ich wollte sie verlängern. Aber sie veränderte sich und ging vorbei. Und dann arbeitete ich nur noch mit einem einzigen Ziel, daß sie wiederkommt, aber sie kam nicht wieder. Statt dessen hatte ich heute morgen nur noch grobe Empfindungen.
Ja?

Und dann merkte ich, wie unglücklich ich mich dadurch machte, daß ich versuchte, unbedingt zu dieser Erfahrung zu kommen.
Ja?

Und dann ging mir auf, daß wir in Wirklichkeit gar nicht hier sind, um irgendeine spezielle Erfahrung zu machen. Richtig?
Richtig.

Daß wir in Wirklichkeit hier sind, um zu lernen, jede Erfahrung zu beobachten, ohne darauf zu reagieren. Richtig?
Richtig.

Das heißt, worauf diese Meditation in Wirklichkeit hinausläuft, ist, Gleichmut zu entwickeln. Richtig?
Richtig.

Mir scheint es so, als müßte es ewig dauern, alle alten Saṅkhāras, eins nach dem anderen, aufzulösen.
Das wäre so, wenn ein Augenblick des Gleichmuts genau ein *Saṅkhāra* aus der Vergangenheit weniger bedeuten würde. Aber tatsächlich werden Sie dadurch, daß Sie sich Ihrer Empfindungen bewußt sind, zur tiefsten Ebene des Geistes geführt und in die Lage versetzt, die Wurzeln der in der Vergangenheit gelegten Konditionierungen auszureißen. Auf diese Weise können Sie in einer relativ kurzen Zeit ganze Komplexe von *Saṅkhāras* entfernen, vorausgesetzt, Ihre Aufmerksamkeit und Ihr Gleichmut sind gut entwickelt.

Wie lange sollte der Prozeß dann dauern?
Das hängt davon ab, wie groß die Ansammlung von *Saṅkhāras* ist, die Sie zu entfernen haben, und wie stark Ihre Meditation ist. Sie können die Menge, die Sie in der Vergangenheit angehäuft haben, nicht bemessen, aber Sie können sicher sein, daß Sie sich um so schneller der Befreiung nähern, je ernsthafter Sie meditieren. Arbeiten Sie beharrlich weiter auf das Ziel hin. Die Zeit wird ohne Zweifel kommen – eher früher als später –, wo Sie es erreichen werden.

Sehen, nichts als sehen

Zur Zeit des Buddha lebte in der Nähe des heutigen Bombay ein Einsiedler. Er war ein sehr ehrwürdiger, heiliger Mann. Alle, die mit ihm zusammenkamen, verehrten ihn wegen seiner geistigen Reinheit, und viele behaupteten, er müsse vollkommen befreit sein. Als er hörte, daß man ihn mit solch bewundernden Worten beschrieb, begann sich dieser Mann natürlich darüber Gedanken zu machen: »Vielleicht bin ich wirklich vollkommen befreit.« Aber da er ein ehrlicher Mensch war, untersuchte er sich sehr sorgfältig und stellte fest, daß es immer noch Spuren von Unreinheiten in seinem Geist gab. Es war ihm klar, daß er, solange noch Unreinheiten im Geist zurückgeblieben waren, nicht das Stadium der vollkommenen Heiligkeit erlangt haben konnte. Daher fragte er diejenigen, die zu ihm kamen, um ihm ihre Ehrerbietung zu erweisen: »Gibt es nicht irgend jemanden auf dieser Welt, von dem man weiß, daß er vollkommen befreit ist?«

»O ja, Herr«, wurde ihm geantwortet, »da ist der Mönch Gotama, den man den Buddha nennt. Er lebt in der Stadt Sāvatthi. Es ist bekannt, daß er vollkommen befreit ist, und er lehrt die Technik, durch die man die Befreiung erlangen kann.«

»Ich muß zu diesem Mann gehen«, entschloß sich der Einsiedler. »Ich muß von ihm lernen, wie man vollkommen befreit wird.« So machte er sich auf den Weg und begann von Bombay durch ganz Zentralindien zu wandern, bis er schließlich nach Sāvatthi gelangte, was im heutigen Bundesstaat Uttar Pradesh in Nordindien liegt. In Sāvatthi angekommen, suchte er sofort den Buddha auf und fragte nach ihm.

»Er ist ausgegangen«, antwortete ihm einer der Mönche. »Er ist zu seinem täglichen Almosengang in die Stadt gegangen, um für sein Essen zu betteln. Wartet hier, und ruht Euch von der Reise aus; er wird bald zurück sein.«

»O nein, ich kann nicht warten. Ich habe keine Zeit zum Warten! Zeigt mir, welchen Weg er gegangen ist, und ich werde ihm nachgehen.«

»Nun, wenn Ihr darauf besteht – dort ist der Weg, den er genommen hat. Wenn Ihr wollt, könnt Ihr versuchen, ihn unterwegs zu finden.« Ohne einen Moment zu vergeuden, machte sich der Einsiedler wieder auf den Weg und kam in das Zentrum der Stadt. Dort sah er einen Mönch, der von Haus zu Haus ging, um für sein Essen zu betteln. Die wundervolle Atmosphäre von Frieden und Harmonie, die diesen Menschen umgab, überzeugte den Mann, daß dies der Buddha sein mußte. Er fragte einen Passanten und erfuhr, daß es wirklich so war.

Dort, mitten auf der Straße, näherte sich der Einsiedler dem Buddha, kniete nieder und ergriff seine Füße: »Herr«, sagte er, »mir wurde gesagt, daß Ihr vollkommen befreit seid und daß Ihr einen Weg lehrt, Befreiung zu erlangen. Bitte lehrt mich diese Methode.«

Der Buddha sagte: »Ja, ich lehre eine solche Methode, und ich kann dich darin unterweisen. Aber dies ist nicht die rechte Zeit und der rechte Ort. Geh zu meinem Haus, und warte dort auf mich. Ich werde bald zurück sein und dir die Methode erklären.«

»O nein, Herr, ich kann nicht warten.«

»Was, nicht eine halbe Stunde?«

»Nein Herr, ich kann nicht warten! Wer weiß? Ich könnte innerhalb dieser halben Stunde sterben. Ihr könntet in dieser halben Stunde sterben. In dieser halben Stunde könnte vielleicht all mein Vertrauen, das ich in Euch habe, erlöschen, und dann wäre ich nicht mehr in der Lage, diese Methode zu lernen. Jetzt, Herr, ist der richtige Zeitpunkt. Bitte unterweist mich jetzt!«

Der Buddha sah ihn an und erkannte: »Ja, dieser Mann hat nur noch sehr wenig Zeit; er wird schon in wenigen Minuten sterben. Er muß Dhamma hier und jetzt erhalten.« Doch wie soll man Dhamma lehren, wenn man mitten auf einer Straße steht? Er sprach nur einige wenige Worte, aber diese Worte enthielten die gesamte Lehre: »In deinem Sehen soll nichts als Sehen sein, in deinem Hören nichts als Hören, in deinem Riechen, Schmecken, Berühren nichts als Riechen, Schmecken, Berühren, in deinem Erkennen nichts als Erkennen.« Wenn es über eines der sechs Sinnesorgane zu einem Kontakt kommt, soll keine Bewertung erfolgen, keine durch unsere früheren Konditionierungen gefärbte Wahrnehmung stattfinden. Sobald die Wahrnehmung eine Erfahrung als gut oder schlecht bewertet, sehen wir die Welt aufgrund unserer alten blinden Reaktionen auf verzerrte Weise. Um den Geist von allen Konditionierungen zu befreien, muß man mit dem Bewerten nach alten Schemata aufhören und aufmerksam sein für seine Empfindungen: ohne Wertung und ohne Reaktion.

Dieser Einsiedler war ein Mann von solch reinem Geist, daß diese wenigen Worte genügten. Dort am Straßenrand setzte er sich nieder und fixierte seine Aufmerksamkeit auf die Realität in seinem Innern. Keine Wertung, keine Reaktion. Er beobachtete nur den Prozeß der Veränderung in sich. Und innerhalb der wenigen Minuten, die ihm noch zum Leben blieben, erlangte er das letzte Ziel. Er wurde vollkommen befreit.[4]

9. Das Ziel

»Alles, was die Eigenschaft hat zu entstehen, hat auch die Eigenschaft zu vergehen.«[1] Die Erfahrung dieser Realität ist die Essenz der Lehre des Buddha. Geist und Körper sind lediglich ein Bündel von Prozessen, die ständig entstehen und vergehen. Unser Leiden entsteht, wenn wir anfangen, uns mit diesen Prozessen zu identifizieren, wenn wir beginnen, uns an etwas zu klammern, das in Wirklichkeit vergänglich und ohne Substanz ist. Sobald wir die unbeständige Natur dieser Prozesse direkt wahrnehmen, hören wir auf, an ihnen zu hängen. Dies ist die Aufgabe von Meditierenden: Sie müssen ihre eigene vergängliche Natur verstehen, und zwar durch die Beobachtung der sich ewig wandelnden Empfindungen im Innern. Wann immer eine Empfindung auftaucht, reagieren sie nicht, sondern erlauben ihr, zu entstehen und zu vergehen. So werden die alten Konditionierungen des Geistes an die Oberfläche kommen und sich auflösen. Wenn die Konditionierungen und das Anhaften aufhören, endet das Leiden, und wir erleben die Befreiung. Es ist eine Aufgabe, die eine sehr lange Zeit in Anspruch nimmt und kontinuierliches Arbeiten erfordert. Die positiven Auswirkungen der Praxis werden bei jedem Schritt auf diesem Weg erfahrbar, aber es bedarf beständiger, gleichbleibender Anstrengungen. Nur durch geduldiges, beharrliches und kontinuierliches Arbeiten kommt der Meditierende dem Ziel näher.

Zur letztendlichen Wahrheit vordringen

Es gibt drei Stadien bei unseren Fortschritten auf dem Weg. Das erste Stadium ist, lediglich etwas über die Technik zu hören und zu erfahren, wie und warum sie ausgeübt wird. Das zweite ist, das Gelernte auch tatsächlich anzuwenden und in die Praxis umzusetzen. Das dritte Stadium schließlich ist das intensive Eindringen in unsere eigene Wirklichkeit, das Nutzen der Technik, um zu den Tiefen unserer

Realität vorzudringen und dadurch dem letzten Ziel näherzukommen.

Der Buddha verleugnete nicht die Existenz der Welt der Formen, Farben, Geschmacksempfindungen, Gerüche, Schmerzen und Freuden, Gedanken und Emotionen, noch verneinte er die Existenz von Wesen – weder seine eigene noch die anderer. Er stellte lediglich fest, daß dies nicht die *letztendliche* Realität ist. Mit unserer gewöhnlichen Art der Wahrnehmung erkennen wir nur die großangelegten Muster, innerhalb derer sich subtilere Phänomene organisieren. Dadurch daß wir nur die groben Muster sehen und nicht die ihnen zugrundeliegenden Bestandteile, nehmen wir in erster Linie die Unterschiede wahr, und daher differenzieren wir, heften Etiketten an, bilden Vorlieben und Vorurteile aus und fangen an, Dinge zu mögen oder nicht zu mögen – der Prozeß, der zu Verlangen und Aversion führt.

Um die Gewohnheit des Entwickelns von Verlangen und Aversion zu überwinden, ist es nicht nur notwendig, eine alles überschauende Gesamtsicht zu haben, sondern auch, die Dinge in die Tiefe gehend wahrzunehmen, d. h., die ihnen zugrundeliegenden Phänomene zu erkennen, die unsere Realität zusammenfügen und gestalten. Genau das ist es, was die Praxis der Vipassana-Meditation uns ermöglicht.

Jede Selbstuntersuchung beginnt mit unseren am deutlichsten in Erscheinung tretenden Aspekten: den unterschiedlichen Teilen des Körpers, den verschiedenen Gliedmaßen und Organen. Eine nähere Betrachtung zeigt, daß einige Teile des Körpers fest sind, andere flüssig, wieder andere in Bewegung oder im Ruhezustand. Vielleicht nehmen wir auch wahr, wie sich die Körpertemperatur von der Temperatur der uns umgebenden Atmosphäre unterscheidet. Alle diese Beobachtungen können uns helfen, eine größere Bewußtheit zu entwickeln und uns selbst klarer wahrzunehmen. Doch auch das sind noch Ergebnisse, die aus der Untersuchung der vermeintlichen Realität gewonnen wurden, die sich uns in einem scheinbar festen Gefüge präsentiert. Daher werden weiter Unterscheidungen gemacht, Vorlieben und Vorurteile, Verlangen und Aversion entwickelt.

Als Meditierende gehen wir tiefer, indem wir achtsam für die Empfindungen sind, d. h., uns kontinuierlich der Empfindungen im Innern bewußt bleiben. Diese offenbaren uns deutlich eine subtilere Realität, von der wir vorher nichts wußten. Zuerst werden wir uns der unterschiedlichen Empfindungen in den verschiedenen Teilen des Körpers bewußt, die entstehen, eine Zeitlang zu bestehen scheinen und schließlich vergehen. Obwohl wir über die oberflächliche Ebene hinausgegangen sind, beobachten wir immer noch die integrierten, scheinbar fest zusammengefügten Muster der vermeintlichen Realität. Aus diesem Grund machen wir weiter Unterschiede, d. h., wir sind nicht frei von Verlangen und Aversion.

Wenn wir fortfahren, beharrlich zu praktizieren, erreichen wir früher oder später ein Stadium, wo sich die Natur der Empfindungen verändert. Jetzt nehmen wir gleichförmige, feine Empfindungen im ganzen Körper wahr, die mit großer Geschwindigkeit entstehen und vergehen. Wir haben die festgefügten Muster hinter uns gelassen und sind weiter vorgedrungen, wobei wir die tieferliegenden Phänomene wahrgenommen haben, die subatomaren Teilchen, woraus sämtliche Materie besteht. Wir erleben unmittelbar die flüchtige Natur dieser Teilchen, ihr fortwährendes Entstehen und Vergehen. Was immer wir jetzt im Innern beobachten, ob Blut oder Knochen, fest, flüssig oder gasförmig, häßlich oder schön, wir nehmen alles als einen Komplex von Schwingungen, als Masse von Vibrationen wahr, die nicht unterschieden werden können. So hört schließlich der Prozeß des Unterscheidens und Etikettierens auf. Wir haben die letztendliche Wahrheit über die Materie innerhalb unseres eigenen Körpers erfahren: Sie ist ständig im Fluß, fortwährend entstehend und vergehend.

Genauso kann man auch die vermeintliche Realität der geistigen Prozesse durchdringen und zu einer subtileren Ebene vorstoßen. Nehmen wir einmal an, daß wir in einem bestimmten Augenblick aufgrund unserer Konditionierungen aus der Vergangenheit mit Mögen oder Nichtmögen reagieren. Im nächsten Moment wiederholt der Geist diese Reaktion des Mögens oder Nichtmögens und verstärkt sie von Augenblick zu Augenblick weiter, bis sie sich zu Verlangen oder Aversion entwickelt. Nur dieser intensivierten Reaktion sind wir uns bewußt. Mit dieser oberflächlichen Wahrnehmung beginnen wir, Erfahrungen zu kennzeichnen und zu bewerten, zwischen angenehm und unangenehm, gut und schlecht, erwünscht und unerwünscht zu unterscheiden. Mit den intensivierten Emotionen ist es jedoch genauso wie mit der vermeintlichen materiellen Realität: Wenn wir anfangen, sie zu beobachten, indem wir auf die Empfindungen im Innern achtgeben, müssen sie sich zwangsläufig auflösen. So wie Materie nichts ist als feine Wellen, feine Schwingungen subatomarer Teilchen, so sind auch starke Emotionen lediglich die verfestigte Form momenthaften Mögens und Nichtmögens, momenthafter Reaktionen auf Empfindungen. Sobald intensive Emotionen sich in ihre subtilere Form auflösen, haben sie nicht mehr die Kraft, uns zu überwältigen.

Von der Beobachtung verschiedener verfestigter Empfindungen in unterschiedlichen Teilen des Körpers schreiten wir weiter fort zur Wahrnehmung feinerer Empfindungen; wir werden uns subtilerer Empfindungen von gleichförmiger Natur bewußt, die innerhalb des gesamten Körpers ständig entstehen und wieder vergehen. Aufgrund der großen Geschwindigkeit, mit der die Empfindungen auftauchen und wieder verschwinden, kann man sie als einen Fluß von Vibrationen erfahren, einen Strom, der durch den Körper fließt. Wohin wir auch immer unsere Aufmerksamkeit innerhalb unseres Körpers lenken, wir erleben nichts als Entstehen und Vergehen. Immer wenn ein Gedanke im Geist auftaucht, sind wir uns der begleitenden körperlichen Empfindungen bewußt, die auftauchen und wieder verlöschen. Die scheinbare Festigkeit von Körper und Geist löst sich auf, und wir erfahren die letztendliche Realität der Materie, des Geistes und der Geist-Produkte oder geistigen Formationen: nichts als Vibrationen, Schwingungen, die mit großer Geschwindigkeit entstehen und vergehen. Einer, der diese Wahrheit erfuhr, drückte es so aus:

»Die gesamte Welt steht in Flammen,
die gesamte Welt geht in Rauch auf.
Die gesamte Welt brennt,
die gesamte Welt vibriert.«[2]

Um dieses Stadium der Auflösung *(Bhaṅga)* zu erreichen, braucht der Meditierende nichts weiter zu tun, als Aufmerksamkeit und Gleichmut weiter zu entwickeln. So wie ein Wissenschaftler noch winzigere Phänomene beobachten kann, wenn er die Stärke seines Mikroskops erhöht, genauso erhöhen wir unsere Fähigkeit, noch feinere Realitäten im Innern wahrzunehmen, wenn wir die Aufmerksamkeit für die Empfindungen und den Gleichmut immer weiter verbessern und entwickeln.

Wenn man diese Erfahrung macht, ist das ohne Zweifel sehr angenehm. Alle Schmerzen und Beschwerden haben sich aufgelöst, alle

Stellen, die vorher ohne Empfindung waren, sind spürbar. Man fühlt sich friedvoll, glücklich, selig. Der Buddha beschrieb dies folgendermaßen:

»Wann immer man die Erfahrung des Entstehens und Vergehens der
geistig-körperlichen Prozesse macht,
stellen sich Glückseligkeit und Freude ein.
Ein solcher Mensch erlangt das Stadium, wo es keinen Tod mehr gibt,
so wie es die Weisen erfahren.«[3]

Die Erfahrung dieses großen Glücksgefühls wird sich ohne Zweifel mit den Fortschritten, die man auf dem Weg macht, einstellen, sobald die scheinbare Stabilität und Festgefügtheit von Geist und Körper aufgelöst wurde. Bei dem Glück und der Freude, die wir in diesen angenehmen Situationen genießen, kann es sein, daß wir denken, dies sei das letzte Ziel. Aber es ist lediglich ein Rastplatz, nur eine Zwischenstation auf dem Weg. Von diesem Punkt schreiten wir weiter vorwärts, um die letztendliche Wahrheit *jenseits* von Geist und Materie zu erfahren, um die vollständige Befreiung vom Leiden zu erlangen.

Die Bedeutung dieser Worte des Buddha wird uns durch unsere eigene Meditationspraxis klar. Wenn wir von der vermeintlichen zur subtileren Realität vorstoßen, beginnen wir, den Fluß von Vibrationen überall im Körper zu erleben und zu genießen. Dann hört das Fließen plötzlich auf. Wieder erfahren wir starke Emotionen im Geist. Wenn wir jetzt anfangen, Abneigung gegen diese neue Situation zu entwickeln und wieder das Fließen erleben wollen, dann haben wir Vipassana nicht verstanden. Wir haben das Ganze zu einem Spiel gemacht, mit dem vorgegebenen Ziel, angenehme Empfindungen zu erreichen und unangenehme zu vermeiden oder zu überwinden. Dieses Spiel haben wir unser ganzes Leben lang gespielt – der endlose Kreislauf von Wegstoßen und Herziehen, von Angezogen- und Abgestoßensein, der zu nichts als Elend und Leiden führt.

In dem Maße, wie die Weisheit wächst, erkennen wir jedoch, daß das erneute Auftauchen von groben Empfindungen, selbst nach der Erfahrung der Auflösung, keinen Rückschritt bedeutet, sondern im Gegenteil ein Zeichen für unseren Fortschritt ist. Wir praktizieren Vipassana nicht mit dem Ziel, irgendeine bestimmte Empfindung zu erfahren, sondern um den Geist von allen Konditionierungen zu befreien. Wenn wir auf eine Empfindung, wie immer sie auch aussehen mag, reagieren, vergrößern wir unser Leiden. Wenn wir dagegen ausgeglichen bleiben, geben wir einem Teil der Konditionierungen die Möglichkeit, sich aufzulösen, und die Empfindung wird zu einem Mittel, das uns von Leiden befreit. Indem wir unangenehme Empfindungen beobachten, ohne zu reagieren, lösen wir Aversion und Abwehr auf. Indem wir angenehme Empfindungen beobachten, ohne zu reagieren, lösen wir Verlangen auf. Indem wir neutrale Empfindungen beobachten, ohne zu reagieren, lösen wir Unwissenheit auf. Daher ist keine Empfindung, keine Erfahrung an sich gut oder schlecht. Sie ist gut, wenn man ausgeglichen bleibt; sie ist schlecht, wenn man den Gleichmut verliert.

Mit diesem Verständnis nutzen wir jede Empfindung als Werkzeug zum Entfernen von Konditionierungen. Dies ist das Stadium, das als *Saṅkhāra-Upekkhā* bezeichnet wird – Gleichmut allen Konditionierungen gegenüber –, welches Schritt für Schritt zur letztendlichen Wahrheit der Befreiung führt, zum *Nibbāna*.

Die Erfahrung der Befreiung

Befreiung ist möglich. Man kann von allen Konditionierungen frei werden, Freiheit von allem Leiden erlangen. Der Buddha erklärte:

> »Es gibt eine Sphäre der Erfahrung, die jenseits des gesamten Feldes der Materie, jenseits des gesamten Bereichs des Geistes angesiedelt ist, die weder diese Welt noch eine andere Welt ist, noch beides, weder Mond noch Sonne. Diese nenne ich weder Entstehen noch Vergehen, noch Verweilen, weder Sterben noch Wiedergeburt. Sie ist ohne Unterstützung, ohne Entwicklung, ohne Fundament. Dies ist das Ende des Leidens.«[4]

Er sagte ebenfalls:

> »Es gibt ein Nichtgeborenes, Nichtgewordenes, Nichtgeschaffenes, Nichtkonditioniertes. Gäbe es kein Nichtgeborenes, Nichtgewordenes, Nichtgeschaffenes, Nichtkonditioniertes, so würde man keine Erlösung vom Geborenen, Gewordenen, Geschaffenen, Konditionierten kennen. Aber da es ein Nichtgeborenes, Nichtgewordenes, Nichtgeschaffenes, Nichtkonditioniertes gibt, deshalb kennt man auch eine Erlösung vom Geborenen, Gewordenen, Geschaffenen, Konditionierten.«[5]

Nibbāna ist nicht einfach nur ein Stadium, in das man nach dem Tod eingeht; es ist etwas, das wir hier und jetzt in uns selbst erfahren können. Es wird nicht deshalb mit negativen, verneinenden Begriffen umschrieben, weil es eine negative Erfahrung ist, sondern weil man es nicht auf andere Weise beschreiben kann. Jede Sprache besitzt Worte für den gesamten Bereich körperlicher und geistiger Phänomene, aber es gibt keine Worte oder Konzepte, mit denen man etwas beschreiben könnte, das jenseits von Geist und Materie ist. Es widersetzt sich allen Kategorien, allen klaren Abgrenzungen. Wir können es nur dadurch beschreiben, daß wir sagen, was es nicht ist.

Es ist in der Tat sinnlos, *Nibbāna* beschreiben zu wollen. Jede Beschreibung wird uns nur verwirren. Wichtig ist, *Nibbāna* zu erfahren, anstatt darüber zu diskutieren und zu streiten. »Diese edle Wahrheit vom Aufhören des Leidens muß jeder für sich selbst erkennen«, erklärte der Buddha.[6] Nur wenn man *Nibbāna* erfahren hat, ist es real für uns, dann werden alle Argumente und Erklärungen bedeutungslos.

Um die letztendliche Wahrheit der Befreiung zu erfahren, ist es notwendig, zuerst über die uns vor Augen liegende, vermeintliche Realität hinauszugehen und zu einer tieferen Ebene vorzudringen, wo wir die Auflösung von Körper und Geist erfahren. Je weiter man über die scheinbare Realität hinaus vordringt, um so mehr läßt man ab von Verlangen und Aversion, von Anhaftung, Identifikation und Klammern und um so näher kommt man der letztendlichen Wahrheit. Indem man Schritt für Schritt weiterarbeitet, erreicht man ganz natürlich ein Stadium, wo der nächste Schritt die Erfahrung von *Nibbāna* ist. Es gibt keine Veranlassung, Verlangen danach zu entwickeln, denn es gibt keinen Grund, daran zu zweifeln, daß dieses Stadium kommen wird. Es muß zwangsläufig für alle kommen, die Dhamma richtig praktizieren. Niemand kann sagen, wann es kommen wird. Das hängt zum einen von dem angehäuften Vorrat an Konditionierungen in jedem einzelnen ab und zum anderen von dem Ausmaß und der Intensität der Bemühungen des Meditierenden. Alles, was man tun kann, alles, was man tun muß, um das Ziel zu erreichen, ist, damit fortzufahren, jede Empfindung zu beobachten, ohne zu reagieren.

Wir können nicht bestimmen, wann wir die letztendliche Wahrheit von *Nibbāna* erfahren werden, aber wir können sicherstellen, daß wir uns immer weiter auf sie zubewegen. Dazu sollten wir den gegenwärtigen Zustand des Geistes im Auge behalten. Wenn wir Gleichmut bewahren, was immer auch außerhalb oder innerhalb von uns geschieht, erlangen wir Befreiung in diesem Augenblick. Einer, der das letzte Ziel erlangt hatte, sagte: »Vollkommenes Erlöschen des Begehrens, vollkommenes Erlöschen der Aversion, vollkommenes Erlöschen der Unwissenheit – das wird *Nibbāna* genannt.«[7] In dem Umfang, wie der Geist davon erlöst ist, erlebt man die Befreiung.

In jedem Augenblick, in dem wir Vipassana in rechter Weise praktizieren, können wir diese Befreiung erfahren. Schließlich muß Dhamma, seiner Definition nach, hier und jetzt Ergebnisse bringen, nicht erst in der Zukunft. Bei jedem Schritt auf dem Weg müssen wir die positiven Auswirkungen spüren, und jeder Schritt muß auf direktem Wege zum Ziel führen. Der Geist, der in diesem Moment frei von Konditionierungen ist, ist ein ruhiger, friedvoller Geist. Jeder solche Moment bringt uns der vollkommenen Befreiung näher.

Wir können nicht danach trachten, *Nibbāna* zu entwickeln, denn *Nibbāna* entwickelt sich nicht, es *ist* einfach nur. Aber wir können uns bemühen, die Eigenschaft zu entwickeln, die uns zum *Nibbāna* führen wird, die Eigenschaft des Gleichmuts. In jedem Augenblick, in dem wir die Realität beobachten, ohne zu reagieren, dringen wir weiter zur letztendlichen Wahrheit vor. Die höchste Qualität des Geistes ist Gleichmut. Gleichmut, der darauf basiert, daß wir uns der Realität vollkommen bewußt sind.

Wirkliches Glück

Einmal wurde der Buddha darum gebeten, zu erklären, was wirkliches Glück sei. Er zählte eine Reihe heilsamer Handlungen auf, die Glück zur Folge haben. Alle diese segensreichen Aktivitäten lassen sich in zwei Kategorien einordnen: Handlungen, die zum Wohlergehen anderer beitragen, mit denen man seiner Verantwortung gegenüber der Familie und der Gesellschaft nachkommt, und Handlungen, die den Geist reinigen. Das eigene Wohl ist untrennbar vom Wohl anderer. Und am Ende erklärte er:

> »Wenn trotz allem Auf und Ab im Leben der Geist unerschüttert bleibt, nicht klagt, keine Unreinheiten erzeugt, sich stets sicher und geschützt fühlt – das ist das höchste Glück.«[8]

Ganz gleich, was geschieht, sei es innerhalb des Mikrokosmos des eigenen Geistes und Körpers oder in der Welt draußen, man ist in der Lage, allem ins Auge zu sehen – nicht mit Anspannung, mit nur knapp unterdrücktem Verlangen oder Widerstreben –, sondern mit vollkommener Gelassenheit, mit einem Lächeln, das aus der Tiefe des Geistes kommt. Man kennt keine Besorgnis oder Angst, sondern fühlt sich in jeder Situation, sei sie angenehm oder unangenehm, erwünscht oder unerwünscht, vollkommen sicher und geborgen, geborgen in dem Verständnis der Unbeständigkeit, dem Wissen, daß alles vergänglich ist. Das ist der größte Segen.

Zu wissen, daß man sein eigener Herr ist, daß nichts uns überwältigen kann, daß man alles, was das Leben für uns bereithält, mit einem Lächeln annehmen kann – das ist perfekte Ausgeglichenheit des Geistes, das ist wahre Befreiung. Das ist es, was man hier und jetzt durch die Praxis der Vipassana-Meditation erreichen kann. Dieser wirkliche Gleichmut ist keine negative oder passive Ungerührtheit und Teilnahmslosigkeit. Es ist nicht die blinde Ergebenheit oder Apathie eines Menschen, der versucht, vor den Problemen des Lebens davonzulaufen, seinen Kopf in den Sand zu stecken. Wahre geistige Ausgeglichenheit basiert vielmehr auf dem vollen Bewußtsein der Probleme, einem Bewußtsein, das alle Ebenen der Realität umfaßt.

Die Abwesenheit von Verlangen und Aversion bedeutet nicht gefühllose Gleichgültigkeit, bei der man seine eigene Befreiung genießt, aber sich mit keinem Gedanken das Leiden anderer vor Augen führt. Im Gegenteil, die eigentliche, korrekte Bezeichnung für wirklichen Gleichmut ist »heilige Ungerührtheit«. Es ist eine dynamische Qualität, ein Ausdruck der Reinheit des Geistes. Wenn er von der Gewohnheit des blinden Reagierens befreit ist, kann der Geist zum ersten Mal positiv agieren, er kann kreative, produktive Handlungen ins Werk setzen, die für uns genauso nützlich und segensreich sind wie für alle anderen. Mit dem Gleichmut einhergehend werden die anderen Qualitäten eines reinen Geistes entstehen: Wohlwollen, Liebe, die das Wohl anderer im Auge hat, ohne eine Gegenleistung zu erwarten, Mitgefühl für andere in ihrem Leiden, mit ihren Fehlern und ihren Schwächen, und mitfühlende Freude an ihrem Erfolg und Glück. Diese vier Eigenschaften sind die unausbleibliche Folge der Vipassana-Praxis.

Vorher versuchte man stets, das Gute für sich zu behalten und alles Unerwünschte an andere weiterzugeben. Jetzt versteht man, daß das eigene Glück nicht auf Kosten anderer erlangt werden kann, daß wir dadurch, daß wir andere glücklich machen, uns selbst Glück bringen. Deshalb strebt man danach, all das Gute, das man besitzt, mit anderen zu teilen. Wenn man das Leiden hinter sich gelassen und den Frieden der Befreiung erfahren hat, erkennt man, daß dies das höchste Gut ist. Daher wünscht man sich, daß auch andere dieses Glück erfahren mögen und den Weg aus ihrem Leiden finden.

Dies ist die logische Konsequenz der Vipassana-Meditation: *Mettā-Bhāvanā,* die Entfaltung von Liebe und Güte mit dem Blick auf andere, das Entwickeln von Wohlwollen gegenüber allen Wesen. Vielleicht hat man auch vorher schon von sich behauptet, solche Gefühle zu haben, aber das waren nur Lippenbekenntnisse, denn tief im Innern des Geistes ging der alte Prozeß der Entwicklung von Verlangen und Aversion weiter. Jetzt ist dem Prozeß des Reagierens Einhalt geboten worden – er hat bis zu einem gewissen Grad aufgehört. Die alte Gewohnheit der Selbstsucht ist abgelegt, und Liebe und Güte beginnen ganz natürlich aus den Tiefen des Geistes hervorzuquellen. Wenn die gesammelte Kraft eines reinen Geistes dahintersteht, kann diese Liebe und Güte sehr machtvoll sein und eine friedliche und harmonische Atmosphäre zum Segen aller erzeugen.

Viele Menschen glauben, fortwährendes Ausgeglichensein würde bedeuten, daß man nicht mehr in der Lage wäre, das Leben in seiner ganzen Vielfalt zu genießen, etwa vergleichbar einem Maler, dem eine ganze Palette von Farben zur Verfügung steht, der sich aber entschließt, nur noch Grau zu benutzen, oder einem Klavierspieler, der nur noch das mittlere C spielt. Dies ist ein falsches Verständnis von Gleichmut. Tatsache ist, daß unser Klavier verstimmt ist und wir gar nicht wissen, wie man es richtig spielt. Einfach nur zur Selbstdarstellung auf die Tasten zu hämmern wird nur Disharmonien erzeugen. Wenn wir dagegen lernen, das Instrument zu stimmen und richtig zu beherrschen, werden wir auch wundervolle Musik machen. Wir nutzen die gesamte Tastatur, vom höchsten bis zum tiefsten Ton, und jeder Ton, den wir anschlagen, bringt nichts als Harmonie und Wohlklang hervor.

Durch die Reinigung des Geistes und das Erlangen von »Weisheit, welche zu letzter Vollkommenheit gebracht ist«, so erklärte der Buddha, erfährt man »Freude, Glückseligkeit, Ruhe, vollständige Bewußtheit des gegenwärtigen Moments, vollkommenes Verstehen und wirkliches Glück«[9]. Mit einem ausgeglichenen Geist können wir das Leben erst richtig genießen. Wenn eine angenehme Situation eintritt, können wir uns in vollem Umfang an ihr erfreuen, weil wir uns, ohne irgendwelche Ablenkungen, vollkommen des gegenwärtigen Augenblicks bewußt sind. Wenn diese Erfahrung schließlich vergeht, werden wir jedoch nicht enttäuscht oder deprimiert sein. Wir werden weiterhin lächeln, denn uns war ja klar, daß sie sich verändern mußte. Genauso, wenn eine unangenehme Situation eintritt: Wir werden nicht bedrückt und unglücklich, sondern verstehen und können auf diese Weise vielleicht sogar einen anderen Weg finden. Sollte das nicht in unserer Macht stehen, bleiben wir dennoch voller Gleichmut, denn wir wissen ganz sicher, daß diese Erfahrung unbeständig ist und vergehen muß. So können wir, indem wir den Geist frei von Spannungen halten, ein glücklicheres und produktiveres Leben führen.

Es wird erzählt, daß in Burma einige Leute die Schüler Sayagyi U Ba Khins kritisierten. Sie würden die ernsthafte Haltung vermissen lassen, die sich für Menschen gebühre, die Vipassana-Meditation praktizieren. Die Kritiker gaben zu, daß die Schüler während des Kurses ernsthaft arbeiteten, so wie es von ihnen erwartet wurde, aber danach würden sie stets fröhlich lächeln. Als diese Vorwürfe Webu Sayadaw, einem der am höchsten geachteten Mönche des Landes, zu Ohren kamen, sagte er: »Sie lächeln, weil sie lächeln *können.*« Ihre Fröhlichkeit hatte nichts mit Anhaftung oder Unwissenheit zu tun, sie beruhte auf Dhamma. Jemand, der seinen Geist gereinigt hat, wird nicht mit einem finsteren Gesichtsausdruck herumlaufen. Es ist ganz klar, daß man lächelt, wenn das Leiden aufhört, und es ist ganz natürlich, daß man glücklich ist, wenn man den Weg zur Befreiung gefunden hat.

Dieses Lächeln, das aus dem Herzen kommt und nichts als Frieden, Gleichmut, Liebe und Güte zum Ausdruck bringt, ein Lächeln, das in jeder Situation sein Strahlen behält, ist wirkliches Glück. Das ist das Ziel Dhammas.

Ich frage mich, ob wir mit zwanghaften Gedanken genauso umgehen können wie mit dem körperlichen Schmerz.
S.N. Goenka: Akzeptieren Sie einfach die Tatsache, daß zwanghafte Gedanken oder Emotionen im Geist auftauchen. Es ist etwas, das tief unterdrückt war und jetzt auf der bewußten Ebene erschienen ist. Gehen Sie nicht in die Einzelheiten dieser Phänomene. Akzeptieren Sie einfach Emotionen als Emotionen. Und fühlen Sie, welche Empfindungen damit einhergehen. Es kann keine Emotion geben, die ohne eine Empfindung auf der körperlichen Ebene auftritt. Beobachten Sie diese Empfindung.

Sollen wir nach der Empfindung suchen, die mit dieser bestimmten Emotion zusammenhängt?
Beobachten Sie jede Empfindung, die auftritt. Sie können nicht herausfinden, welche Empfindung mit welcher Emotion verknüpft ist, daher sollten Sie das auch nicht versuchen; Sie würden sich damit nur in eine sinnlose Arbeit versteigen. In der Zeit, wo eine Emotion den Geist beherrscht, steht jede Empfindung, die Sie körperlich erfahren, in Zusammenhang mit dieser Emotion. Beobachten Sie einfach nur die Empfindungen, und verstehen Sie dabei: »Diese Empfindungen sind *Anicca*. Diese Emotion ist ebenfalls *Anicca*. Mal sehen, wie lange sie anhält.« Sie werden feststellen, daß Sie der Emotion die Wurzeln abgeschnitten haben und daß sie vergeht.

Würden Sie sagen, daß Emotion und Empfindung dasselbe sind?
Sie sind zwei Seiten derselben Medaille. Emotion ist geistig und Empfindung ist körperlich, aber die beiden hängen miteinander zusammen und bedingen sich gegenseitig. Jede Emotion, alles, was im Geist entsteht, muß zusammen mit einer Empfindung im Körper entstehen. Das ist das Gesetz der Natur.

Aber Emotion selbst ist eine Sache des Geistes?
Eine Sache des Geistes, zweifellos.

Aber der Geist ist auch der ganze Körper?
Er steht in enger Beziehung zum ganzen Körper.

Bewußtsein existiert in allen Atomen des Körpers?
Ja. Daher können Empfindungen, die mit einer bestimmten Emotion zusammenhängen, an jeder beliebigen Stelle im Körper entstehen. Wenn Sie Empfindungen überall im Körper beobachten, beobachten Sie auch mit Sicherheit die Empfindung, die mit dieser Emotion verknüpft ist. Und Sie kommen aus diesem Gefühlszustand heraus.

Wenn wir meditieren, aber nicht in der Lage sind, Empfindungen wahrzunehmen, nützt die Übung dann trotzdem noch etwas?
Wenn Sie meditieren und die Atmung beobachten, wird das den Geist beruhigen und konzentrieren, aber solange Sie keine Empfindungen fühlen, kann der Reinigungsprozeß nicht die tieferen Ebenen erfassen. In den Tiefen des Geistes beginnen die Reaktionen mit den Empfindungen, die ununterbrochen auftreten.

Wenn wir im täglichen Leben einmal ein paar freie Augenblicke haben, kann es dann hilfreich sein, still zu sein und die Empfindungen zu beobachten?
Ja. Wenn Sie keine andere Arbeit haben, sollten Sie sich, selbst mit geöffneten Augen, der Empfindungen in Ihrem Innern bewußt sein.

Wie erkennt ein Lehrer, daß ein Schüler Nibbāna erfahren hat?
Es gibt verschiedene Methoden, das zu der Zeit, wo jemand tatsächlich *Nibbāna* erfährt, zu überprüfen. Dafür muß ein Lehrer entsprechend ausgebildet sein.

Wie können Meditierende das selbst erkennen?
Durch die Veränderung, die in ihr Leben kommt. Menschen, die wirklich *Nibbāna* erfahren haben, werden zu vorbildlichen Wesen mit einem gereinigten Geist. Die grundlegenden fünf moralischen Regeln werden von ihnen auf keine schwerwiegende Weise mehr verletzt, und anstatt einen Fehler zu verbergen, geben sie ihn offen zu und bemühen sich mit all ihrer Kraft, ihn nicht zu wiederholen. Das Festhalten an Ritualen und Zeremonien hört auf, weil sie diese als nur äußerliche

Formen erkennen, die leer sind ohne die tatsächliche Erfahrung. Sie haben ein unerschütterliches Vertrauen in den Weg, der sie zur Befreiung führte; sie suchen nicht weiter nach anderen Wegen. Und schließlich wird auch die Illusion des Ego, die Einbildung der Existenz eines »ich« in ihnen zerschlagen. Wenn Menschen von sich behaupten, *Nibbāna* erfahren zu haben, ihr Geist aber so unrein wie zuvor ist und ihre Handlungen so unheilsam bleiben, wie sie es vorher waren, dann stimmt etwas nicht. Ihre Lebensführung muß zeigen, ob sie es wirklich erfahren haben.

Es wäre unangemessen für einen Lehrer, Schülern »Zertifikate« auszustellen – zu verkünden, sie hätten *Nibbāna* erlangt. Das würde zu einem Wettbewerb unter Lehrern und Schülern führen, der nur das Ego aufbauen würde. Die Schüler würden nur danach trachten, ein Zertifikat zu erhalten, und je mehr solcher Zeugnisse ein Lehrer verteilen würde, um so höher würde sein Ansehen steigen. Die Erfahrung *Nibbānas* würde zweitrangig werden, das Testat bekäme die größte Bedeutung, und alles wäre nur noch ein verrücktes Spiel. Reines Dhamma ist nur da, um Menschen zu helfen, und die beste Hilfe ist, dafür zu sorgen, daß ein Schüler wirklich *Nibbāna* erfährt und befreit wird. Der ausschließliche Zweck des Lehrers und der Lehre ist, den Menschen ernsthaft und aufrichtig zu helfen, nicht ihrem Ego noch weiter Auftrieb zu geben. Es ist kein Spiel.

Wie würden Sie Psychoanalyse und Vipassana miteinander vergleichen?
In der Psychoanalyse versuchen Sie, vergangene Ereignisse, die einen großen Einfluß auf die Konditionierung des Geistes hatten, ins Bewußtsein zurückzurufen. Vipassana führt den Meditierenden dagegen zur tiefsten Ebene des Geistes, wo die Konditionierung tatsächlich beginnt. Jede Begebenheit, die man in der Psychoanalyse ins Gedächtnis zurückruft, hat auch eine Empfindung auf der körperlichen Ebene festgehalten. Durch das gleichmütige Beobachten der körperlichen Empfindungen überall im Körper gibt der Meditierende unzähligen Schichten von Konditionierungen die Möglichkeit, aufzusteigen und zu vergehen. Er befaßt sich mit den Konditionierungen an ihrer Wurzel und kann sich schnell und leicht von ihnen befreien.

Was ist wirkliches Mitgefühl?
Es ist der Wunsch, Menschen zu dienen, ihnen aus ihrem Leiden herauszuhelfen. Aber es muß ohne Anhaftung geschehen. Wenn Sie angesichts der Leiden anderer anfangen zu weinen, machen Sie sich selbst unglücklich. Das ist nicht der Weg Dhammas. Wenn Sie wirkliches Mitgefühl haben, dann versuchen Sie mit all Ihrer Liebe, so gut Sie nur können, anderen zu helfen. Wenn es Ihnen nicht gelingt, dann lächeln Sie und suchen einen anderen Weg. Sie dienen, ohne sich über das Ergebnis Ihres Dienens zu sorgen. Das ist wirkliches Mitgefühl, wie es von einem ausgeglichenen Geist ausgeht.

Würden Sie sagen, daß Vipassana der einzige Weg ist, Erleuchtung zu erlangen?
Erleuchtung erlangt man dadurch, daß man sich selbst erforscht und Konditionierungen auflöst. Und wenn man das tut, dann ist es egal, welchen Namen man dem geben mag. Es gibt Menschen, die nie zuvor von Vipassana gehört hatten, und dennoch hat dieser Prozeß ganz spontan in ihnen begonnen. Es scheint, daß das – nach ihren eigenen Worten zu urteilen – bei einer ganzen Reihe von heiligen Menschen in Indien der Fall gewesen ist. Doch da sie diesen Prozeß nicht Schritt für Schritt gelernt hatten, waren sie nicht in der Lage, ihn anderen in aller Klarheit zu erläutern. Hier haben Sie die Gelegenheit, eine Schritt-für-Schritt-Methode zu lernen, die Sie zur Erleuchtung führen wird.

Sie nennen Vipassana eine universelle Kunst zu leben, aber würden Menschen anderer Religionen nicht verunsichert werden, wenn sie Vipassana praktizieren würden?
Vipassana ist keine verdeckte Religion, die mit anderen Religionen im Wettstreit liegt. Von den Meditierenden wird nicht erwartet, daß sie sich blind einer philosophischen Doktrin verschreiben; statt dessen wird ihnen erklärt, nur das anzunehmen, was sie als wahr erfahren. Nicht die Theorie, sondern die Praxis ist das Wichtige, und das heißt ethisch-moralische Lebensweise, Konzentration und reinigende Einsicht. Welche Religion könnte etwas dagegen vorbringen? Wie sollte das irgend jemanden verunsichern? Legen Sie das Gewicht auf die Praxis, und Sie werden feststellen, daß solche Zweifel ganz von selbst aufgelöst werden.

Die Ölflasche füllen

Eine Mutter schickte ihren Sohn mit einer leeren Flasche und einem Zehn-Rupien-Schein zum nahen Lebensmittelladen, um etwas Speiseöl für die Küche zu besorgen. Der Junge ging los und ließ sich die Flasche vollfüllen, aber auf dem Rückweg geschah es, daß er plötzlich stolperte, hinfiel und ihm dabei die Flasche aus der Hand glitt. Bevor er sie noch wieder aufheben konnte, war schon die Hälfte des Öls herausgelaufen. Wie er sah, daß die Flasche halb leer war, rannte er heulend nach Hause zu seiner Mutter und gestand ihr mit Tränen in den Augen:

»Oh, ich habe das halbe Öl verschüttet! Die Hälfte des Öls ist verlorengegangen!«

Er war sehr unglücklich.

Die Mutter schickte einen anderen Sohn mit einer neuen Flasche und einem weiteren Zehn-Rupien-Schein los. Er ließ sich ebenfalls die Flasche vollfüllen, und genauso wie sein Bruder stürzte er auf dem Rückweg, und die Flasche fiel zu Boden. Wieder floß die Hälfte des Öls aus. Schnell nahm er die Flasche hoch und rannte mit glücklichem Gesicht zurück zur Mutter:

»Oh, sieh nur, ich habe die Hälfte des Öls gerettet! Die Flasche fiel runter und hätte dabei zerbrechen können. Das Öl fing an herauszulaufen, und alles hätte verlorengehen können. Aber ich konnte die Hälfte retten!«

Beide kamen in der gleichen Lage zur Mutter zurück, mit einer Flasche, die halb leer, halb voll war. Der eine weinte um die leere Hälfte der Flasche, der andere war glücklich über die gefüllte Hälfte.

Schließlich schickte die Mutter einen dritten Sohn mit einer weiteren Flasche und einem weiteren Zehn-Rupien-Schein los. Auch dieser stürzte auf dem Weg nach Hause, und wieder fiel die Flasche zu Boden, und die Hälfte des Öls floß aus. Er hob die Flasche auf, und genau wie der zweite Sohn kam er voller Freude zur Mutter zurück:

»Mutter, ich habe die Hälfte des Öls gerettet!«

Aber dieser Sohn war ein Vipassana-Junge, nicht nur voller Optimismus, sondern auch voller Realismus. Ihm war klar: »Nun ja, die Hälfte des Öls konnte gerettet werden, aber eine Hälfte ist auch verlorengegangen.« Und daher sagte er zu seiner Mutter:

»Ich werde jetzt zum Markt gehen, den ganzen Tag hart arbeiten und mir fünf Rupien verdienen, damit ich die Flasche wieder vollfüllen lassen kann. Du wirst sehen, bis zum Abend wird sie wieder voll sein.« Das ist Vipassana. Kein Pessimismus, sondern statt dessen Optimismus, Realismus und »Aktivismus«, d. h. Fleiß und Engagement!

10. Die Kunst zu leben

Von all den vorgefaßten Meinungen, die wir über uns selbst haben, ist die grundlegendste, daß es ein Selbst gibt, daß ein »ich« *existiert.* Auf der Basis dieser Annahme gibt jeder von uns dem Selbst die allergrößte Bedeutung in seinem Leben. Wir machen es zum Zentrum unseres Universums. Und wir tun dies, obwohl wir ohne große Schwierigkeiten erkennen können, daß diese Welt nur eine unter unzähligen Welten ist und daß unter den zahllosen Wesen unserer Welt dieses hier wiederum nur eines ist. Egal, wie stark man das Selbst aufbläht, es bleibt doch immer nur ganz unwesentlich und unbedeutend, wenn man es ins Verhältnis setzt zur Unermeßlichkeit von Zeit und Raum. Unsere Vorstellung vom Selbst, von unserem »ich«, ist ganz offensichtlich falsch. Nichtsdestoweniger widmen wir unser Leben ganz der Suche nach Selbsterfüllung, weil wir meinen, daß das der Weg zum Glück sei. Der Gedanke, auf andere Weise zu leben, erscheint uns unnatürlich oder gar bedrohlich.

Wer jedoch die Folter des Ich-Bewußtseins erfahren hat, weiß, was für ein großes Leiden sie ist. Solange wir ausschließlich mit unseren Wünschen und Ängsten, unserer Identität beschäftigt sind, sind wir eingesperrt in dem engen Gefängnis des Selbst, abgeschnitten von der Welt, vom Leben. Das Ende dieser Selbstbesessenheit ist wie eine Befreiung von einem Joch. Es ist die Erlösung aus einer Gefangenschaft, die es uns möglich macht, in die Welt hinauszugehen, offen für das Leben und für andere zu sein und wirkliche Erfüllung zu finden. Was nötig ist, ist nicht Selbstverleugnung oder Selbstunterdrückung, sondern daß wir uns von unserer falschen Vorstellung vom Selbst befreien. Und der Weg zu dieser Befreiung führt über die Erkenntnis, daß das, was wir Selbst oder »ich« nennen, in Wahrheit sehr kurzlebig ist, ein vergängliches, sich ständig veränderndes Phänomen.

Vipassana-Meditation ist ein Weg zu dieser Einsicht. Solange man die vergängliche Natur von Körper und Geist nicht persönlich erfahren hat, bleibt man unweigerlich im Egoismus gefangen und muß zwangsläufig leiden. Aber sobald das Trugbild der Beständigkeit zerschlagen ist, verschwindet die Illusion vom »ich« ganz von selbst, und das Leiden hört auf. Für jemanden, der Vipassana praktiziert, ist *Anicca,* die Erkenntnis der vergänglichen Natur des Selbst und der Welt, der Schlüssel, der die Tür zur Befreiung öffnet.

Die Wichtigkeit des Verstehens der Unbeständigkeit ist ein Thema, das sich wie ein roter Faden durch die gesamte Lehre des Buddha zieht. Er sagte:

> »Besser einen einzigen Tag im Leben die Realität des Entstehens und Vergehens sehen, als hundert Jahre zu existieren und ihr gegenüber blind zu bleiben.«[1]

Er verglich das Gewahrsein der Vergänglichkeit, den wachsamen Geist, der sich kontinuierlich der Unbeständigkeit bewußt ist, mit dem Pflug des Bauern, der alle Wurzeln durchtrennt, wenn er ein Feld durchpflügt, mit dem höchsten Giebel eines Daches, der höher ist als alle Balken, die ihn stützen, mit einem mächtigen Herrscher, der über ihm untertane Prinzen gebietet, mit dem Mond, dessen Leuchtkraft die Sterne verblassen läßt, und mit der aufgehenden Sonne, die alle Dunkelheit vom Himmel vertreibt.[2] Die letzten Worte am Ende seines Lebens waren: »Alle *Saṅkhāras* – alle geschaffenen Dinge – sind dem Verfall unterworfen. Arbeitet mit großem Eifer, damit ihr diese Wahrheit erkennt.«[3]

Die Wahrheit von *Anicca* soll nicht nur intellektuell akzeptiert werden. Sie darf nicht lediglich aus unserem Gefühl heraus oder nur aus Ehrfurcht und Ergebenheit übernommen werden. Jeder von uns muß die Realität von *Anicca* in sich selbst erfahren. Das direkte Erleben und Verstehen der Unbeständigkeit und, damit einhergehend, der trügerischen Natur des »ich« und des Leidens kennzeichnen die wahre Einsicht, die zur Befreiung führt. Dies ist rechtes Verstehen.

Der Meditierende erfährt diese befreiende Weisheit als die Krönung der Praxis von *Sīla, Samādhi* und *Paññā.* Ohne durch diese drei Schulungen, ohne jeden einzelnen Schritt auf diesem Weg, kann man nicht zu wirklicher Einsicht und wirklicher Befreiung vom Leiden gelangen. Aber auch schon bevor man mit der Praxis beginnt, muß man ein wenig Weisheit in sich haben, vielleicht nur ein intellektuelles Erfassen der Wahrheit des Leidens. Ohne ein solches Verständnis, egal, wie oberflächlich es sein mag, taucht der Gedanke an die Befreiung vom Leiden nicht im Geist auf. »Am Anfang steht rechtes Verstehen«, sagte der Buddha.[4]

Die ersten Schritte auf dem Edlen Achtteiligen Pfad sind daher rechtes Verstehen und rechte Gedanken. Wir müssen das Problem erkennen und uns damit befassen. Nur dann können wir die eigentliche Praxis von Dhamma in Angriff nehmen. Wir machen unsere ersten Schritte auf dem Pfad mit der Schulung in ethischem Verhalten, indem wir die Regeln, die unser Handeln bestimmen sollen, befolgen. Mit der Schulung der Konzentration beginnen wir, uns mit dem Geist zu beschäftigen, indem wir mit Hilfe der Aufmerksamkeit auf die Atmung *Samādhi* entwickeln. Und durch das Beobachten der Empfindungen im gesamten Körper entwickeln wir auf Erfahrung gegründete Weisheit, die den Geist von Konditionierungen befreit.

Und jetzt, wenn wirkliches Verstehen aus der eigenen Erfahrung heraus erwächst, wird rechtes Verstehen erneut zum ersten Schritt auf dem weiteren Weg. Mit dem Erkennen seiner eigenen, in einem fortwährenden Veränderungsprozeß begriffenen Natur durch die Praxis von Vipassana befreit sich der Meditierende von Verlangen, Aversion und Unwissenheit. Mit einem solch reinen Geist ist es unmöglich, auch nur daran zu denken, andere zu verletzen oder ihnen weh zu tun. Statt dessen sind unsere Gedanken nur von Liebe, Güte und Mitgefühl allen Wesen gegenüber erfüllt. Was das Reden, Handeln und den Lebenserwerb anbelangt, führt man ein untadeliges Leben, ruhig, gelassen und voll von innerem Frieden. Und mit der inneren Ruhe, die aus einem ethisch-moralischen Leben resultiert, wird es leichter, Konzentration zu entwickeln. Und je größer die Konzentration ist, desto tiefer wird unsere Weisheit vordringen. Auf diese Weise ist der Pfad wie eine aufsteigende Spirale, die zur Befreiung hinleitet. Jede der drei Schulungen unterstützt die jeweils anderen, wie die drei Beine eines Melkschemels. Alle Beine müssen vorhanden und gleich lang sein, oder der Schemel kann nicht stehen. Genauso muß der Meditierende *Sīla, Samādhi* und *Paññā* zusammen praktizieren, um alle Aspekte des Weges gleichermaßen zu entwickeln. Der Buddha erklärte:

»Aus rechtem Verstehen erwächst rechtes Denken;
aus rechtem Denken erwächst rechte Rede;
aus rechter Rede erwächst rechtes Handeln;
aus rechtem Handeln erwächst rechter Lebenserwerb;

aus rechtem Lebenserwerb erwächst rechtes Bemühen;
aus rechtem Bemühen erwächst rechtes Gewahrsein;
aus rechtem Gewahrsein erwächst rechte Konzentration;
aus rechter Konzentration erwächst rechte Weisheit;
aus rechter Weisheit erwächst rechte Befreiung.«[5]

Vipassana-Meditation hat darüber hinaus einen tiefgreifenden praktischen Wert hier und jetzt. Im alltäglichen Leben treten unzählige Situationen auf, die den Gleichmut des Geistes bedrohen. Unerwartete Schwierigkeiten stellen sich ein, andere Menschen wenden sich gegen uns, ohne daß wir damit gerechnet haben. Vipassana ist schließlich keine Garantie dafür, daß wir nie mehr Probleme haben werden. Wenn man gelernt hat, ein Schiff zu steuern, bedeutet das nicht, daß man von nun an nur noch durch ruhige See gleiten wird. Es werden sich immer wieder Stürme erheben; Probleme werden mit Sicherheit wieder auftreten. Jede Flucht wäre nutzlos und unsinnig. Der richtige Weg ist statt dessen, alles zu nutzen, was man gelernt hat, um dem Sturm zu widerstehen.

Dazu müssen wir zuerst die wirkliche Natur des Problems verstehen. Unwissenheit verleitet uns, die jeweilige äußere Situation oder Person für unsere Schwierigkeiten verantwortlich zu machen, sie als die Ursache des Problems anzusehen und unsere ganze Energie darauf zu richten, die äußere Situation zu verändern. Die Praxis von Vipassana wird uns jedoch zu der Erkenntnis führen, daß niemand anderes für unser Glück oder Unglück verantwortlich ist als wir selbst. Das Problem liegt in der Gewohnheit des blinden Reagierens. Daher müssen wir aufmerksam sein für den inneren Sturm konditionierter Reaktionen des Geistes. Der Entschluß, nicht zu reagieren, reicht nicht aus. Solange noch Konditionierungen im Unbewußten verbleiben, werden sie unweigerlich früher oder später auftauchen und trotz aller gegenteiligen Vorsätze den Geist überwältigen. Die einzige wirkliche Lösung ist Selbstbeobachtung und Veränderung.

Das alles hört sich sehr einfach an, doch die Umsetzung ist schwierig. Es bleibt die Frage, *wie* man sich selbst beobachten soll. Nehmen wir an, eine negative Reaktion beginnt im Geist, zum Beispiel Ärger, Angst oder Haß. Bevor man sich auch nur daran erinnert hat, sie zu beobachten, ist man in der Regel schon von ihr überwältigt worden und hat negative Worte oder Taten folgen lassen. Später, wenn man sieht, was man angerichtet hat, erkennt man den Fehler und bereut ihn, aber schon beim nächsten Mal wiederholt man das gleiche Verhalten.

Oder gesetzt den Fall, man hat erkannt, daß man angefangen hat, mit Ärger zu reagieren, und man versucht nun tatsächlich, ihn zu beobachten. Sobald man es versucht, kommt einem sofort die Person oder Situation in den Sinn, auf die man ärgerlich ist. Sich bei diesen Gedanken aufzuhalten, verstärkt den Ärger. Für die meisten Menschen liegt daher das Beobachten von Emotionen, unabhängig von ihren jeweiligen Ursachen oder Umständen, weit außerhalb ihrer Fähigkeiten.

Durch die Untersuchung der letztendlichen Realität von Geist und Materie entdeckte der Buddha, daß sich immer, wenn eine Reaktion im Geist entsteht, zwei Arten von Veränderungen auf der körperlichen Ebene ereignen. Eine davon ist leicht auszumachen: Der Atem wird ein wenig härter. Die andere ist von subtilerer Natur: Eine biochemische Reaktion, eine Empfindung, ereignet sich im Körper. Unter richtiger Anleitung kann jeder durchschnittlich intelligente Mensch ohne Schwierigkeiten die Fähigkeit entwickeln, die Atmung und die Empfindungen zu beobachten. Dies gibt uns die Möglichkeit, Veränderungen beim Atem und den Empfindungen als Warnsignale zu benutzen, die uns auf eine negative Reaktion aufmerksam werden lassen, lange bevor sie eine gefährliche Intensität entwickelt hat. Und wenn wir dann fortfahren, die Atmung und die Empfindungen zu beobachten, können wir leicht aus dieser Negativität herauskommen.

Natürlich ist die Gewohnheit des Reagierens sehr tief in uns verwurzelt und kann nicht mit einem Mal vollständig entfernt werden. Aber in dem Maße, in dem wir die Praxis der Vipassana-Meditation vervollkommnen, werden wir zumindest ein paar Situationen im täglichen Leben bemerken, wo wir, anstatt unwillkürlich zu reagieren, uns einfach nur beobachten. Nach und nach werden die Momente des Beobachtens häufiger und die des Reagierens seltener. Und selbst wenn wir negativ reagieren, so wird doch die Dauer und die Intensität der Reaktion abnehmen. Schließlich werden wir auch in den provozierendsten Situationen die Atmung und die Empfindungen beobachten und ausgeglichen und ruhig bleiben.

Mit dieser Ausgeglichenheit, diesem Gleichmut auf der tiefsten Ebene des Geistes, wird man zum erstenmal zu wirklichem Handeln fähig – und wirkliches Handeln ist immer positiv und kreativ. Anstatt automatischer Reaktionen, zum Beispiel indem man die Negativität anderer mit gleicher Münze heimzahlt, wählen wir die Antwort, die für alle am besten ist. Wenn ein unwissender Mensch an jemanden gerät, der ihm voll Wut und Zorn entgegentritt, wird er selbst wütend, und das Ergebnis ist ein Streit, der beide unglücklich macht. Wenn wir jedoch ruhig und ausgeglichen bleiben, können wir diesem Menschen aus seiner Aufgebrachtheit heraushelfen und konstruktive Lösungen ermöglichen.

Die Beobachtung unserer Empfindungen lehrt uns, daß wir immer, wenn wir von Negativität überwältigt werden, leiden. Daher verstehen wir, daß auch andere, die wir auf negative Weise reagieren sehen, leiden. Mit diesem Verstehen können wir Mitgefühl für andere entwickeln und ihnen aus diesem Elend heraushelfen. Wir bleiben ausgeglichen und glücklich und verhelfen gleichzeitig anderen zu Ausgeglichenheit und Glück.

Aufmerksamkeit für die Empfindungen und Gleichmut machen uns nicht passiv und träge. Wir werden nicht wie Gemüse im Garten, und niemand kann mit uns machen, was er will. Noch werden wir gleichgültig gegenüber dem Leiden anderer, wenn wir uns vollkommen von unserem Streben nach innerem Frieden einnehmen lassen. Dhamma lehrt uns, in gleichem Maße Verantwortung für unser eigenes Wohlsein wie für das Wohl anderer. Wir helfen anderen, aber bewahren dabei stets einen ausgeglichenen Geist. Sieht man ein Kind langsam im Treibsand versinken, so wäre es sehr töricht, gleich aus der Fassung zu geraten und dem Kind hinterherzuspringen, denn man wäre selbst im Treibsand gefangen. Ein weiser Mensch bleibt ruhig und sucht einen Ast, mit dem er das Kind erreichen kann. Dann zieht er es in Sicherheit. Anderen in den Treibsand von Verlangen und Aversion zu folgen wird niemandem helfen. Wir müssen sie auf den festen Boden des Gleichmuts, der geistigen Ausgeglichenheit bringen.

Oft ist energisches Handeln notwendig. Man hat vielleicht versucht, jemandem mit sanften, höflichen Worten zu erklären, daß er einen Fehler macht, aber dieser Mensch ignoriert den Rat, unfähig irgend etwas anderes zu verstehen als energische Worte und harte Maßnahmen. Man ergreift daher die notwendigen harten Schritte. Bevor wir jedoch so handeln, müssen wir uns prüfen, ob unser Geist ausgeglichen ist und ob wir Liebe und Mitgefühl für die Person empfinden, die sich so negativ verhält. Wenn das der Fall ist, wird die Handlung hilfreich sein, wenn nicht, wird sie niemandem wirklich helfen. Wenn wir aus Liebe und Mitgefühl handeln, können wir nichts falsch machen.

Wenn ein Starker einen Schwächeren angreift, müssen wir diese unheilsame Tat stoppen. Jeder vernünftige Mensch wird das versuchen, wahrscheinlich aus Mitgefühl für das Opfer und voller Zorn auf den Angreifer. Wer Vipassana praktiziert, wird für beide in gleichem Maße Mitgefühl empfinden, denn er weiß, daß einerseits das Opfer geschützt und andererseits der Aggressor vor unheilsamen Taten bewahrt werden muß.

Die Untersuchung des Geistes, bevor man irgendeine harte Maßnahme ergreift, ist außerordentlich wichtig; eine Rechtfertigung im nachhinein reicht nicht aus. Wenn wir Frieden und Harmonie nicht in uns erfahren, können wir auch niemand anderem zu mehr Frieden und Harmonie in seinem Leben verhelfen. Als Vipassana-Meditierende lernen wir »anteilnehmende Losgelöstheit«, das heißt, engagierte, aktive Einmischung, aus objektiver Distanz, mitfühlend und leidenschaftslos zugleich. Indem wir die Aufmerksamkeit für die Empfindungen und Gleichmut entwickeln, arbeiten wir für das Wohl aller. Wenn wir keinen weiteren Beitrag zu den Spannungen in der Welt leisten, haben wir schon allein damit etwas sehr Heilsames vollbracht. Das Praktizieren von Gleichmut ist gerade durch seine Stille so laut, mit so weitreichendem Nachhall, daß es mit Sicherheit einen positiven Einfluß auf viele haben wird.

Schließlich sind es die geistigen Negativitäten – unsere eigenen und die anderer –, die die Grundursache, die letztendliche Wurzel der Leiden in der Welt sind. Wenn der Geist rein geworden ist, öffnet sich die unendliche Weite und unermeßliche Fülle des Lebens vor uns, und wir können wirkliches Glück genießen und mit anderen teilen.

Fragen und Antworten

Können wir anderen von der Meditation erzählen?
S.N. Goenka: Selbstverständlich. In Dhamma gibt es keine Geheimnisse. Sie können jedem erzählen, was Sie hier getan haben. Doch jemanden zur Praxis anzuleiten ist etwas völlig anderes; das sollten Sie

in diesem Stadium nicht versuchen. Warten Sie damit, bis Sie sich in der Technik gefestigt haben und darin geschult worden sind. Wenn jemand, dem Sie von Vipassana erzählen, daran interessiert ist, raten Sie diesem Menschen, zu einem Kurs zu kommen. Zumindest die erste Erfahrung mit Vipassana muß in einem organisierten Zehn-Tage-Kurs unter der Anleitung eines qualifizierten Lehrers stattfinden. Danach kann man die Technik eigenständig ausüben.

Ich mache Yoga. Wie kann ich das in meine Vipassana-Praxis integrieren?
Während der Kurse ist Yoga nicht erlaubt, weil es andere stören würde, indem es Aufmerksamkeit auf sich zieht. Aber wenn Sie nach Hause zurückkehren, können Sie beides praktizieren, Vipassana und Yoga – das heißt, die körperlichen Übungen in den Yoga-Stellungen sowie das kontrollierte Atmen. Yoga ist sehr hilfreich für die körperliche Gesundheit. Man kann es sogar mit Vipassana verbinden. Zum Beispiel können Sie eine bestimmte Yoga-Haltung einnehmen und dann die Empfindungen im ganzen Körper beobachten; das wird noch mehr positive Auswirkungen zeigen, als das alleinige Praktizieren von Yoga. Die Meditationstechniken im Yoga jedoch, die Mantras und Visualisationen benutzen, stehen im Gegensatz zu Vipassana. Vermischen Sie sie daher nicht mit dieser Technik.

Wie ist es mit den verschiedenen Atemübungen im Yoga?
Sie sind hilfreich als Körpertraining, aber vermischen Sie diese Techniken nicht mit *Ānāpāna*. Bei *Ānāpāna* müssen Sie den natürlichen Ablauf des Atems beobachten, so wie er ist, ohne ihn kontrollieren zu wollen. Praktizieren Sie das kontrollierte Atmen als körperliche Übung, und benutzen Sie *Ānāpāna* für die Meditation.

Werde ich mich nicht – wird sich nicht diese ›Seifenblase‹ – an die Erleuchtung klammern, abhängig von ihr werden?
Wenn dem so ist, laufen Sie geradewegs in die entgegengesetzte Richtung von Erleuchtung. Solange noch Anhaftungen vorhanden sind, solange Sie sich noch an irgend etwas klammern, können Sie niemals die Erleuchtung erfahren. Verstehen Sie einfach nur, was Erleuchtung ist. Dann fahren Sie fort, die Wirklichkeit dieses Augenblicks zu be-

obachten, und lassen Sie die Erleuchtung auf sich zukommen. Seien Sie nicht verstimmt oder enttäuscht, wenn sie nicht kommt. Tun Sie einfach nur Ihre Arbeit, und überlassen Sie das Resultat Dhamma. Wenn Sie so arbeiten, klammern Sie sich nicht an die Erleuchtung, und sie wird mit Sicherheit kommen.

Dann meditiere ich einfach nur, um meine Arbeit zu tun?
Ja. Es ist Ihre Aufgabe, Ihren eigenen Geist zu reinigen. Betrachten Sie das als eine Verantwortung, aber tun Sie es ohne Anhaftung.

Es geht also nicht darum, irgend etwas zu erreichen?
Nein. Was auch immer kommt, kommt von ganz allein. Lassen Sie es ganz natürlich geschehen.

Sollte Kindern Dhamma gelehrt werden?
Die beste Zeit dafür ist vor der Geburt. Die Mutter sollte während der Schwangerschaft Vipassana praktizieren, so daß auch das Kind Vipassana empfängt, und es als Dhamma-Kind geboren wird. Aber auch, wenn Sie bereits Kinder haben, können Sie Dhamma mit ihnen teilen. Sie haben zum Beispiel, als Abschluß Ihrer Vipassana-Praxis, die Technik von *Mettā-Bhāvanā* gelernt, das heißt, Ihren Frieden und Ihre Harmonie mit anderen zu teilen. Wenn Ihre Kinder noch sehr klein sind, richten Sie nach jeder Meditation und wenn Sie zu Bett gehen Ihr *Mettā* auf sie – auf diese Weise kommt Ihre Dhamma-Praxis auch Ihren Kindern zugute. Und wenn sie schon etwas älter sind, erklären Sie ihnen ein wenig über Dhamma, auf eine Art und Weise, die sie verstehen und annehmen können. Wenn sie in der Lage sind, ein wenig mehr zu verstehen, dann lehren Sie sie, für ein paar Minuten *Ānāpāna* zu praktizieren. Üben Sie in keiner Form irgendwelchen Druck auf sie aus. Lassen Sie sie einfach mit Ihnen zusammen sitzen, ihren Atem für einige Minuten beobachten und dann rausgehen und spielen. Die Meditation wird für sie wie Spielen sein; sie werden es mit Freude machen. Am wichtigsten ist, daß Sie selbst ein gutes Dhamma-Leben führen. Sie müssen Ihren Kindern ein gutes Beispiel geben. Eine friedvolle und harmonische Atmosphäre wird ihnen helfen, zu guten und glücklichen Menschen heranzuwachsen. Das ist das Allerbeste, was Sie für Ihre Kinder tun können.

Wir danken Ihnen für das wundervolle Dhamma!

Danken Sie Dhamma! Dhamma ist unermeßlich und ohnegleichen. Ich bin nur ein Mittler. Und bedanken Sie sich auch bei sich selbst. Sie haben hart gearbeitet und konnten dadurch die Technik lernen. Ein Lehrer redet und redet, aber wenn Sie nicht arbeiten, erreichen Sie nichts. Seien Sie glücklich, und arbeiten Sie hart. Arbeiten Sie mit all Ihrer Kraft!

Die Stunde hat geschlagen

Ich schätze mich sehr glücklich, in Burma geboren zu sein, dem Dhamma-Land, in dem diese wundervolle Technik über die Jahrhunderte hinweg in ihrer ursprünglichen Form bewahrt wurde. Vor ungefähr hundert Jahren kam mein Großvater aus Indien nach Burma und ließ sich dort nieder, und so kam es, daß ich in diesem Land auf die Welt kam. Und ich schätze mich darüber hinaus sehr glücklich, daß ich in eine Familie von Geschäftsleuten geboren wurde und schon in meinen Teenager-Jahren anfing zu arbeiten, um Geld anzuhäufen. Das war das Hauptziel meines Lebens. Ich betrachte es als großes Glück, daß ich schon in jungen Jahren sehr erfolgreich war und eine Menge Geld verdiente. Wenn ich nicht selbst das Leben im Luxus kennengelernt hätte, so hätte ich die Leere eines solchen Lebens nicht am eigenen Leibe erfahren. Und ohne diese Erfahrung hätte womöglich noch in irgendeiner Ecke meines Geistes der Gedanke weiterleben können, daß wahres Glück im Reichtum liegt. Wenn Leute zu Reichtum gelangen, erhalten sie einen besonderen Status in der Gesellschaft, ihnen werden hohe Positionen anvertraut, und sie erhalten einflußreiche Funktionen als Vorstandsmitglieder vieler verschiedener Organisationen. Schon mit knapp über zwanzig Jahren fing ich mit dieser Verrücktheit an, gesellschaftlichem Prestige nachzujagen. Und natürlich waren es all diese Spannungen in meinem Leben, die dafür sorgten, daß ich eine psychosomatische Krankheit entwickelte, eine schwere Migräne. Alle vierzehn Tage litt ich unter einem Anfall dieser Krankheit, für die es keine Heilung gab. Ich sehe es als großes Glück an, daß ich diese Krankheit entwickelte.

Auch die besten burmesischen Ärzte konnten meine Krankheit nicht heilen. Die einzige Behandlung, die sie anbieten konnten, waren Morphiuminjektionen, um die Anfälle zu lindern. Alle vierzehn Tage benötigte ich eine Morphiumspritze, und danach mußte ich die Nachwirkungen ertragen: Übelkeit, Erbrechen, Elend.

Nach ein paar Jahren begannen die Ärzte mich zu warnen: »Jetzt nehmen Sie Morphium, um Ihre Migräneanfälle zu lindern, wenn Sie so weitermachen, werden Sie bald abhängig von Morphium werden, und dann werden Sie es jeden Tag nehmen müssen.« Ich war bestürzt über diese Aussichten – was für ein grauenvolles Leben würde mir bevorstehen! Die Ärzte rieten mir: »Sie reisen doch oft geschäftlich ins Ausland; unternehmen Sie einmal eine Reise um Ihrer Gesundheit willen. Wir haben kein Heilmittel für Ihre Krankheit, und wir wissen, daß auch die Ärzte in anderen Ländern keines haben. Aber vielleicht haben sie dort ein anderes Schmerzmittel. Das würde Sie wenigstens vor der Gefahr bewahren, morphiumabhängig zu werden.« Ihrem Rat folgend, reiste ich in die Schweiz, nach Deutschland, England, Amerika und Japan. Ich wurde von den besten Ärzten dieser Länder behandelt. Und ich bin sehr glücklich darüber, daß sie alle keinen Erfolg hatten. Als ich nach Hause zurückkam, war mein Zustand schlimmer als zuvor.

Nach meiner Rückkehr von dieser erfolglosen Reise besuchte mich ein guter Freund und erzählte mir von Vipassana: »Warum versuchst du es nicht mal mit einem dieser Zehn-Tage-Kurse in Vipassana-Meditation? Sie werden von U Ba Khin geleitet, einem bewundernswerten Menschen. Er ist Regierungsbeamter, ein Mann, der ein Familienleben führt wie du auch. Mir scheint, daß die Ursache deiner Krankheit in Wirklichkeit in deinem Geist liegt, und dies ist eine Technik, von der man sagt, daß sie den Geist von Spannungen befreit. Vielleicht kannst du dich von deiner Krankheit heilen, wenn du diese Technik praktizierst.« Nachdem ich überall erfolglos gewesen war, entschloß ich mich, wenigstens einmal mit diesem Meditationslehrer zu reden. Ich hatte schließlich nichts zu verlieren.

Ich ging zu seinem Meditationszentrum und sprach mit diesem außergewöhnlichen Menschen. Tief beeindruckt von der ruhigen und friedlichen Atmosphäre des Ortes und von seiner friedvollen Gegenwart, sagte ich: »Verehrter Herr, ich möchte gern an einem Ihrer Kurse teilnehmen. Bitte geben Sie Ihr Einverständnis.«

»Selbstverständlich, diese Technik ist für jeden da. Sie sind herzlich willkommen.«

Ich fuhr fort: »Seit einigen Jahren leide ich an einer unheilbaren Krankheit, einer schweren Migräne, die sich in extremen Kopfschmerzen auswirkt. Ich hoffe, daß ich durch diese Technik von meiner Krankheit geheilt werden kann.«

»Nein«, sagte er plötzlich, »kommen Sie nicht. Sie können keinen Kurs bei mir mitmachen.« Ich konnte nicht verstehen, was auf einmal sein Mißfallen erregt hatte; aber dann erklärte er voller Mitgefühl: »Dhamma hat nicht den Zweck, körperliche Krankheiten zu heilen. Wenn es das ist, was Sie suchen, sollten Sie besser in ein Krankenhaus gehen. Es ist der Zweck Dhammas, alles Leiden und Elend im Leben zu heilen. Diese Krankheit, die Sie haben, ist in Wirklichkeit nur ein sehr unbedeutender Teil Ihres Leidens. Sie wird vergehen, aber nur als ein Nebenprodukt im Prozeß der geistigen Reinigung. Wenn Sie das Nebenprodukt zu Ihrem Hauptziel machen, werten Sie Dhamma ab. Kommen Sie nicht, um körperliche Heilung zu erlangen, sondern um den Geist zu befreien.«

Er hatte mich überzeugt. »Ja«, sagte ich, »jetzt verstehe ich. Ich werde nur zur Reinigung meines Geistes kommen. Egal, ob meine Krankheit nun geheilt wird oder nicht, ich möchte den Frieden erfahren, den ich hier sehe.« Ich gab ihm mein Versprechen, zu kommen, und kehrte nach Hause zurück.

Aber dennoch schob ich die versprochene Kursteilnahme immer wieder hinaus. In eine überzeugte, konservative Hindu-Familie geboren, hatte ich seit den frühen Kindertagen gelernt, den Vers zu rezitieren: »Besser in seiner eigenen Religion, seinem eigenen Dharma* sterben, als zu einer anderen Religion übertreten.« Ich sagte mir: »Siehst du nicht, das ist eine andere Religion, das ist Buddhismus. Und diese Leute sind Atheisten, sie glauben nicht an Gott oder an die Existenz einer Seele!« (Als ob einfach nur an Gott oder an die Seele zu glauben alle unsere Probleme lösen würde!) »Wenn ich zu einem Atheisten werde, was wird dann mit mir geschehen? O nein, ich will lieber in meiner eigenen Religion sterben, ich werde einen großen Bogen um sie machen.«

Monatelang zögerte ich aus diesen Gründen. Aber ich bin sehr glück-

* Es handelt sich hier (und in dem folgenden Absatz) um ein Wortspiel mit den verschiedenen Bedeutungen des Begriffs *Dhamma* oder *Dharma* (wie es im Sanskrit und im modernen Hindi heißt). Heute wird dem Wort in Indien eine enge, auf religiöse Systeme und Gruppen bezogene Bedeutung gegeben, welche hier der viel umfassenderen ursprünglichen Bedeutung von »Natur« gegenübergestellt wird.

lich darüber, daß ich mich zu guter Letzt doch noch entschloß, Vipassana auszuprobieren. Ich nahm am nächsten Kurs teil und machte die zehn Tage mit. Ich bin sehr froh darüber, denn es hat mir sehr viel gegeben. Jetzt konnte ich verstehen, was das eigene Dharma ist, der eigene Weg, und was das Dharma anderer ist. Das Dharma menschlicher Wesen ist das eigene Dharma. Nur ein menschliches Wesen hat die Fähigkeit, sich selbst zu beobachten, um so aus dem Leiden herauszukommen. Keine niedere Kreatur, kein niederes Wesen kann dies tun. Die Wirklichkeit im eigenen Innern zu beobachten, das ist das Dharma menschlicher Wesen. Wenn wir keinen Gebrauch von dieser Fähigkeit machen, leben wir wie niedere Wesen. Wir vergeuden unser Leben, was ohne Frage gefährlich ist.

Ich hatte mich immer für einen sehr religiösen Menschen gehalten. Schließlich hielt ich mich an alle religiösen Pflichten, folgte allen Moralvorschriften und spendete sehr viel für wohltätige Zwecke. Und warum wurde ich denn zum Vorsitzenden so vieler religiöser Organisationen gewählt, wenn ich nicht tatsächlich ein religiöser Mensch war. Selbstverständlich, so dachte ich, bin ich sehr religiös. Aber wieviel ich auch immer für wohltätige Zwecke gespendet hatte und wieviel karitative Dienste ich auch geleistet hatte, wie achtsam ich auch immer auf mein Reden und Tun gewesen war, als ich anfing, die dunkle Kammer meines Geistes in mir zu beobachten, fand ich sie dennoch voller Schlangen und Skorpione, die viel Leiden verursacht hatten. Jetzt, wo die Unreinheiten nach und nach aufgelöst wurden, fing ich an, wirklichen Frieden zu genießen. Ich erkannte, welches Glück mir mit dieser wundervollen Technik, diesem Dhamma-Juwel widerfahren war.

Vierzehn Jahre lang war es mir vergönnt, diese Technik in Burma unter der engen persönlichen Anleitung meines Lehrers zu praktizieren. Natürlich kam ich als jemand, der im Familienleben steht, auch allen meinen weltlichen Verantwortungen nach. Aber gleichzeitig fuhr ich fort, jeden Morgen und jeden Abend zu meditieren, ging jedes Wochenende in das Zentrum meines Lehrers und zog mich jedes Jahr für zehn Tage oder länger zu intensiver Meditation zurück.

Anfang 1969 mußte ich eine Reise nach Indien unternehmen. Einige Jahre zuvor waren meine Eltern dorthin gezogen, und meine Mutter hatte eine Nervenkrankheit entwickelt, die, wie ich wußte, nur durch die Praxis von Vipassana geheilt werden konnte. Es gab in Indien jedoch niemanden, der die Technik lehrte. Vipassana war in Indien seit langem verlorengegangen. Selbst der Name war vergessen worden. Ich bin der burmesischen Regierung sehr dankbar, daß sie mir die Erlaubnis erteilte, nach Indien zu reisen; in jenen Jahren war es nicht üblich, daß die Bürger des Landes Genehmigungen für Reisen ins Ausland erhielten. Ich bin ebenso der indischen Regierung dankbar, daß sie mir die Einreise genehmigte. Im Juli 1969 wurde der erste Kurs in Bombay abgehalten, an dem meine Eltern und zwölf weitere Personen teilnahmen. Ich bin sehr glücklich, daß ich meinen Eltern auf diese Weise dienen konnte. Durch Dhamma konnte ich die unermeßliche Dankbarkeit, die ich ihnen schuldete, zurückzahlen.

Nachdem so der Zweck meines Besuches in Indien erfüllt war, wollte ich wieder nach Burma, nach Hause, zurückkehren. Diejenigen, die an dem Kurs teilgenommen hatten, drängten mich zu einem weiteren Kurs, und dann zu noch einem und noch einem. Sie wollten Kurse für ihre Väter, Mütter, Frauen, Ehemänner, Kinder und Freunde. So wurde also ein zweiter Kurs abgehalten und dann ein dritter und ein vierter, und auf diese Weise verbreitete sich die Lehre Dhammas.

Im Jahre 1971, als ich gerade einen Kurs in Bodh Gaya gab, erhielt ich ein Telegramm aus Rangun mit der Nachricht, daß mein Lehrer gestorben war. Diese Nachricht, die mich völlig unerwartet traf, war schockierend für mich und betrübte mich verständlicherweise sehr. Aber mit der Hilfe Dhammas, das er mir gegeben hatte, blieb mein Geist ausgeglichen.

Jetzt mußte ich entscheiden, wie ich die Dankbarkeit, die ich diesem heiligen Menschen Sayagyi U Ba Khin schuldete, zurückzahlen konnte. Meine Eltern hatten mir das Leben geschenkt, ein Leben als menschliches Wesen, aber eines, das immer noch eingeschlossen war in der Schale der Unwissenheit. Nur durch die Hilfe dieses wundervollen Menschen war es mir möglich geworden, diese Schale zu durchbrechen und durch das Beobachten der Wirklichkeit in meinem Innern die Wahrheit zu entdecken. Und nicht nur das – vierzehn Jahre lang hatte er mich im Dhamma gestärkt und großgezogen. Wie konnte ich meinem Dhamma-Vater die Dankbarkeit zurückzahlen, mit der ich tief in seiner Schuld stand? Der einzige Weg, den ich sah, war, das zu praktizieren, was er gelehrt hatte: ein Dhamma-Leben zu führen; das ist die rechte Art und Weise, ihn zu ehren. Und mit soviel Reinheit des Geistes, soviel Liebe und Mitgefühl, wie ich entwickeln konnte, faßte ich den Entschluß, den Rest meines Lebens anderen zu dienen, denn das war es, was er sich von mir wünschte.

Er verwies oft auf den überlieferten Glauben in Burma, daß, 25 Jahrhunderte nach Buddhas Zeit, Dhamma in das Land seines Ursprungs zurückkehrt und sich von dort über die ganze Welt verbreitet. Es war immer sein Wunsch, die Vipassana-Meditation in Indien zu lehren, um selbst mitzuhelfen, diese Prophezeiung wahr zu machen. »2500 Jahre sind um«, pflegte er zu sagen, »die Stunde für Vipassana hat geschlagen!« Leider erlaubten ihm die politischen Bedingungen in seinen späteren Jahren keine Auslandsreisen. Als ich dann 1969 die Genehmigung erhielt, war er hocherfreut und sagte zu mir: »Goenka, nicht du bist es, der geht – ich gehe!«

Zuerst dachte ich, diese Prophezeiung sei nur ein von bestimmten Gruppen gehegter Glaube. Warum sollte schließlich gerade nach 2500 Jahren etwas Besonderes geschehen, wenn es vorher nicht möglich gewesen war? Als ich jedoch nach Indien kam, war ich verblüfft darüber, wie Tausende plötzlich zu den Kursen kamen, Menschen jeglicher Herkunft, jeglicher Religionszugehörigkeit, aus allen Bevölkerungsgruppen und Gesellschaftsschichten – dabei kannte ich doch nicht einmal hundert Leute in diesem riesigen Land. Und nicht nur Inder kamen, sondern auch Tausende von Menschen aus vielen anderen Ländern.

Es wurde klar, daß nichts ohne Ursache geschieht. Niemand kommt aus purem Zufall zu einem Kurs. Einige haben vielleicht in der Vergangenheit etwas Gutes getan und als Ergebnis nun den Samen Dhammas empfangen. Andere haben den Samen schon früher erhalten und wollen ihn jetzt wachsen lassen. Ob Sie nun gekommen sind, um den Samen zu empfangen oder um den Samen zu entwickeln, den Sie bereits haben – wachsen Sie weiter in Dhamma, zu Ihrem eigenen Wohl, Ihrem eigenen Vorteil und Nutzen, Ihrer eigenen Befreiung, und Sie werden sehen, wie es auch anderen zu helfen beginnt. Dhamma ist für alle und jeden segensreich.

Mögen die leidenden Menschen überall auf der Welt diesen Weg des Friedens finden. Mögen sie alle von ihrem Elend, ihren Ketten, ihrer Knechtschaft erlöst werden. Mögen sie ihren Geist von allen Flecken, allen Unreinheiten befreien.

Mögen alle Wesen im gesamten Universum glücklich sein.

Mögen alle Wesen friedvoll sein.

Mögen alle Wesen Befreiung erlangen.

Anhang A: Die Bedeutung von *Vedanā* in der Lehre des Buddha

Die Lehre des Buddha ist ein System zur Entwicklung von Selbsterkenntnis als Mittel zur Selbstveränderung. Dadurch, daß wir eine auf eigener Erfahrung basierende Einsicht in die Wirklichkeit unserer eigenen Natur gewinnen, können wir die fehlerhaften Auffassungen ablegen, die uns falsch handeln lassen und uns dadurch unglücklich machen. Wir lernen, im Einklang mit der Realität zu agieren und auf diese Weise ein produktives, nützliches und glückliches Leben zu führen.

In der *Satipaṭṭhāna Sutta*, der »Lehrrede über die Ausbildung von Aufmerksamkeit und Gewahrsein«, präsentierte der Buddha eine praktische Methode zur Entwicklung von Selbsterkenntnis durch Selbstbeobachtung. Diese Methode ist die Vipassana-Meditation.

Jeder Versuch, unsere wahre Natur zu beobachten, enthüllt uns, daß das, was wir unser »ich« oder »Selbst« nennen, zwei Aspekte hat, einen physischen, materiellen und einen geistig-psychischen, immateriellen – Körper und Geist. Wir müssen lernen, beide zu beobachten. Aber wie können wir die Realität von Körper und Geist tatsächlich erfahren? Einfaches Akzeptieren genügt nicht, genausowenig wie verstandesmäßiges Wissen. Beides kann uns bei der Arbeit der Selbsterforschung ein Leitfaden sein, aber es ist unumgänglich, daß jeder einzelne die Realität direkt in sich selbst erforschen und erfahren muß.

Wir alle erfahren die Wirklichkeit des Körpers dadurch, daß wir ihn fühlen, durch die körperlichen Empfindungen, die in ihm entstehen. Wir wissen mit geschlossenen Augen, daß wir Hände, Beine und andere Körperteile haben, weil wir sie fühlen können. So wie ein Buch eine äußere Form und einen Inhalt hat, so hat auch unser körperliches Gebilde eine äußerliche, objektive Realität – den Körper (*Kāya*) – und eine innere, subjektive Realität der Empfindungen (*Vedanā*). Wir nehmen ein Buch in uns auf, indem wir all die Worte lesen, die es enthält; wir erfahren den Körper, indem wir Empfindungen spüren. Ohne das Gewahrsein von Empfindungen ist ein Einblick in unsere körperliche

Struktur, also unmittelbares Wissen über den Körper unmöglich. Beides hängt untrennbar miteinander zusammen.

In gleicher Weise kann auch die geistige Struktur analysiert und in Form und Inhalt unterteilt werden: den Geist *(Citta)* und was immer im Geist erscheint *(Dhamma)* – also jegliche Gedanken, Emotionen, Erinnerungen, Hoffnungen, Ängste, alles, was im Geist vor sich geht. So wie Körper und Empfindung nicht getrennt voneinander erfahren werden können, so kann man auch den Geist nicht getrennt von den Inhalten des Geistes beobachten. Geist und Materie sind ebenfalls eng miteinander verknüpft. Alles, was auf der einen Ebene geschieht, spiegelt sich auf der anderen Ebene wider. Dies war eine der grundlegenden Entdeckungen des Buddha, die von entscheidender Bedeutung für seine Lehre ist. Er drückte es folgendermaßen aus: »Alles, was im Geist erscheint, wird von einer Empfindung begleitet.«[1] Die Beobachtung der Empfindungen stellt somit ein Mittel dar, die Gesamtheit des eigenen Wesens zu untersuchen, sowohl die körperliche wie die geistige Seite.

Diese vier Dimensionen der Wirklichkeit sind allen menschlichen Wesen gemeinsam: die physischen Aspekte des Körpers und der Empfindungen und die geistig-psychischen Aspekte des Geistes und seiner Inhalte. Sie bilden die vier Abschnitte der *Satipaṭṭhāna Sutta,* die vier Wege zur Entwicklung von Aufmerksamkeit und Gewahrsein, die vier geeigneten Ausgangspunkte für das Beobachten der menschlichen Erscheinung. Wenn die Untersuchung vollständig sein soll, muß jeder einzelne Aspekt erfahren werden. Und alle vier können durch das Beobachten von *Vedanā* erfahren werden.

Aus diesem Grund hob der Buddha die Wichtigkeit des Gewahrseins von *Vedanā* besonders nachdrücklich hervor. In der *Brahmajāla Sutta,* einer seiner wichtigsten Lehrreden, erklärte er: »Der Erleuchtete wurde dadurch befreit und erlöst von allen Anhaftungen, daß er die Empfindungen beobachtete, wie sie wirklich sind, ihr Entstehen und Vergehen, das Schwelgen in ihnen, die Gefahr, die sie bedeuten, das Befreitsein von ihnen.«[2] Das Gewahrsein von Empfindungen, erklärte er, ist eine Voraussetzung für das Verstehen der Vier Edlen Wahrheiten: »Dem Menschen, der Empfindungen erfährt, zeige ich, wie er erkennen kann, was Leiden ist, was der Ursprung des Leidens ist, was das Ende des Leidens ist und was der Weg ist, der zum Ende des Leidens führt.«[3]

Was ist *Vedanā* nun genau? Der Buddha beschrieb es auf verschiedene Weisen. Er zählte *Vedanā* zu den vier Prozessen, aus denen sich der Geist zusammensetzt (siehe 2. Kapitel). Wenn er es jedoch präziser definieren wollte, sprach er von *Vedanā* als einem Phänomen, das gleichzeitig geistige und körperliche Aspekte hat.[4] Materie ist nicht in der Lage, etwas zu fühlen, wenn der Geist nicht gegenwärtig ist; in einem toten Körper gibt es keine Empfindungen. Es ist der Geist, der fühlt, aber das, was er fühlt, hat ein körperliches Element, das nicht vom Gefühl zu trennen ist.

Diese körperliche Komponente ist von zentraler Bedeutung beim Praktizieren der Lehre des Buddha. Zweck der Praxis ist es, in uns die Fähigkeit zu entwickeln, mit all den Wechselfällen des Lebens auf ausgeglichene Art und Weise umzugehen. Wir lernen das in der Meditation, indem wir alles, was in unserem Innern geschieht, mit Gleichmut beobachten. Mit diesem Gleichmut können wir die Gewohnheit des blinden Reagierens durchbrechen und statt dessen in jeder Situation die sinnvollste und für alle förderlichste Handlung wählen.

Alles, was uns im Leben begegnet, erfahren wir durch die sechs Pforten der Wahrnehmung, das heißt durch die fünf körperlichen Sinne und den Geist. Und sobald ein Kontakt an einer dieser sechs Eingangstore erfolgt, sobald wir dort auf irgendein Phänomen, körperlicher oder geistiger Natur, stoßen, wird entsprechend der ›Kette des Bedingten Entstehens‹ eine Empfindung hervorgerufen (siehe S. 63). Wenn wir dem, was im Körper geschieht, keine Aufmerksamkeit schenken, wissen wir – auf der bewußten Ebene – nichts von dieser Empfindung. In der Dunkelheit der Unwissenheit beginnt eine unbewußte Reaktion auf die Empfindung, ein momenthaftes Mögen oder Nichtmögen, das sich zu Verlangen oder Aversion entwickelt. Diese Reaktion wird unzählige Male wiederholt und verstärkt, bevor sie in unser Bewußtsein dringt. Wenn ein Meditierender nur dem Bedeutung beimißt, was im bewußten Geist geschieht, wird er dieses Prozesses erst gewahr werden, nachdem die Reaktion bereits stattgefunden und schon eine gefährliche Dimension angenommen hat, die ihn überwältigen kann. Er läßt zu, daß der Funke einer Empfindung ein rasendes Feuer anfacht, bevor er versucht, ihn zu löschen. Wenn man jedoch die Empfindungen im Körper objektiv beobachtet, wird aus dem Funken kein großer Flächenbrand. Dadurch, daß man dem körperlichen Aspekt Gewicht gibt, wird man sich der Empfindung im gleichen Moment, in dem sie entsteht, bewußt und kann jede Reaktion verhindern.

Der körperliche Aspekt von *Vedanā* ist von so besonderer Bedeutung, weil er uns eine lebendige, greifbare Erfahrung der Realität der Unbeständigkeit in unserem eigenen Innern bietet. Veränderung findet in jedem Moment in uns statt und manifestiert sich im Spiel der Empfindungen. Dies ist die Ebene, auf der Vergänglichkeit erfahren werden muß. Das Beobachten der sich ständig ändernden Empfindungen ermöglicht uns die Einsicht in unsere eigene kurzlebige Natur. Diese Erkenntnis macht klar, wie sinnlos es ist, sich an etwas so Unbeständiges zu klammern. So führt die direkte Erfahrung von *Anicca* ganz von selbst zum Loslassen, zum Auflösen des Anhaftens und Klammerns. Und mit dieser Losgelöstheit kann man nicht nur neue Reaktionen von Verlangen und Aversion abwenden, sondern auch die Gewohnheit des Reagierens selbst beseitigen. So befreit man den Geist nach und nach vom Leiden. Ohne den körperlichen Aspekt ist die Aufmerksamkeit auf die Empfindungen nicht umfassend, bleibt das Gewahrsein von *Vedanā* unvollständig. Der Buddha betonte daher immer wieder die Bedeutung der Erfahrung der Unbeständigkeit mittels körperlicher Empfindungen. Er erklärte:

> »Diejenigen, die sich ohne Unterlaß bemühen,
> ihre Aufmerksamkeit auf den Körper zu richten,
> die sich unheilsamer Taten enthalten
> und das zu tun anstreben, was getan werden sollte,
> solche Menschen – aufmerksam, sich ihrer Empfindungen bewußt,
> mit vollkommenem Verständnis –
> werden von ihren Unreinheiten befreit.«[5]

Die Ursache des Leidens ist *Taṇhā,* das heißt Verlangen und Aversion. Gewöhnlich erscheint es uns so, als wären das Verlangen und die Aversion, die wir entwickeln, Reaktionen auf die unterschiedlichen Objekte und Erfahrungen, mit denen wir über die körperlichen Sinnesorgane und den Geist Bekanntschaft machen. Der Buddha entdeckte jedoch, daß zwischen dem Objekt und der Reaktion ein Verbindungsstück fehlte: *Vedanā.* Wir reagieren nicht auf die äußere Realität, sondern auf die Empfindungen in unserem Innern. Wenn wir lernen, die Empfindungen zu beobachten, ohne dabei mit Verlangen oder Abwehr zu reagieren, entsteht die Ursache des Leidens nicht mehr, und das Leiden hört auf. Daher ist die Beobachtung von *Vedanā* ein wesentlicher Faktor und unabdinglich, wenn man praktizieren will, was der Buddha lehrte. Diese Beobachtung muß auf der Ebene der körperlichen Empfindungen stattfinden, wenn das Gewahrsein von *Vedanā* vollständig und umfassend sein soll. Mit diesem Gewahrsein, der kontinuierlichen Aufmerksamkeit auf die körperlichen Empfindungen, können wir zur Wurzel des Problems vordringen und sie entfernen. Wir können unsere eigene Natur bis in ihre Tiefen beobachten und uns vom Leiden befreien.

Wenn man versteht, welche zentrale Bedeutung die Beobachtung der Empfindungen in der Lehre des Buddha einnimmt, wird man ein neues, sehr viel klareres Verständnis von der *Satipaṭṭhāna Sutta*[6] gewinnen. Die Lehrrede beginnt damit, die Ziele von *Satipaṭṭhāna,* der Ausbildung von Aufmerksamkeit und Gewahrsein, darzulegen: »die Reinigung der Wesen, das Hinausgehen über Kummer und Wehklagen, die Beendigung körperlichen und geistigen Leidens, das Praktizieren eines Weges der Wahrheit, die direkte Erfahrung der letztendlichen Realität, des *Nibbāna*«.[7] Dann wird kurz erklärt, wie man diese Ziele erreicht: »Hier verweilt ein Meditierender beharrlich und entschlossen, mit vollständigem Verstehen und Aufmerksamkeit bei der Beobachtung des Körpers im Körper, bei der Beobachtung der Empfindungen in den Empfindungen, bei der Beobachtung des Geistes im Geist, bei der Beobachtung der Inhalte des Geistes in den Inhalten des Geistes, wobei er alle auf diese Welt gerichteten Begierden und Aversionen aufgegeben hat.«[8]

Was ist gemeint mit »der Beobachtung des Körpers im Körper, ... der Empfindungen in den Empfindungen« und so weiter? Für jemanden, der Vipassana praktiziert, ist diese Formulierung von eindringlicher Klarheit und erhellt die eigene Praxis. Der Körper, die Empfindungen, der Geist und die Geist-Inhalte sind die vier Dimensionen eines menschlichen Wesens. Um dieses menschliche Phänomen richtig zu verstehen, muß jeder von uns die Realität seiner selbst direkt erfahren. Und um diese direkte Erfahrung zu erlangen, muß der Meditierende zwei Qualitäten entwickeln: Aufmerksamkeit bzw. Gewahrsein *(Sati)* und vollständiges Verstehen *(Sampajañña).* Die Lehrrede trägt den Namen »Die Ausbildung von Aufmerksamkeit und Gewahrsein«, aber Aufmerksamkeit und Gewahrsein sind unvollständig ohne Verstehen, ohne Einsicht in die Tiefen der eigenen Natur, in die Unbeständigkeit dieses Phänomens, das wir »ich« nennen. Die Praxis von *Satipaṭṭhāna* führt den Meditierenden zur Erkenntnis seiner flüchtigen Natur, deren eigentliches, wahres Wesen die Vergänglichkeit ist. Wenn man diese Erkenntnis als persönliche Erfahrung in sich realisiert hat, dann stehen Aufmerksamkeit und Gewahrsein auf festem Fundament – rechte Aufmerksamkeit und rechtes Gewahrsein, die zur Befreiung führen. Dann verschwinden Verlangen und Aversion ganz von selbst, und nicht nur bezogen auf die äußere Welt, sondern ebenso auf die innere Welt, wo Verlangen und Aversion am tiefsten verwurzelt sind und am häufigsten übersehen werden – in dem gedankenlosen, in Fleisch und Blut übergegangenen Verhaftetsein an unser Selbst, dem Hängen an unserem eigenen Körper und Geist. Solange dieses zugrundeliegende Anhaften und Klammern weiterbesteht, kann man nicht vom Leiden befreit werden.

Die »Lehrrede über die Ausbildung von Aufmerksamkeit und Gewahrsein« behandelt zuerst die Beobachtung des Körpers. Dies ist der augenscheinlichste Aspekt der geistig-körperlichen Struktur und daher der geeignete Ausgangspunkt für die Arbeit der Selbstbeobachtung. Von hier aus entwickelt sich ganz natürlich die Beobachtung der Empfindungen, des Geistes und der Geist-Inhalte. In der Lehrrede werden mehrere Möglichkeiten erläutert, wie man mit der Beobachtung des Körpers beginnen kann. Die erste und am weitesten verbreitete ist die Aufmerksamkeit auf die Atmung. Eine andere Methode, mit der man beginnen kann, ist, seine Aufmerksamkeit auf die Körperbewegungen zu richten. Aber gleichgültig, auf welche Weise man die Reise beginnt, es gibt bestimmte Stadien, die jeder auf dem Weg zum letzten Ziel passieren muß. Diese werden in einem Abschnitt beschrieben, der von entscheidender Bedeutung in der Lehrrede ist:

»Auf diese Weise verweilt er bei der Beobachtung des Körpers im Körper im Innern oder außen, oder gleichzeitig innen und außen. Er verweilt bei der Beobachtung des Phänomens des Entstehens im Körper. Er verweilt bei der Beobachtung des Phänomens des Vergehens im Körper. Er verweilt bei der Beobachtung des Phänomens des Entstehens und Vergehens im Körper. Jetzt ist sein Gewahrsein gefestigt: ›Dies ist der Körper.‹ Dieses Gewahrsein entwickelt sich in solch einem Maße, daß nur reines Verstehen und reines Beobachten verbleiben und er losgelöst verweilt und an nichts in der Welt mehr hängt.«[9]

Die große Bedeutung dieser Passage wird in der Tatsache deutlich, daß sie nicht nur am Ende jedes Teilstücks innerhalb der Behandlung der Körperbeobachtung wiederholt wird, sondern in gleicher Weise auch in den nachfolgenden Abschnitten der Lehrrede immer wiederkehrt, also in den Teilen, die sich mit der Beobachtung der Empfindungen, des Geistes und der Geist-Inhalte befassen (in diesen drei späteren Abschnitten wird das Wort ›Körper‹ entsprechend ersetzt durch ›Empfindungen‹, ›Geist‹ und ›Geist-Inhalte‹). Diese Passage beschreibt somit die gemeinsame Grundlage der Praxis von *Satipaṭṭhāna*. Aufgrund der Schwierigkeiten, die sie aufweist, waren die Interpretationen des Textes jedoch sehr unterschiedlich. Diese Schwierigkeiten lösen sich auf, wenn man die Passage als bezogen auf das Gewahrsein der Empfindungen begreift. Durch die Praxis von *Satipaṭṭhāna* sollen die Meditierenden eine umfassende Einsicht in ihre eigene Natur erlangen. Das Mittel zu dieser in die Tiefe gehenden, durchdringenden Einsicht ist die Beobachtung der Empfindungen und – in ihr enthalten – die Beobachtung der drei anderen Dimensionen des Phänomens Mensch. Daher muß die Praxis, obwohl die ersten Schritte unterschiedlich sein mögen, ab einem bestimmten Punkt das Gewahrsein der Empfindungen einschließen.

Daher, so erklärt diese Passage, beginnen Meditierende damit, daß sie die Empfindungen im Innern des Körpers oder außen, an der Oberfläche des Körpers, beobachten oder beides gleichzeitig. Das heißt, daß sie zunächst vielleicht nur an bestimmten Stellen Empfindungen wahrnehmen und an anderen nicht, während sie dann aber allmählich die Fähigkeit entwickeln, Empfindungen überall im Körper zu fühlen. Wenn Meditierende mit der Praxis beginnen, kann es sein, daß sie zunächst sehr intensive Empfindungen spüren, die entstehen und dann einige Zeit andauern. Sie sind sich des Entstehens dieser Empfindungen bewußt und ebenso, wie sie nach einiger Zeit wieder vergehen. In diesem Stadium erfahren sie immer noch die vermeintliche Realität von Körper und Geist, ihre integrierte, scheinbar feste und dauerhafte Natur. Wenn man jedoch mit der Praxis fortfährt, wird schließlich ein Stadium erreicht, wo sich die Festgefügtheit und Stabilität ganz von selbst auflöst und Geist und Körper in ihrer wahren

Natur erfahren werden – als ein Komplex von Schwingungen, als Masse von Vibrationen, die in jedem Augenblick entstehen und wieder vergehen. Mit dieser Erfahrung versteht man, was Körper, Empfindungen, Geist und Geist-Inhalte wirklich sind: ein Fluß von unpersönlichen, ununterbrochen sich verändernden Phänomenen.

Dieses direkte Erfassen der letztendlichen Realität von Geist und Materie zerschmettert in zunehmendem Maße unsere Illusionen, falschen Vorstellungen und vorgefaßten Meinungen. Selbst richtige Vorstellungen, die man lediglich aufgrund von Glauben und Vertrauen oder verstandesmäßigen Schlußfolgerungen als wahr akzeptiert hatte, erhalten jetzt, nachdem man sie erfahren hat, ein ganz neues Gewicht. Nach und nach werden so all die Konditionierungen, die die Wahrnehmung verzerren, durch die Beobachtung der Realität in unserem Innern beseitigt. Nur reines Gewahrsein und Weisheit bleiben zurück.

In dem Maße, wie die Unwissenheit schwindet, werden die tieferliegenden Tendenzen zur Entwicklung von Verlangen und Aversion aufgelöst, und der Meditierende wird von allen Anhaftungen befreit – auch der am tiefsten in uns verwurzelten, der Identifikation mit der inneren Welt unseres eigenen Körpers und Geistes, an der wir so hängen. Wenn diese Anhaftung zerstört ist, verschwindet das Leiden, und man erlangt die Befreiung.

Der Buddha sagte oft: »Alles, was gefühlt wird, ist mit Leiden verbunden.«[10] *Vedanā* ist daher das ideale Mittel, um die Wahrheit des Leidens zu erforschen. Unangenehme Empfindungen sind ganz offensichtlich Leiden, aber auch die angenehmsten Empfindungen sind eine Form sehr feiner Unruhe, ganz subtiler Erregung. Alle Empfindungen sind unbeständig. Wenn man an angenehmen Empfindungen hängt und sich an sie klammert, dann bleibt Leiden zurück, wenn sie vergehen. Daher enthält jede Empfindung einen Keim von Leiden. Aus diesem Grund sprach der Buddha, als er den Weg zur Beendigung des Leidens darlegte, von dem Weg, der zum Erscheinen von *Vedanā* führt, und dem Weg, der schließlich zum Ende von *Vedanā* führt.[11] Solange man in der bedingten, dem Entstehen und Vergehen unterworfenen Welt von Geist und Materie verbleibt, werden Empfindungen und Leiden weiterbestehen. Sie hören erst dann auf, wenn man über dieses Feld von Geist und Materie hinausgeht, um die letztendliche Wirklichkeit des *Nibbāna* zu erfahren.

Der Buddha sagte:

»Nicht dadurch wendet man Dhamma wirklich im Leben an, daß man viel darüber redet. Wenn jemand jedoch – obwohl er vielleicht nur wenig darüber gehört haben mag – mittels seines eigenen Körpers das Gesetz der Natur erkennt, dann lebt er wirklich ihm entsprechend und kann niemals vergeßlich oder nachlässig gegenüber Dhamma sein.«[12]

Unser eigener Körper legt Zeugnis ab über die Wahrheit. Wenn Meditierende die Wahrheit im Innern entdecken, wird sie wirklich für sie, und sie leben ihr entsprechend. Wir alle können diese Wahrheit erkennen, indem wir lernen, die Empfindungen in uns zu beobachten, und mit Hilfe dieser Beobachtung der Empfindungen können wir die Befreiung vom Leiden erlangen.

Anhang B: Textpassagen über *Vedanā* aus den Lehrreden des Buddha

In seinen Lehrreden verwies der Buddha wiederholt auf die Bedeutung des Gewahrseins der Empfindungen. Hier ist eine kleine Auswahl von Textstellen zu diesem Thema.

»Über den Himmel wehen viele verschiedene Winde, aus dem Osten und aus dem Westen, aus dem Norden und aus dem Süden, solche, die viel Staub mit sich führen, und andere, die frei von Staub und Schmutz sind, kalte ebenso wie heiße, heftige Stürme und sanfte Brisen – viele Winde wehen dort. In gleicher Weise tauchen in diesem Körper Empfindungen auf, angenehme, unangenehme und neutrale. Wenn ein Meditierender unermüdlich praktiziert und dabei seine Fähigkeit zum gründlichen, vollständigen Verstehen *[Sampajañña]* nicht außer acht läßt, dann begreift ein solch weiser Mensch die Empfindungen voll und ganz. Und mit diesem vollkommenen Verstehen der Empfindungen wird er noch in diesem jetzigen Leben von allen Unreinheiten befreit. Ein solcher Mensch, gefestigt im Dhamma und mit einem vollkommenen Verständnis der Empfindungen, erlangt am Lebensende das unbeschreibbare Stadium jenseits der bedingten Welt.«

S XXXVI (II).ii. 12 (2), *Paṭhama Ākāsa Sutta*

»Und wie verweilt ein Meditierender bei der Beobachtung des Körpers im Körper? In diesem Fall geht ein Meditierender in einen Wald, unter einen Baum oder zu einem einsamen Zufluchtsort. Dort setzt er sich mit gekreuzten Beinen und aufrechtem Körper nieder und fixiert seine Aufmerksamkeit auf das Gebiet um den Mund. Sein Gewahrsein kontinuierlich aufrechterhaltend, atmet er ein und atmet aus. Wenn er mit einem langen Atemzug einatmet, ist er sich gewiß: ›Ich atme mit einem langen Atemzug ein.‹ Wenn er mit einem langen Atemzug ausatmet, ist er sich gewiß: ›Ich atme mit einem langen Atemzug aus.‹ Wenn er mit einem kurzen Atemzug einatmet, ist er sich gewiß: ›Ich atme mit einem kurzen Atemzug ein.‹ Wenn er mit einem kurzen

Atemzug ausatmet, ist er sich gewiß: ›Ich atme mit einem kurzen Atemzug aus.‹ ›Den gesamten Körper fühlend, werde ich einatmen‹ – so schult er sich. ›Den gesamten Körper fühlend, werde ich ausatmen‹ – so schult er sich. ›Mit vollkommen beruhigten körperlichen Aktivitäten werde ich einatmen‹ – so schult er sich. ›Mit vollkommen beruhigten körperlichen Aktivitäten werde ich ausatmen‹ – so schult er sich.«

D 22 /M 10, *Satipaṭṭhāna Sutta, Ānāpāna-Pabbam*

»Wenn eine Empfindung im Meditierenden auftaucht, angenehm, unangenehm oder neutral, so versteht er: ›Eine angenehme, unangenehme oder neutrale Empfindung ist in mir aufgetaucht. Sie gründet sich auf etwas, sie ist nicht ohne eine Basis. Auf was gründet sie sich? Auf eben diesen Körper.‹ Auf diese Weise verweilt er bei der Beobachtung der unbeständigen Natur der Empfindung im Körper.«

S XXXVI (II).i. 7, *Paṭhama Gelañña Sutta*

»Der Meditierende versteht: ›In mir ist diese angenehme, unangenehme oder neutrale Erfahrung aufgetaucht. Sie ist etwas Erzeugtes, Gebildetes, Zusammengesetztes, von grober Natur, abhängig von Bedingungen. Was dagegen wirklich existiert und von nichts übertroffen wird, ist Gleichmut.‹ Ob nun eine angenehme, eine unangenehme oder eine neutrale Erfahrung in ihm aufgetaucht ist, sie vergeht, Gleichmut jedoch bleibt bestehen.«

M 152, *Indriya Bhāvanā Sutta*

»Es gibt drei Arten von Empfindungen: angenehme, unangenehme und neutrale. Alle drei sind unbeständig, etwas Erzeugtes, Gebildetes, Zusammengesetztes, abhängig von Bedingungen, dem Verfall, Niedergang, Dahinschwinden und Vergehen unterworfen. Wenn er diese Realität sieht, entwickelt der gut geschulte Nachfolger auf dem Edlen Achtteiligen Pfad Gleichmut gegenüber angenehmen, unangenehmen und neutralen Empfindungen. Durch die Entwicklung von Gleichmut wird er frei von seinem Anklammern und Haften; durch dieses Sichlösen erlangt er die Befreiung.«

M 74, *Dīghanaka Sutta*

»Wenn ein Meditierender bei der Beobachtung der Unbeständigkeit angenehmer Empfindungen innerhalb des Körpers verweilt – ihres Nachlassens, Dahinschwindens und Aufhörens – und dabei auch das eigene Loslassen des Klammerns und Festhaltenwollens solcher Empfindungen beobachtet, dann wird seine zugrundeliegende Konditionierung auf das Verlangen nach angenehmen Empfindungen im Körper aufgelöst. Wenn er bei der Beobachtung der Unbeständigkeit unangenehmer Empfindungen innerhalb des Körpers verweilt, dann wird seine zugrundeliegende Konditionierung auf die Aversion gegen unangenehme Empfindungen im Körper aufgelöst. Wenn er bei der Beobachtung der Unbeständigkeit neutraler Empfindungen innerhalb des Körpers verweilt, dann wird seine zugrundeliegende Konditionierung auf die Unwissenheit gegenüber neutralen Empfindungen im Körper aufgelöst.«

S XXXVI (II).i. 7, *Paṭhama Gelañña Sutta*

»Wenn seine zugrundeliegenden Konditionierungen auf das Verlangen nach angenehmen Empfindungen, die Aversion gegen unangenehme Empfindungen und die Unwissenheit gegenüber neutralen Empfindungen beseitigt sind, nennt man den Meditierenden einen Menschen, der vollkommen frei ist von tieferliegenden Konditionierungen, der die Wahrheit gesehen hat, der alles Verlangen und alle Aversion beseitigt hat, der alle Ketten zerbrochen hat, der die trügerische Natur des »ich« vollständig erkannt hat, der dem Leiden ein Ende gemacht hat.«

S XXXVI (II).i. 3, *Pahāna Sutta*

»Die Sicht der Realität, so wie sie wirklich ist, wird seine rechte Art des Sehens. Das Denken über die Realität, so wie sie wirklich ist, wird seine rechte Art des Denkens. Die Bemühungen, ausgerichtet auf die Realität, so wie sie wirklich ist, werden seine rechte Art des Bemühens. Das Gewahrsein der Realität, so wie sie wirklich ist, wird seine rechte Art des Gewahrseins. Die Konzentration auf die Realität, so wie sie wirklich ist, wird seine rechte Art der Konzentration. Seine körperlichen und verbalen Handlungen und seine Art des Lebenserwerbs werden wahrhaft gereinigt. Auf diese Weise entfaltet sich der Edle Achtteilige Pfad in ihm und nähert sich mehr und mehr seiner Erfüllung.«

M 149, *Mahā-Saḷāyatanika Sutta*

»Der getreue Nachfolger auf dem Edlen Pfad unternimmt Anstrengungen, und indem er seine Bemühungen beharrlich aufrechterhält, entwickelt er seine Aufmerksamkeit, und indem er aufmerksam bleibt, wird er konzentriert, und indem er seine Konzentration aufrechterhält, entwickelt er rechtes Verstehen, und indem er auf rechte Weise versteht, entwickelt er wirkliches Vertrauen und ist zuversichtlich in seinem Wissen: ›Von diesen Wahrheiten hatte ich vorher nur gehört, und jetzt habe ich sie innerhalb des Körpers direkt erfahren und verweile dabei, sie mit tief eindringendem Verstehen zu beobachten.‹«

S XLVIII (VI).v. 10 (50), *Āpaṇa Sutta*
(gesprochen von Sāriputta, dem bedeutendsten Schüler des Buddha)

Anmerkungen

Alle im Text verwendeten Zitate sind der *Sutta Piṭaka*, der *Sammlung der Lehrreden* aus dem Pāli-Kanon, entnommen. Der hier wiedergegebene Pāli-Text beruht auf der von der Nalanda-Universität in Bihar (Indien) in Devanagari herausgegebenen Fassung. Für die englische Übersetzung, die der hier vorliegenden deutschen Fassung zugrunde liegt, wurden u. a. die Text-Übertragungen der Londoner Pāli Text Society und die von der Buddhist Publication Society in Sri Lanka veröffentlichten Übersetzungen zu Rate gezogen. Die von den Ehrwürdigen Ñānatiloka, Ñānamoli und Piyadassi herausgegebenen Anthologien waren für mich besonders wertvoll. Ihnen und den anderen modernen Übersetzern des Pāli-Kanons gebührt meine tiefe Dankbarkeit.

Die Numerierung der *Suttas*, wie sie in den Anmerkungen angegeben ist, entspricht derjenigen der Pāli Text Society in den von ihr herausgegebenen englischen Übersetzungen. Die Überschriften der *Suttas* sind im allgemeinen nicht übersetzt worden.

Die folgenden Abkürzungen wurden verwendet:

A	*Anguttara Nikāya*
D	*Dīgha Nikāya*
M	*Majjhima Nikāya*
S	*Samyutta Nikāya*
Satip	*Satipaṭṭhāna Sutta* (D 22, M 10)

1. Kapitel

1 S XLIV. x. 2, *Anurādha Sutta.*
2 A III. vii. 65, *Kesamutti Sutta (Kālāma Sutta)*, iii, ix.
3 D 16, *Mahā-Parinibbāna Suttanta.*
4 Ebenda.
5 S XXII. 87 (5), *Vakkali Sutta.*
6 *Mahā-Parinibbāna Suttanta.*
7 A IV. v. 5 (45), *Rohitassa Sutta;* findet sich ebenfalls in S II. iii. 6.

8 *Dhammapada,* I. 19 und 20.
9 Basiert auf M 107, *Ganaka-Mogallāna Sutta.*

2. Kapitel

1 *Saṅkhāra* ist eines der wichtigsten Konzepte in der Lehre des Buddha und nur sehr schwer in englischer oder deutscher Sprache wiederzugeben. Das Wort hat zudem mehrere Bedeutungen, und es ist möglich, daß nicht immer sofort offensichtlich ist, welche Bedeutung in einem bestimmten Kontext gemeint ist. Hier wird *Saṅkhāra* gleichbedeutend mit *Cetanā/Sañcetanā* benutzt, was Wille, Absicht, Vorsatz meint. Zu dieser Auslegung siehe A IV. xviii 1 (171), *Cetanā Sutta;* S XXII. 57 (5), *Sattatthāna Sutta;* S XII. iv. 38 (8), *Cetanā Sutta.*
2 M 72, *Aggi-Vacchagotta Sutta.*

3. Kapitel

1 M 135, *Cūḷa Kamma Vibhanga Sutta.*
2 *Dhammapada,* XXV. 21 (380).
3 Ebenda, I. 1 und 2.
4 *Sutta Nipāta,* III. 12, *Dvayatānupassanā Sutta.*
5 S LVI (XII). ii. 1, *Dhamma-cakkappavattana Sutta.*
6 A III. xiii. 130, *Lekha Sutta.*
7 Basiert auf A I. xvii, *Eka Dhamma Pāli* (2).

4. Kapitel

1 S LVI (XII). ii. 1, *Dhamma-cakkappavattana Sutta.*
2 Ebenda.
3 M 38, *Mahā-taṇhāsankhaya Sutta.*
4 Ebenda.
5 Ebenda.
6 *Dhammapada,* XII. 9 (165).
7 D 9, *Poṭṭhapāda Suttanta.*
8 A III. vii. 65, *Kesamutti Sutta (Kālāma Sutta),* xvi.
9 Basiert auf S XLII. viii. 6, *Asibandhakaputta Sutta.*

5. Kapitel

1 *Dhammapada,* XIV. 5 (183).
2 Ebenda, I. 17 und 18.

3 M 27, *Cūḷa-hatthi-padopama Sutta.*
4 Ebenda.

6. Kapitel

1 A IV. ii. 3 (13), *Padhāna Sutta.*

7. Kapitel

1 *Dhammapada,* XXIV. 5 (338).
2 D 16, *Mahā-Parinibbāna Suttanta.*
3 *Dhammapada,* XX. 4. (276).
4 Siehe S XLVI (II). vi. 2, *Pariyāya Sutta.*
5 S XII. vii. 62 (2), *Dutiya Assutavā Sutta;* ebenfalls S XXXVI (II). i. 10, *Phassa Mūlaka Sutta.*
6 *Dhammapada,* XX. 5 (277).
7 S XXXVI (II). i. 7, *Paṭhama Gelañña Sutta.*

8. Kapitel

1 D 16, *Mahā-Parinibbāna Suttanta.* Der Vers wird von Sakka, dem König der Götter, nach dem Dahinscheiden Buddhas gesprochen. Er erscheint in leicht abgewandelter Form auch an anderen Stellen; siehe z. B. S I. ii. 1, *Nandana Sutta* und S IX. 6, *Anuruddha Sutta.*
2 A IX. ii. 10 (20), *Velāma Sutta.*
3 Das berühmte Gleichnis vom Floß stammt aus M 22, *Alagaddūpama Sutta.*
4 Basiert auf *Udāna,* I. x, die Geschichte von Bāhiya Dārucīriya. Auch im Kommentar zum *Dhammapada (Dhammapada Commentary,* VIII. 2, Vers 101) zu finden.

9. Kapitel

1 S LVI (XII). ii. 1, *Dhamma-cakkappavattana Sutta.* Diese Formulierung wird benutzt, um die Einsicht oder das spontane Verstehen zu beschreiben, das die frühesten Schüler des Buddha beim ersten Erkennen Dhammas erlangten.
2 S v. 7, *Upacālā Sutta.* Dieser Ausspruch wurde von der Nonne Upacālā getan, die ein Arahat war.
3 *Dhammapada,* XXV. 15 (374).
4 *Udāna,* VIII. 1.
5 *Udāna,* VIII. 3.

6 S LVI (XII). ii. 1, *Dhamma-cakkappavattana Sutta.*
7 S XXXVIII (IV). 1, *Nibbāna Pañhā Sutta.* Die Worte wurden von Sāriputta, dem führenden Schüler Buddhas, gesprochen.
8 *Sutta Nipāta,* II. 4, *Mahā-Mangala Sutta.*
9 D 9, *Poṭṭhapāda Suttanta.*

10. Kapitel

1 *Dhammapada,* VIII. 14 (113).
2 S XXII. 102 (10), *Anicca-saññā Sutta.*
3 D 16, *Mahā-Parinibbāna Suttanta.*
4 M 117, *Mahā-cattārīsaka Sutta.*
5 Ebenda.

Anhang A: Die Bedeutung von Vedanā in der Lehre des Buddha

1 A VIII. ix. 3 (83), *Mūlaka Sutta.* Siehe auch A IX. ii. 4 (14), *Samiddhi Sutta.*
2 D 1.
3 A III. vii. 61 (ix), *Titthāyatana Sutta.*
4 S XXXVI (II). iii. 22 (2), *Aṭṭhasata Sutta.*
5 *Dhammapada,* XXI. 4 (293).
6 Die *Satipaṭṭhāna Sutta* erscheint zweimal in der *Sutta Piṭaka,* in D 22 und in M 10. In der D-Version ist der Teil der *Dhammānupassanā* behandelt, länger als in der M-Version. Daher wird der D-Text als *Mahā-Satipaṭṭhāna Suttanta,* »die größere«, bezeichnet. Ansonsten sind beide Texte identisch. Die in dieser Arbeit zitierten Passagen erscheinen in beiden Texten in derselben Form.
7 *Satip.*
8 Ebenda.
9 Ebenda.
10 S XII. iv. 32 (2), *Kaḷāra Sutta.*
11 S XXXVI (II). iii. 23 (3), *Aññatara Bhikkhu Sutta.*
12 *Dhammapada,* XIX. 4 (259).

* Bhante Seelawansa Thero. 5/97

Nachwort

Seit S.N. Goenka 1969 Burma verließ und begann, in Indien und einige Jahre später auch in westlichen Ländern zu lehren, hat sich Vipassana mit großer Geschwindigkeit auf fast allen Kontinenten verbreitet. Der erste Kurs, der in Deutschland in dieser Tradition gehalten wurde, fand im Herbst 1983 in einer Jugendherberge in der Nähe von Kassel statt. Es folgten in unregelmäßigen Abständen meist ein- bis zweimal jährlich Kurse in anderen gemieteten Räumlichkeiten, aber es dauerte noch weitere zehn Jahre, bis die von einigen engagierten Meditierenden gegründete *Vipassana-Vereinigung e. V.* schließlich ein eigenes Haus mieten konnte, um der kontinuierlich gestiegenen Nachfrage besser gerecht zu werden.

Im März/April 1994 wurde der erste offizielle Zehn-Tage-Kurs im neueröffneten *Vipassana-Meditationshaus* in Bad Herrenalb (Nordschwarzwald) abgehalten. Seitdem finden dort regelmäßig mindestens einmal im Monat zehntägige Vipassana-Seminare statt. Alle Kurse werden vollkommen kostenfrei angeboten, um jedes Eindringen kommerzieller Aspekte in die Vermittlung der Technik auszuschließen und auch wirklich jedem Interessierten die Möglichkeit zu geben, daran teilzunehmen und diese Methode der Selbstheilung zu erlernen. Alle Kosten werden durch Spenden früherer Kursteilnehmer getragen. Diese Spenden werden mit der Motivation gegeben, die positiven Auswirkungen der Technik auch anderen Menschen zuteil werden zu lassen.

Die zehntägigen Kurse in Vipassana-Meditation haben einen festen Tagesablauf und verlaufen während der ersten neun Tage in vollkommenem Schweigen. Vor Beginn müssen sich die Teilnehmer bereit erklären, die in unzähligen Kursen erprobten und bewährten Regeln zu befolgen und sich an den Zeitplan zu halten, um sich und den Mitmeditierenden die besten Bedingungen für möglichst störungsfreie und tiefgehende Meditationserfahrungen zu gewährleisten.

Der Tagesablauf beginnt mit dem Gong um 4 Uhr morgens und endet mit der letzten Meditationssitzung des Tages von ca. 20:30 Uhr bis 21:00 Uhr. Dazwischen liegen jeweils feste Zeiten für gemeinsame Gruppensitzungen in der Meditationshalle, individuelle Meditation, Essens- und Teepausen sowie für Fragen an den Lehrer. Jeden Abend gibt es einen etwa 60–90 Minuten langen Vortrag, in dem auf der Basis der praktischen Erfahrungen in der Meditation auch theoretische Aspekte zur Sprache kommen, die das Erlebte in einen größeren Zusammenhang stellen und die Meditationserfahrungen als fortschreitende Stufen auf einem Weg kennzeichnen, der schließlich bis zur endgültigen Erleuchtung führt. Die vielen erläuternden und inspirierenden Geschichten, darunter viele überlieferte Begebenheiten aus dem Leben Buddhas, sind geprägt durch S.N. Goenkas ansteckenden Humor und lassen die mit harter Arbeit am eigenen Geist angefüllten Tage aufgelockert ausklingen. Im einzelnen sieht der Tagesablauf folgendermaßen aus:

4:00	Gong – Aufstehen
4:30– 6:30	Meditation in der Halle oder auf dem Zimmer
6:30– 8:00	Frühstückspause
8:00– 9:00	Gruppenmeditation in der Halle
9:00–11:00	Meditation in der Halle oder auf dem Zimmer
11:00–12:00	Mittagessen
12:00–13:00	Ruhepause
13:00–14:30	Meditation in der Halle oder auf dem Zimmer
14:30–15:30	Gruppenmeditation in der Halle
15:30–17:00	Meditation in der Halle oder auf dem Zimmer
17:00–18:00	Teepause
18:00–19:00	Gruppenmeditation in der Halle
19:00–20:30	Vortrag des Lehrers in der Halle
20:30–21:00	Gruppenmeditation in der Halle
21:30	Nachtruhe

Die zehntägigen Vipassana-Kurse sind der notwendige Grundstein, um die Technik danach selbständig weiter ausüben zu können und soweit wie möglich in den Alltag zu integrieren. Die Technik ist leicht verständlich und verzichtet auf jegliche kulturfremden Rituale. Sie kann von Erwachsenen jeder Altersgruppe, unabhängig von Herkunft,

Berufsstand oder Vorbildung praktiziert werden. Darüber hinaus werden auch für Kinder und Jugendliche eigene, meist dreitägige Meditationskurse angeboten. Schon mit den Anmeldeformalitäten wird jedoch deutlich gemacht, daß es sich bei Vipassana um eine sehr ernsthafte Methode handelt, die harte Arbeit bedeutet und nichts mit einem auf Lustgewinn und Hochgefühle ausgericheten ›Meditationstrip‹ zu tun hat. Da Vipassana sehr tiefe Einschnitte in den Geist macht, die geeignet sind, unser ganzes Lebensschema zu verändern und neu auszurichten, ist zudem eine stabile gesundheitliche Verfassung, sowohl geistig wie körperlich, Voraussetzung für eine Kursteilnahme. Obwohl (oder gerade weil) die Kurse auf anstrengender Arbeit mit dem eigenen Geist beruhen, empfinden die meisten Teilnehmer diese intensive Einkehr als eine Zeit sowohl geistiger als auch körperlicher Erholung und Regeneration, eine Zeit des Auftankens neuer Energie für den Alltag, in den alle nach zehn Tagen wieder zurückkehren müssen. Für viele gehört der Besuch eines Zehn-Tage-Kurses daher zum regelmäßigen jährlichen ›Urlaub‹.

Eine erfolgreiche Integration von Vipassana in das tägliche Leben setzt eine kontinuierliche Praxis voraus. Es sollte möglichst morgens und abends jeweils eine Stunde meditiert und wenigstens einmal im Jahr ein weiterer zehntägiger Aufbaukurs besucht werden. Um sich gegenseitig in der Meditationspraxis zu stützen, haben sich inzwischen über ganz Deutschland verteilt Gruppen von Vipassana-Schülern und Schülerinnen gegründet, die sich regelmäßig zu gemeinsamer Meditation treffen und darüber hinaus hin und wieder monatliche Meditationstage oder Wochenenden organisieren. Die Adressen dieser Gruppen werden in einem regelmäßig erscheinenden Informationsblatt, dem *Vipassana-Newsletter*, bekanntgemacht, den alle Meditierenden, die an einem Zehn-Tage-Kurs teilgenommen haben, erhalten. Der Newsletter informiert über das aktuelle Kursprogramm und die neuesten Entwicklungen in aller Welt. Darüber hinaus berichtet er über die verschiedenen Anwendungen der Technik im sozialen und schulischen Bereich, z. B. über Kurse in Strafanstalten, Vipassana in der Arbeit mit Drogenabhängigen, Einführungskurse für Schulklassen etc.

Heinz Bartsch
Vipassana-Vereinigung e. V.

Diese Liste enthält die Begriffe aus der Pāli-Sprache, die im Text verwendet wurden, sowie einige weitere Pāli-Worte, die in der Lehre des Buddha von besonderer Bedeutung sind.

Ānāpāna: Atmung; *Ānāpāna-Sati:* Gewahrsein der Atmung, auf den Atem gerichtete Aufmerksamkeit.

Anattā: nicht-selbst, ego-los, ohne ein »ich«, ohne Essenz, ohne wirklichen Inhalt oder Substanz; zusammen mit *'Anicca* und *'Dukkha* eines der drei grundlegenden Merkmale von Phänomenen.

Anicca: unbeständig, flüchtig, veränderlich; zusammen mit *'Anattā* und *'Dukkha* eines der drei grundlegenden Merkmale von Phänomenen.

Anusaya: der unbewußte Geist; zugrundeliegende latente Konditionierung; im Unbewußten schlummernde geistige Unreinheit (auch *Anusaya-Kilesa*).

Arahant/Arahat: befreites Wesen; jemand, der alle Unreinheiten des Geistes beseitigt hat.

Ariya: Edler; heiliger Mensch; jemand, der seinen Geist soweit gereinigt hat, daß er die letztendliche Realität (*'Nibbāna*) erfahren hat.

Ariya Aṭṭhaṅgika Magga: der Edle Achtteilige Pfad, der zur Befreiung vom Leiden führt; er ist in drei Stadien oder Schulungsbereiche unterteilt:

Sīla: Moral, ethisches Verhalten, Reinheit der Sprache und der körperlichen Handlungen:
Sammā-Vācā: rechte Rede;
Sammā-Kammanta: rechte Taten;
Sammā-Ājīva: rechter Lebenserwerb;

Samādhi: Konzentration, Herrschaft über den eigenen Geist:
Sammā-Vāyāma: rechte Anstrengung und Bemühung;
Sammā-Sati: rechtes Gewahrsein, rechte Aufmerksamkeit;
Sammā-Samādhi: rechte Konzentration;

Paññā: Weisheit, Einsicht, die den Geist vollständig reinigt:
Sammā-Saṅkappa: rechte Gedanken;
Sammā-Diṭṭhi: rechtes Verstehen.

Ariya Sacca: Edle Wahrheit; die Vier Edlen Wahrheiten sind:

1. die Wahrheit des Leidens;
2. die Wahrheit vom Ursprung des Leidens;
3. die Wahrheit vom Aufhören des Leidens;
4. die Wahrheit vom Weg, der zum Aufhören des Leidens führt.

Bhaṅga: Auflösung; ein wichtiges Stadium in der Praxis von Vipassana, die Erfahrung der Auflösung der scheinbaren Solidität des Körpers in feine Vibrationen, die ständig entstehen und vergehen.

Bhāvanā: geistige Entwicklung, Meditation. Die zwei Teile von *Bhāvanā* sind die Entwicklung von Ruhe *(Samatha-Bhāvanā)*, was der Konzentration des Geistes (*'Samādhi*) entspricht, und die Entwicklung von Einsicht (*'Vipassanā-Bhāvanā*), was der Entfaltung von Weisheit (*'Paññā*) entspricht. Die Entwicklung von *Samatha* führt zu den Stadien der geistigen Absorption oder tiefen Versenkung (*'Jhāna*), die Entwicklung von *Vipassanā* führt zur Befreiung.

Bhāvanā-Mayā Paññā: Weisheit aufgrund persönlicher, direkter Erfahrung (*'Paññā*).

Bhikkhu: (buddhistischer) Mönch, Meditierender; weibliche Form: *Bhikkhunī* – Nonne.

Buddha: erleuchtetes Wesen; jemand, der den Weg zur Befreiung entdeckt hat, ihn praktiziert hat und durch seine eigenen Anstrengungen das letzte Ziel erreicht hat.

Cintā-Mayā Paññā: Weisheit, die durch intellektuelle Analyse erlangt wird (*'Paññā*).

Citta: Geist; *Cittānupassanā:* Beobachtung des Geistes (*'Satipaṭṭhāna*).

Dhamma: Phänomen, Erscheinung; Geist-Objekt; Natur; Naturgesetz; Gesetz der Befreiung, d. h. die Lehre eines erleuchteten Wesens; *Dhammānupassanā:* Beobachtung der Geist-Inhalte (*'Satipaṭṭhāna*).
[Sanskrit: *Dharma*].

Dukkha: Leiden, Unbefriedigtsein, unbefriedigender Zustand; zusammen mit *'Anicca* und *'Anattā* eines der drei grundlegenden Merkmale von Phänomenen.

Gotama: Familienname des historischen Buddha.
[Sanskrit: *Gautama*].

Hīnayāna: wörtlich ›geringeres Fahrzeug‹; von Anhängern anderer Schulen benutzter Begriff für den *'Theravāda*-Buddhismus, eine irreführende Bezeichnung mit abwertendem Beiklang.

Jhāna: Stadium der geistigen Absorption oder Versenkung bzw. des tranceartigen Entrücktseins infolge einer außerordentlichen Konzentration des Geistes. Es gibt acht solcher Stadien, die durch die Praxis von *'Samādhi* oder *Samatha-Bhāvanā* erlangt werden können. Ihre Kultivierung führt zu Ruhe und großem Glücksgefühl, beseitigt aber nicht die am tiefsten verwurzelten geistigen Unreinheiten.

Kalāpa: kleinste, nicht mehr teilbare Materieeinheit.

Kamma: Tat, Handlung, speziell eine von uns selbst ausgeführte Handlung, die eine Auswirkung auf unsere Zukunft haben wird.
[Sanskrit: *Karma*].

Kāya: Körper; *Kāyānupassanā:* Beobachtung des Körpers (*'Satipaṭṭhāna*).

Khandha: Menge, Gruppe, Aggregat; ein menschliches Wesen setzt sich zusammen aus fünf Daseinsgruppen oder Aggregaten: Neben Materie *(Rūpa)* sind dies die vier Geistesprozesse Bewußtsein (*'Viññāṇa*), Wahrnehmung (*'Saññā*), Empfindung (*'Vedanā*) und Reaktion (*'Saṅkhāra*).

Mahāyāna: wörtlich ›größeres Fahrzeug‹; die Form des Buddhismus, die sich einige Jahrhunderte nach dem Tode des Buddha in Indien entwickelte und sich dann nach Norden ausbreitete und in Tibet, China, in der Mongolei, in Vietnam, Korea und Japan Fuß faßte.

Mettā: selbstlose Liebe und Wohlwollen; eine der Eigenschaften eines reinen Geistes; *Mettā-Bhāvanā:* die systematische Kultivierung von *Mettā* durch eine Meditationstechnik.

Nibbāna: vollkommenes Erlöschen; Freiheit vom Leiden; die letztendliche Realität; das Unkonditionierte, d.h eine Realität, die nicht mehr Bedingungen bzw. dem Gesetz von Ursache und Wirkung unterworfen ist.
[Sanskrit: *Nirvāṅa*].

Pāli: Zeile; Text; die Texte, die die Lehre des Buddha enthalten; daher die Sprache, in der diese Texte niedergeschrieben worden sind. Historische, linguistische und archäologische Anhaltspunkte lassen den Schluß zu, daß Pāli eine Sprache war, die zur Zeit des Buddha oder um diese Zeit herum in Indien wirklich gesprochen wurde. Zu einem späteren Zeitpunkt wurden diese Texte übersetzt ins Sanskrit, das eine ausschließlich literarische Sprache war.

Paññā: Weisheit; der dritte der drei Bereiche der Schulung, die die Praxis des Edlen Achtteiligen Pfades umfassen (*'Ariya Aṭṭhaṅgika Magga*). Es gibt drei Arten von Weisheit:

Suta-Mayā Paññā: wörtlich ›Weisheit, die man erlangt, indem man anderen zuhört‹; d. h. erhaltene oder übernommene Weisheit,

Cintā-Mayā Paññā: Weisheit, die durch intellektuelle Analyse erworben wurde, und

Bhāvanā-Mayā Paññā: Weisheit, die sich aus direkter persönlicher Erfahrung entwickelt. Von diesen kann nur die letzte den Geist völlig reinigen. Sie wird durch die Praxis von *'Vipassanā-Bhāvanā* kultiviert.

Paṭicca Samuppāda: die Kette des Bedingten Entstehens; das Entstehen aufgrund einer Ursache; der Prozeß, der mit Unwissenheit beginnt und durch den man ein Leben des Leidens nach dem anderen für sich erzeugt.

Samādhi: Konzentration, Herrschaft über den eigenen Geist; der zweite der drei Bereiche der Schulung, in die die Praxis des Edlen Achtteiligen Pfades untergliedert ist (*'Ariya Aṭṭhaṅgika Magga*). Wenn *Samādhi* als Ziel an sich kultiviert wird, führt es zur Erlangung der Stadien der geistigen Absorption oder Versenkung (*'Jhāna*), nicht jedoch zur völligen Befreiung des Geistes.

Sammā-Sati: rechtes Gewahrsein, rechte Aufmerksamkeit (*'Sati*).

Sampajañña: das Verstehen der Totalität der menschlichen Erscheinung, des menschlichen Phänomens in seiner Gesamtheit, d. h. die auf der Ebene der Empfindungen gewonnene Einsicht in dessen unbeständige Natur.

Saṃsāra: Kreislauf der Wiedergeburt; konditionierte oder bedingte Welt; Welt des Leidens.

Saṅgha: Versammlung, Gemeinde; Gemeinschaft der *'Ariya,* d. h. derjenigen, die *'Nibbāna* erfahren haben; Gemeinschaft oder Gemeinde buddhistischer Mönche oder Nonnen; ein Mitglied der *Ariya-Saṅgha, Bhikkhu-Saṅgha* oder *Bhikkhunī-Saṅgha.*

Saṅkhāra: etwas (geistig) Geformtes; eine gewollte, mit Absicht ausgeführte Aktivität; geistige Reaktion; geistige Konditionierung; zusammen mit *'Viññāṇa*, *'Saññā* und *'Vedanā* eines der vier geistigen Aggregate oder Daseinsgruppen bzw. Prozesse des Geistes. [Sanskrit: *Saṃskāra*].

Saṅkhāra-Upekkhā/Saṅkhārupekkhā: wörtlich ›Gleichmut‹ gegenüber den *'Saṅkhāras;* ein Stadium in der Vipassana-Praxis, das auf die Erfahrung von *'Bhaṅga* folgt und dadurch gekennzeichnet ist, daß alte, bisher im Unbewußten verborgene Unreinheiten, die lange in der Tiefe schlummerten, zur Oberfläche des Geistes aufsteigen und sich als körperliche Empfindungen manifestieren. Indem der Meditierende diesen Empfindungen gegenüber Gleichmut (*Upekkhā*) bewahrt, erzeugt er keine neuen *Saṅkhāras* und erlaubt den alten, sich aufzulösen und zu vergehen. Auf diese Weise führt dieser Prozeß nach und nach zur Auflösung aller *Saṅkhāras.*

Saññā: Wahrnehmung, Erkennen, Wiedererkennen; zusammen mit *'Vedanā*, *'Viññāṇa* und *'Saṅkhāra* eines der vier geistigen Aggregate oder Daseinsgruppen bzw. Prozesse des Geistes. Es ist gewöhnlich durch unsere alten *Saṅkhāras* konditioniert und vermittelt daher ein verzerrtes, einseitig gefärbtes Bild der Realität. In der Praxis von Vipassana wird *Saññā* umgewandelt in *'Paññā,* die Einsicht in die wahre Realität, das Verstehen der Realität, so wie sie tatsächlich beschaffen ist. Es wird so zu *Anicca-Saññā, Dukkha-Saññā, Anattā-Saññā, Asubha-Saññā,* d.h. es entwickelt sich zur Wahrnehmung der Unbeständigkeit, des Leidens, der Nichtexistenz eines »ich« und des illusionären Charakters körperlicher Schönheit.

Sati: Gewahrsein, Aufmerksamkeit; *Ānāpāna-Sati:* Gewahrsein der Atmung, Aufmerksamkeit für den Atem; *Sammā-Sati:* rechtes Gewahrsein, rechte Aufmerksamkeit, ein Grundpfeiler des Edlen Achtteiligen Pfades (*'Ariya Aṭṭhaṅgika Magga*).

Satipaṭṭhāna: die Entwicklung von Aufmerksamkeit, die Ausbildung und Festigung des Gewahrseins. Es gibt vier wechselseitig miteinander verbundene Aspekte des Übens von *Satipaṭṭhāna:*

1. die Beobachtung des Körpers (*'Kāyānupassanā*);
2. die Beobachtung der Empfindungen, die innerhalb des Körpers entstehen (*'Vedanānupassanā*);
3. die Beobachtung des Geistes (*'Cittānupassanā*);
4. die Beobachtung der Geist-Inhalte (*'Dhammānupassanā*).

Alle vier fließen in die Beobachtung der Empfindungen mit ein und sind somit Bestandteil von *Vedanānupassanā*, da die Empfindungen in direkter Beziehung zum Körper als auch zum Geist stehen.

Siddhattha: wörtlich ›einer, der seine Aufgabe vollendet hat‹; der persönliche oder Eigenname des historischen Buddha.
[Sanskrit: *Siddhārtha*].

Sīla: Moral, ethisches Verhalten; das Unterlassen von körperlichen oder verbalen Handlungen, die anderen oder einem selbst schaden; der erste der drei Bereiche der Schulung, in die die Praxis des Edlen Achtteiligen Pfades untergliedert ist (*'Ariya Aṭṭhaṅgika Magga*).

Suta-Mayā Paññā: erhaltene oder übernommene Weisheit (*'Paññā*).

Sutta: Diskurs/Lehrrede des Buddha oder eines seiner führenden Schüler.
[Sanskrit: *Sūtra*].

Taṇhā: wörtlich ›Durst‹; beinhaltet sowohl das Begehren als auch dessen Kehrseite, die Aversion. In seiner ersten öffentlichen Lehrrede, dem »Diskurs, der das Rad Dhammas in Bewegung setzte« (*Dhamma-cakkappavattana Sutta*), kennzeichnete der Buddha *Taṇhā* als die Ursache des Leidens. In der ›Kette des Bedingten Entstehens‹ erklärte er, daß *Taṇhā* in seinem Ursprung eine Reaktion auf körperliche Empfindungen ist [siehe Seite 63].

Tathāgata: wörtlich der ›So-Gegangene‹, ›So-Gekommene‹ oder ›So-Dahingelangte‹; einer, der dadurch, daß er auf dem Pfad der Wirklichkeit gegangen ist, die letztendliche Wirklichkeit erreicht hat, d. h. ein erleuchtetes Wesen; der Begriff, mit dem der Buddha gewöhnlich sich selbst bezeichnete.

Theravāda: wörtlich ›Lehre der Älteren‹; die Lehren des Buddha in der Form, in der sie in den Ländern Südasiens (Burma, Sri Lanka, Thailand, Laos, Kambodscha) bewahrt wurden und erhalten geblieben sind; allgemein als die älteste Form der Lehren anerkannt.

Tipiṭaka: wörtlich ›drei Körbe‹; die drei Sammlungen der Lehren des Buddha, und zwar:

1. *Vinaya-Piṭaka:* die Sammlung der Mönchsdisziplin;
2. *Sutta-Piṭaka:* die Sammlung der Lehrreden;
3. *Abhidhamma-Piṭaka:* die Sammlung der höheren Lehren, d. h. der systematischen philosophischen Auslegung des Dhamma.

[Sanskrit: *Tripiṭaka*].

Vedanā: Empfindung; zusammen mit ('*Viññāṇa*, '*Saññā* und '*Saṅkhāra* eines der vier geistigen Aggregate oder Daseinsgruppen bzw. Prozesse des Geistes. *Vedanā* hat, wie der Buddha beschrieb, sowohl geistige als auch körperliche Aspekte, daher bietet es sich als ein Mittel an, Geist und Körper in ihrer Gesamtheit, die Totalität des geistig-körperlichen Phänomens, zu untersuchen. In der ›Kette des Bedingten Entstehens‹ ('*Paṭicca Samuppāda*) erklärte der Buddha, daß '*Taṇhā*, die Ursache des Leidens, als eine Reaktion auf *Vedanā* entsteht [siehe Seite 63]. Indem man lernt, *Vedanā* objektiv zu beobachten, kann man jegliche neuerliche Reaktionen des Verlangens oder der Aversion vermeiden und ist in der Lage, die Realität der Unbeständigkeit ('*Anicca*) direkt in sich selbst zu erfahren. Diese Erfahrung ist unabdingbar für die Entwicklung des Losgelöstseins, des nicht mehr Anhaftens, das zur Befreiung des Geistes führt; *Vedanānupassanā*: Beobachtung der Empfindungen innerhalb des Körpers ('*Satipaṭṭhāna*).

Viññāṇa: Bewußtsein, Bewußtheit, Erkenntnisvermögen; zusammen mit '*Saññā*, '*Vedanā* und '*Saṅkhāra* eines der vier geistigen Aggregate oder Daseinsgruppen bzw. Prozesse des Geistes.

Vipassanā: Selbstbeobachtung, Einsicht, die den Geist vollkommen reinigt; insbesondere die Einsicht in die unbeständige Natur von Geist und Körper; *Vipassanā-Bhāvanā:* die systematische Entwicklung von Einsicht durch die Meditationstechnik des Beobachtens der eigenen Realität mittels der Empfindungen innerhalb des Körpers.

Yathā-Bhūta: wörtlich ›wie es ist‹; Wirklichkeit, die existierende Realität.

Yathā-Bhūta-Ñāṇa-Dassana: Weisheit, die daraus entspringt, daß man die Wahrheit sieht, wie sie wirklich ist.

Kurse in Vipassana-Meditation nach S.N. Goenka werden regelmäßig in fast allen Teilen der Welt durchgeführt, sei es in Vipassana-Meditationszentren und Dhamma-Häusern oder in speziell für einzelne Zehn-Tage-Kurse angemieteten Häusern. Bei den folgenden, ganz der Praxis und Weitergabe dieser Meditation gewidmeten Zentren, können Sie nähere Informationen erhalten.

Deutschland	*Vipassana-Meditationshaus,* Kirchenweg 2, D-76332 Bad Herrenalb Tel. [0049] 07083/51169; Fax: [0049] 07083/51328
Frankreich	Europäisches Vipassana-Zentrum/Centre Vipassana Européen, *Dhamma Mahī,* ›Le Bois Planté‹, F-89350 Louesme; Tel. [0033] 86457514; Fax: [0033] 86457620
England	Vipassana Trust, *Dhamma Dīpa,* Harewood End, Hereford HR2 8JS Tel. [0044] 1989/730234; Fax: [0044] 1989/730450
Vereinigte Staaten von Amerika	**Kalifornien**: California Vipassana Center, *Dhamma Mahāvana,* P.O. Box 1167, North Fork, CA 93643 Tel. [001] 209/877-4386; Fax: [001] 209/877-4387 **Massachusetts**: Vipassana Meditation Center, *Dhamma Dharā,* P.O. Box 24, Shelburne Falls, MA 01370 Tel. [001] 413/625-2160; Fax: [001] 413/625-2170 **Texas**: Southwest Vipassana Meditation Center, *Dhamma Sirī,* 10850 County Rd. 155 A,

Kaufman, TX 75142;
Tel. [001] 214/932-7868

Washington: Northwest Vipassana Center, *Dhamma Kuñja*, P.O. Box 345, Ethel, WA-98542
Tel. [001] 360/978-5434

Australien

Neu Süd-Wales: Vipassana Meditation Centre, *Dhamma Bhūmi*, P.O. Box 103,
Blackheath, NSW 2785
Tel. [0061] 047/877-436, 878-431;
Fax: [0061] 047/877-221

Queensland: Vipassana Centre Queensland, *Dhamma Rasmi*, P.O. Box 119, Rules Road,
Pomona, QLD 4568
Tel. [0061] 071/851-306

Tasmanien: Vipassana Foundation Tasmania, *Dhamma Pabhā*, G.P.O. Box 6,
Hobart, TAS 7000
Tel. [0061] 002/233-477, 611-364

Victoria: Melbourne Dhamma House, *Dhamma Niketana*, P.O. Box 344, Blackburn, VIC 3130
Tel. [0061] 03/878-5744

Neuseeland

Vipassana Centre, *Dhamma Medinī*, RD 3,
Burnside Road, Makarau Valley, Kaukapakapa
Tel. [0064] 09/420-5319

Indien

Raum Bombay: Vipassana International Academy *Dhamma Giri*, P.O. Box 6, Igatpuri 422403
Dist. Nasik, Maharashtra
Tel. [0091] 02533/4076, 4086 oder 4302;
Fax: [0091] 02533/4176

Andhra Pradesh: Vipassana International Meditation Centre, *Dhamma Khetta*, 12,6 km Nagarjun Sagar Road, Kusum Nagar, Vanasthali Puram,
Hyderabad 500070
Tel.[0091] 040/402-0293, 402-1746
City Office: [0091] 040/557-628

Rajasthan: Vipassana Centre, *Dhamma Thalī*, Sisodia Baug-Galtaji Road, P.O. Box 208,

Jaipur 302001
Tel. [0091] 01410/49520

West-Bengalen: Vipassana Centre, *Dhamma Gaṅgā*, Bara Mandir Ghat, Harishchandra Dutta Rd., Panihati (Sodepur), Dist. 24 Parganas, 743176
Tel. [0091] 033/5532-855;
Fax: [0091] 033/275174

Gujarat: Kutch Vipassana Centre, *Dhamma Sindhu*, Gram-Bada, Mandvi-Kutch 370475
Tel. [0091] 028347/303 oder 304

Himachal Pradesh: Vipassana Centre, *Dhamma Sikhara*, above Elysium House, MacLeod Ganj, Dharamsala, 176219

Zusätzlich zu den sechs oben angeführten Zentren gibt es dreizehn weitere Zentren in unterschiedlichen Stadien der Entwicklung:
Dhammālaya, Kolhapur, Maharashtra
Dhamma Setu, Madras, Tamil Nadu
Dhamma Nāga, Nagpur, Maharashtra
Dhamma Sarovara, Dhule, Maharashtra
Dhamma Sota, Haryana (nahe Delhi)
Dhamma Salila, Dehradun, Uttar Pradesh
Dhamma Bodhi, Bodhgaya, Bihar
Dhamma Licchavī, Muzaffarpur, Bihar
Dhamma Sumana, Bangalore, Karnataka
Dhamma Koṭa, Rajkot, Gujarat
Dhamma Kānana, Bhilai, Durg, Madya Pradesh
Dhamma Cacca, Sarnath, Uttar Pradesh
Dhamma Pītha, Ahmedabad, Gujarat

Japan

Kyoto-Präfektur: Japan Vipassana Centre, *Dhamma Bhānu*, Mizuho-Cho, Funai-Gun, Kyoto-Fu 62203
Tel. [0081] 0771/860-765

Kambodscha

Cambodia Vipassana Centre, *Dhamma Kamboja*, neben dem buddh. Tempel Kompong Ko, Dist. Koh Thom, Provinz Kandal, P.O. Box 867, Phnom Penh

Myanmar (Burma)	**Yangon (Rangun):** *Dhamma Jyoti,* Nga Htat Gyi Pagoda Road, Bahan Township Tel. [0095] 01/39290
Nepal	**Kathmandu:** Nepal Vipassana Centre, *Dharmashringa,* Buddhanilkantha, Muhan Pokhari Tel. [00977] 01/290-655 oder 290-669 *City Office:* Jyoti Bhawan, Kanti Path P.O. Box 133, Kathmandu Tel. [00977] 01/225-490; Fax: [00977] 01/223-067 **Birganj:** *Dhamma Terāi,* Kontaktadresse: Mr. S. Kumar Fancy Store, Adarsh Nagar, Birganj Tel. [00977] 01/22894 **Lumbini:** Dhamma Janinī, *City Office*: Jyoti Bhawan, Kauti Path, P.O. Box 133, Kathmandu, Tel. [00977] 01/225-490
Sri Lanka	Vipassana Centre, *Dhamma Kūta,* Mowbray Galaha Road, Hindagala, Peradeniya Tel. [0094] 08/34649
Taiwan:	Taiwan Vipassana Centre, *Dhammo Daya,* P.O. Box 45, Yang Mae, Tao Yuan, Rep. of China; Tel. [00886] 03/478-7252; Fax: [00886] 03/475-0862
Thailand	Thailand Vipassana Centre, *Dhamma Kamala,* Kontaktadresse: Mrs. Pornphen Leenutaphong, 929 Rama I Road, Patumwan, Bangkok, Tel. [0066] 02/216-4772; Fax: [0066] 02/215-3408

Kontaktadressen im deutschsprachigen Raum

Deutschland	Vipassana-Vereinigung e. V., Junkerstr. 30, D-26123 Oldenburg Tel. [0049] 0441/82830

Schweiz	Eva Knöpfel und Kornelius Hug, Chrüz, CH-7428 Obertschappina Tel. [0041] 081/812703
Österreich	Anton Rauchenzauner, Gries 24, A-4890 Frankenmarkt